What Is This Thing
Called ETHICS?

What Is This Thing Called Ethics? by Christopher Bennett

Copyright © 2010 Christopher Bennett

All Rights Reserved.

Authorised translation from the English language edition published by Routledge, a member of the Taylor & Francis Group.

Korean translation copyright © 2013 Jiwa Sarang

Korean translation rights are arranged with Taylor & Francis Group, UK through Amo Agency

이 책의 한국어판 저작권은 AMO 에이전시를 통해 저작권자와 독점 계약한 知와 사랑에 있습니다. 신저작권법에 의해 한국 내에서 보호를 받는 저작물이므로 무단 전재와 무단 복제를 금합니다.

◆ 일러두기

용어와 인명에 대한 설명은 주를 추가하여 이해를 돕고자 했습니다.
저자의 주는 각 장 뒤에 미주로 처리하였고, 편집자 주는 각주로 처리하였습니다.

윤리란 무엇인가

초판발행 2013. 3. 15 | 초판2쇄 2021. 3. 17
지은이 크리스토퍼 베넷 | 옮긴이 김민국
펴낸이 김광우 | 편집 최정미, 김지영 | 디자인 박솔 | 영업 권순민, 박장희
펴낸곳 知와 사랑 | 경기도 고양시 일산동구 고양대로1021번길 33 스타타워 3차, 402호
전화 (02)335-2964 | 팩스 (031)901-2965 | 이메일 jiwa908@chol.com
등록번호 제2011-000074호 | 등록일 1999. 6. 15.
ISBN 978-89-89007-71-5 (03190)
값 18,000원

www.jiwasarang.co.kr

윤리란 무엇 인가?

WHAT IS THIS
THING CALLED
ETHICS?

크리스토퍼 베넷 지음
김민국 옮김

知와 사랑

윤리란 무엇인가 차례

들어가는 말

도덕적 사고란 무엇일까 11 | 도덕이론이란 무엇일까 13

도덕이론이 왜 필요할까 16 | 도덕성은 모두 상대적일까 19

도덕이론에서 무엇을 찾아야 할까 25 | 이 책의 구성 27

제1부 삶과 죽음

1장 죽음, 그리고 삶의 의미

죽음은 정말 나쁜 일인가	32
삶이 무의미할 수도 있을까	40
쾌락주의: 쾌락의 요구 원칙	42
고급 쾌락이란?	46
아리스토텔레스의 이론: 활동에서의 의미	49
엘리트주의	52
오시만디아스의 문제	56

결론 59 | 토의사항 60 | 주 61 | 더 읽을 책 61

2장　어떤 생명이 중요한가

살인에 관한 몇 가지 의문	63
이상한 제안	66
인간의 성스러운 생명	68
인간의 생명은 왜 신성할까	73
'생명의 신성함'에 관한 실제 논의	76
'생명의 신성함'에 대한 비평	85

결론 93 | 토의사항 94 | 주 96 | 더 읽을 책 96

3장　도덕은 우리에게 남을 도울 의무를 얼마나 요구하는가

세계적 빈곤: 급진적 견해	98
그들은 우리의 도움을 받을 권리가 있을까?	105
돕는 의무와 한계는 어디까지일까?	111
급진주의자들의 반응: 의무와 자선의 폐지	116

결론 121 | 토의사항 122 | 주 125 | 더 읽을 책 126

제2부 도덕이론의 세 가지 출발점

4장 공리주의

공리주의란 무엇인가 … 130

공리주의의 실행: 처벌과 약속 … 136

그 밖의 문제: 공리주의자의 고달픈 삶 … 142

해법을 찾아서: 규칙 공리주의 … 146

규칙 공리주의 비판 … 152

행복의 본질에 관한 몇 가지 결론적 생각 … 159

결론 164 | 토의사항 165 | 주 166 | 더 읽을 책 167

5장 칸트의 윤리학

인간의 존엄성 … 169

인간을 단지 수단으로 취급하는 것이 왜 나쁜 일일까 … 173

인간은 자유를 어떻게 인식할까 … 176

사람을 이성적 행위자로 존중하는 길 … 177

칸트의 윤리학은 우리를 무방비 상태로 버려둘까 … 180

합리성의 요건으로서의 도덕적 요건 … 185

정언명령	187
보편법칙	190
보편법칙의 절차에 대한 비판	194

결론 198 | 토의사항 200 | 주 201 | 더 읽을 책 201

6장 아리스토텔레스의 덕 윤리학

덕 윤리학의 동기	203
덕 윤리학: 기본 개념들	209
인간의 기능과 선한 인간	214
중용의 사상과 정념의 합리성	218
덕 윤리학과 이기주의	226

결론 235 | 토의사항 236 | 주 236 | 더 읽을 책 237

제3부 도덕적 사고의 또 다른 방향

7장 윤리학과 종교

윤리학은 종교를 필요로 할까 243

신의 존재를 증명할 수 있을까? 249

『에우튀프론』 딜레마 253

정통, 계시, 해석 259

결론 266 | 토의사항 268 | 주 269 | 더 읽을 책 269

8장 계약으로서의 도덕

홉스: 이성적 자기 이익으로서의 도덕 272

심리학적 이기주의 277

홉스와 도덕의 정당화 283

무임승차자들의 문제 286

페어플레이 사회계약론 289

칸트식 계약주의 295

결론 302 | 토의사항 304 | 주 305 | 더 읽을 책 306

9장　도덕에 대한 비평

마르크스가 본 도덕	308
니체 추종자들의 비평	314
마르크스와 니체를 어떻게 볼 것인가	320
도덕과 추정	322
도덕은 비평에서 살아남을 수 있을까	324

결론 330 | 토의사항 331 | 주 332 | 더 읽을 책 332

나가는 말 333

용어설명 341

색인 344

들어가는 말

● 도덕적 사고란 무엇일까

이 책을 읽는 독자들 가운데 도덕적 사고를 한번도 해보지 않은 사람은 없을 것이다. 사람은 무엇을 해야 할지, 무엇을 생각해야 할지, 어떻게 대응해야 할지를 이야기하고 생각하며 살아간다. 사람들은 흔히 '윤리'를 특별한 주제로 생각한다. 예컨대, 논쟁거리가 될 만한 어떤 의학적 연구를 과연 허용해야 할지, 각 분야의 많은 전문가들이 저마다 한마디씩 내놓는 가운데, 특별히 한 사람의 윤리 '전문가'를 모셔놓고 그의 관점을 들으려고 한다. 때론 이런 식의 분업이 필요하기도 하지만, 이는 윤리를 일상과 동떨어지게 보는 경향을 부추기기도 한다. 여기서 말하려고 하는 것은 이처럼 윤리를 세상사와 멀리 떨어진 하나의 전문 분야로 보는 건 잘못이라는 점이다. 삶이 윤리적인 소재들, 즉 관계, 욕망, 계획, 책임, 원하는 것과 필요한 것 등으로 짜여 있기에 우리는 늘 윤리적으로 생각하지 않을 수 없다. 나보다 재능 있는 친구를 질시하는 것이 나쁜지, 나를 업신여기거나 내게 무관심한 짝을 어떻게 대해야 할지, 내 고장의 정치에 참견해야 할지, 자녀의 생활에 어느 정도 관여해야 할지, 부모의 간섭을 어디까지 받아들여야 할지 같은(너무 강압적이지만 방안을 구할 수 있는) 문제들을 놓고 어느 날 고민에 빠지기도 한다. 때로는 이런 의문을 명쾌하게 하려는 노력 자체가 골치 아픈 일이 되기도 한다. 하지만 이러한 문제들은 끊임없이 우리를 압박한다. 의식적으로 깊이 생각하지 않는 때조차 이들은 우리의 행위에 영향을 미친다. 그뿐 아니라 때때로 이런 문제를 놓고 직장이나 가정, 체육관, 그리고 카페에서, 또 저녁이나 점심을 먹으며 기회 있을 때마다 친구나 동료와 길게 이야기를 나눈다.

윤리 문제는 개인적이고 내면적인 것이어서, 다른 사람의 생각이 틀렸다거나 견해가 옳지 않다고 말하면 당사자는 필시 불쾌하게 여길 것이다. 윤리적 견해는 우리의 느낌과 감정과 깊은 연관이 있다. 윤리 문제가 개인적인 차원이라는 점은 자신이 생각하는 것을 스스로 결정할 수밖에 없다는 사실에서 확인할 수 있다. 부모나 친구의 생각에 따르겠다는 사람을 본다면 누구나 이상하다는 생각이 들 것이다. 다른 사람이 생각해야 할 일을 대신해주겠다고 나서는 사람을 봐도 마찬가지로 이상하게 여길 것이다. 누군가 대신 생각해줄 수 없다는 의미에서 우리는 윤리적 사고가 개인적인 일이라고 본다(다른 사람의 생각과 반드시 달라야 한다는 뜻이 아니라, 다른 사람의 생각을 단순히 복제해서는 안 된다는 뜻이다). 그러나 이와 더불어, 어떻게 행동하는 것이 옳은지 염려하면서 시간을 보낸다는 사실은 곧 우리가 틀릴 수도 있다고 생각하는 걸 암시한다.

각 사례에서 어찌 보면 윤리 문제는 스스로 결정해야 할 개인의 일이지만, 그렇다고 하여 어떤 견해를 선택하건 상관없다는 뜻은 아니다. 돌이켜볼 때 잘못된 일을 했다는 생각이 들면 스스로 수정할 것이다. 그뿐 아니라 우리는 두 사람의 의견이 엇갈릴 때 둘 다 옳다고는 생각하지 않는다. 이는 많은 문제에서 우리가 옳은 답이라고 할 만한 것이 있음을 암시한다. 그러므로 윤리는 개인적인 문제이기도 하고 개인적인 문제가 아니기도 하다. 즉 스스로 결정하고 책임질 문제임과 동시에 옳은 답을 얻고자 (또는 잘못된 답을 피하고자) 노력할 문제이기도 하다.

● 도덕이론이란 무엇일까

도덕철학(윤리학)은 올바른 윤리적 견해를 지녀야 할 필요성을 느끼는 데서 출발한다. 한 사람이 지닌 도덕성이 단순히 그 사람이 강렬하게 느끼는 것에 지나지 않는다면, 굳이 학문적 이론을 동원하여 도덕적 의문에 해답을 가려낼 필요는 없다. 도덕성이 순전히 개인의 일이라면 거기엔 굳이 해답이랄 것 또한 없을 것이다(달리 말하자면, 각자의 해답은 '내가 보기에 옳다'일 터이다). 때때로 사람들은 도덕성을 '주관적인 것'이라고 주장하면서, 우리가 '가치판단'을 하기 시작하는 순간 옳은 주장은 사라진다고 생각한다. 조금 뒤에 이 견해를 좀 더 자세히 들여다볼 것이다. 그런데 이론상으로는 이 견해가 그럴싸하게 보일지 모르지만 실제로는 그렇게 되기가 쉽지 않다. 낙태를 해야 할지, 친구 애인과 하룻밤을 보낸 뒤 친구에게 사과해야 할지, 원자력 산업에 취직해야 할지를 결정해야 할 때 옳은 답을 찾고자 헤매게 된다.

논증을 반박하려면 그 전제가 참인지 의문('식인은 나쁜 행위일까?' 또는 '동물은 사람과 다름없을까?' 같은)을 제기하거나, 전제에 맞는 결론인가(전제가 참일 때 그것이 뒤에 나오는 결론을 보증하거나 강력히 뒷받침하는가)를 따져봐야 한다. 논증의 형태는 다양하다. 하나의 주장이 연역적 추론에 비추어 타당하다면, 전제의 참이 결론의 참을 보증한다.

철학에서 논증을 위한 요건은 무엇일까

우리가 어떤 것을 믿을 때 그 까닭을 제시하는 것이 논증이다. 논증은 우리가 무엇을 믿어야 하며, 어떻게 행동하고, 어떻게 느껴야 하는지 따위를 주장한다. 좋은 논증은 그것을 믿어야 할 좋은 이유를 제공하지만, 좋지 않은 논증은 그것을 믿어야 할 좋은 이유를 제공하지 못한다. 논증을 효과적으로 제기하고자 일련의 진술을 엮어놓을 수도 있다. 예컨대, "사람을 먹는 것은 잘못된 것이고, 동물은 사람과 다름없으므로, 동물을 먹는 것은 잘못된 일이다." 이런 경우는 하나의 주장에 들어 있는 요소를 검토하여 그 논증이 좋은지 나쁜지를 가리기가 쉽다. 논증은 '전제'와 '결론'으로 나누어 분석할 수 있다. 여기서 전제란 결론을 뒷받침하고 이끌어내거나 입증하는(앞의 예에서 육식이 나쁘다는 주장을 뒷받침하려고 육식이 나쁜 이유를 내세우는 방식으로) 요점들을 말

> 한다.
>
> 논증을 반박하려면 그 전제가 참인지 의문('식인은 나쁜 행위일까?' 또는 '동물은 사람과 다름없을까?' 같은)을 제기하거나, 전제에 맞는 결론인가(전제가 참일 때 그것이 뒤에 나오는 결론을 보증하거나 강력히 뒷받침하는가)를 따져봐야 한다. 논증의 형태는 다양하다. 하나의 주장이 연역적 추론에 비추어 타당하다면, 전제의 참이 결론의 참을 보증한다. 한편, 귀납적 논증은 지난 경험에 비추어 앞으로 일어날 현상이 어떤 것일지 추론한다. 또 다른 형태의 논증으로 최선의 설명을 위한 귀추법이 있는데, 이 형태에서는 결론을 위해 제시되는 증거들이 결론의 참을 보증하는 것은 아니다. 결론은 지금 얻을 수 있는 최선일 뿐이며, 그보다 나은 결론으로 바뀔 수도 있다. 도덕적 논증은 흔히 유추라는 방법을 쓴다. 이 방법은 새로운 상황이 우리가 이미 잘 알고 도덕적 가치와 비슷하여 쉽게 이해할 때 쓰인다(예컨대, '동물은 여러 관점에서 사람과 다를 것이 없다').

우리는 늘 윤리적 사고와 더불어 산다고 강조한 바 있다. 그리고 사람들은 대체로 그것에 익숙하다. 우리는 복잡한 윤리적 상황을 능숙하게 헤쳐 나갈 때도 있지만, 그렇지 못할 때도 있다. 이렇듯 비공식적이고 더러는 불분명하며 때로는 몹시 수준 높게 이뤄지는 윤리적 사고와 '도덕철학'은 어떠한 면이 비슷하고 또 다를까? 첫째, 도덕철학은 윤리 문제를 충분히 명쾌하게 드러낸다고 할 수 있다. 도덕철학자들은 직관이나 감정이 체질적 반응처럼 우리 의식 속에 불분명한 상태로 남아 있는 것들을 명백하게 드러내어 공식적인 검토대상으로 삼는다. 이러한 과정을 거쳐야만 비로소 불분명한 상태에 있던 것들을 완전히 통제하게 된다. 말하자면 불분명한 것들을 완전히 밝혀야만 그것들을 평가한 뒤 진정 믿어야만 할 것들인지 결정할 수 있다. 그러므로 자신의 견해가 무엇인지 설명하고 그것을 옹호하려는 노력은 그 견해가 옳은 것임을 확증하는 데 빼놓을 수 없는 부분이다. 둘째, 도덕철학은 일상의 도덕적 사고와 비교하면 더 포괄적인 경향이 있다. 누구나 특정한 도덕적 견해가 있을 수 있으며, 그럴 때는 대체로 자신들과 직접 관련 있는 것일 때가 잦다. 그리하여 이런 견해는 모든 도덕적 문제의 모든 측면을 다룰 수 있는 포괄적 의미의 도덕성이 되기 어렵다. 그렇지만 도덕철학은 가능한 한 최대한의 포괄성을 지향한다. 도덕철학은 주어진 상황에서 무엇이 옳은 일인지, 체계적이고 일관성 있게 설명할 도덕이론을 구축하려고 한다. 사람은 누구나 의견이 엇갈리는 상황에 빠질 수 있으며, 정작 무엇을 해야 할지 몰라 헤맬 수 있다. 포괄적인 도덕이론은 이렇듯 불확실한 상황에서 우리에게 든든한 안내자 역할을 해준다.

● 도덕이론이 왜 필요할까

흔히 인간은 자유를 누리려면 도덕성이 필요하다고 말한다. 인간은 동물과 달리 본능적으로만 행동하지 않는다. 물론 우리에게는 버릇과 관습과 체질적 반응이 있다. 그리고 때로는 어쩔 수 없이 우리가 행동하게 일깨우는 것들이 많다. 하지만 이들만이 인간을 움직이게 하는 것은 아니다. 인간은 종종 지금 하는 일이 마땅히 해야 할 일인지 스스로에게 묻는다. 인간의 행위에는 정당화가 필요하다. 우리는 다만 욕구 때문에 이러한 일을 할까? 아니면 사람들이 모두 그렇게 하니까 그저 습관으로 할까? 아니면 이렇게 하는 것이 옳을까? 우리는 자신의 습관이나 체질적 반응에 따라 행위를 멈추고 한 걸음 뒤로 물러서서 무엇을 해야 할지, 어떤 목적을 추구해야 할지, 어떤 이상을 그려야 할지, 무엇을 하지 말아야 할지 스스로에게 묻는다. 윤리 연구는 여기서부터 시작된다.

윤리는 개인적으로 무엇을 해야 할지 결정하려는 고민에서가 아니라, 자신의 견해를 남들 앞에서 정당화하거나 설명해야 하는 상황에서 출발한다. 인간은 왜 내가 그런 방식으로 행동했는지 끊임없이 묻고 설명할 수 있어야 한다. 이런 까닭에 행위가 특별하거나 기대 이상이거나 의미심장한 결과를 가져왔을 때는 더욱 그러하다. 인간은 남들을 이해시키며 살아가는 존재다. 인간이 지닌 근원적인 동기 중 하나는 남들 앞에서 자신을 변호할 여지가 있게 행위를 한다는 점이다. 사람들 앞에 떳떳하게 서서 자신의 행위가 옳았음을 주장하려는 것이다. 우리는 남들에게 말하기 부끄러운 행위는 하지 않으려 한다. 윤리학은 어떤 행위가 남들이 하나하나 따져보더라도 진실로 변호할 만한 행위인지를 연구하는 학문이다.

이 말이 거창하게 들릴지 모른다. 아니면 철학자들이 '보통 사람'은 자신을 인도할 윤리이론이 나타날 때까지 무지함에서 헤맬 수밖에 없다는 말을 할 때처럼 조금은 거만하게 들릴지도 모른다. 물론 얼마만큼의 '도덕적 상식'이 믿을 만한지에 관해서는 철학자들마저 의견이 분분하다. 많은 철학자들이 인간의 상식을 도덕적 사고의 받침돌이자 출발점으로 받아들인다. 그러나 오로지 도덕적 상식에만 의존하면 혼란에 빠지기도 하는데, 여기에는 두 가지 이유가 있다. 하나는 도덕적 상식 자체가 불완전하다는 것이다. 평범한 일상의 문제들을 다룰 때는 별 문제가 없을 것이다. 하지만 안락사나 낙태 그리고 핵무기를 허용할지에 관해 마음을 정해야 할 대목에 이르면 상식적인 도덕관념으로는 감당하기가 벅참을 느낄 것이다. 우리는 적어도 자신이 믿고 의지해온 도덕적 직관을 연장하여 새로운 상황에 어떻게 대응할지 알아야 한다.

도덕적 상식에 의존할 때 생기는 또 하나의 문제점은 그것이 모든 사람에게 하나의 분명한 해답을 말해주기 어렵다는 점이다. 도덕의 문제는 (일단 우리가 일상의 상식을 뒤로할 때) 심각한 의견대립의 근원이 된다. 도덕철학은 의견대립의 근원을 밝혀내는 동시에 그러한 대립을 없앨 원칙을 찾아내 대립을 해결하는 것을 목표로 한다.

윤리가 필요한 또 하나의 특별한 이유는 우리가 몸담은 사회의 성격에 있다. '목가적 사회'에서 산다면 모든 사람이 '자신이 사는 곳을 잘 알고' 무엇을 해야 할지 전혀 의문이 들지 않을 것이다. 그렇게 살 만한 사회가 아직도 몇몇은 존재할지 모른다.

그러나 이런 동질사회와 달리 우리 사회에서는 도덕적 의견이 불일치할 때가 잦으며, 다양한 생활양식을 선택할 수 있고, 신념체계 또한 다양하다. 어떤 이가 지적한 대로, 우리는 도덕적 불확실성 속에서 살아가는 까닭에 왜 다른 것을 제쳐놓고 이런 생활양식을 선택했는지 자신에게나 남에게 설명하지 못한다. 불확실성을 피할 수 있든 없든 이렇듯 다양한 선택의 기로에서 상식만으로는 길을 찾기가 어렵다. 그리하여 남들에게 자신의 견해를 충분히 설명하는 것을 아예 포기하지 않는 한, 이러한 불확실성을 헤쳐 나가야 한다. 따라서 무엇을 하고 어떻게 살아야 할지 더욱 포괄적인 견해를 지녀야만 한다. 또한, 그에 비추어 우리가 직면한 일들을 심사숙고할 수 있어야 한다. 단순히 '늘 그렇게 해 왔다'는 구실을 내세워 행위를 할 것이 아니라, 우리가 품은 의문을 끝까지 추적해야 비로소 왜 그래야 하는지를 설명할 수 있다. 제기될 모든 의문에 만족스러운 설명을 하기는 쉽지 않으므로 먼 길을 가야 한다. 그러나 우리가 갈 길은 이것뿐이다. 이런 문제를 안고 살아가야 하는 우리는 저주를 받은 것이다. 더는 단순히 전통적인 해답을 받아들일 수 없게 되었다.

● 도덕성은 모두 상대적일까

이 시점에서 윤리 연구가 처음부터 기본적으로 결함이 있다고 생각하는 사람들이 있음을 알아두어야 한다. 독자들은 지금까지 설명을 통해 도덕이론은 옳고 그름에 관한 포괄적인 이론을 제시하려 한다는 점에서 꽤 야심차다는 사실을 분명히 알았을 것이다. 도덕이론의 야심찬 가정에 따르면, 도덕적 의문에는 반드시 답이 있는바 우리는 그 답이 옳은지 그른지 판별할 수 있다. 윤리 연구를 경시하는 이들은 윤리라는 분야에서 해답을 찾을 수 있음을 부정한다. 이들이 볼 때 도덕성은 주관적 문제일 뿐이다. 이들은 한 사람의 도덕적 신념은 그의 성장환경이나 심리상태처럼 그와 관련 있는 요소들에 따라 결정되며, 그와 아무 상관없는 세상사에 따라 결정되는 것이 아니라고 말한다. 성장환경이 다른 두 사람이 있을 때 이들의 신념은 다를 수밖에 없다. 어떤 문화에서 자란 사람에게는 투우경기가 말할 수 없이 잔인한 행위지만, 다른 문화에서 자란 사람에게는 인간적 용기의 고상한 표현이다. 이들의 견해는 분명히 다르지만, 다른 성장환경을 고려하면 어느 한 사람의 견해를 옳다거나 그르다고 할 수 없다. 입맛이 다른 사람들이 같은 음식을 맛보고 나서, 한 사람은 맛있다고 하고 다른 사람은 구역질을 참기 어려워한다면, 이들은 다만 다른 반응을 보인 것일 뿐 논쟁할 일은 아니다. 바로 이것이 상대주의 관념이다. 말하자면, 한쪽 사람이나 한쪽 문화의 판단은 '그들 자신에게 옳은 것'일 뿐 다른 쪽의 견해를 비난할 일은 아니다.

상대주의자는 도덕성을 일련의 사회적 관습이나 전통과 비슷하다고 생각한다. 서로 다른 문화의 불일치를 반영하는 어느 정도의 도덕적 불일치 역시 분명히 존재한다. 어떤 문화에서는 식용으로 삼는 것을 다른 문화에서는 더없이 혐오한다. 마찬가지로 어떤 문화에 젖은 사람들이 완전히 옳다고 여기는 행위를 다른 문화에 익숙한 사람들은 '나쁘다'고 생각한다. 다른 문화권에 사는 사람들은 종교적 신념과 관습을 달리한다.

종교와 도덕은 방향을 같이 하는 경향이 있다. 그러므로 도덕적 신념과 관행이 다르다고 놀랄 일은 아니다. 상대주의자는 도덕성을 '도덕'과 같은 것으로 생각한다. 그것은 어떤 특정 문화에서 보편화한 도덕적 신념이자 관행이다. 도덕성에 이 이상의 다른 것이 없다면, 도덕성은 어떤 특정 종류의 사회적 사실로 비칠 것이다. 도덕성이 무엇인지 알려면, 그에 해당하는 특정 문화를 보아야 한다. 그러나 이러한 상대주의가 늘 타당한지는 여전히 의문이다. 우리에게는 특정 사회집단의 도덕과 관련되는 여러 사실을 초월하는 그 이상의 어떤 도덕성 개념이 요구된다.

예를 들어, 여성의 권리를 생각해보자. 서구사회가 이전에는 남성만 누리던 자유를 근래에 이르러 여성에게 허용했다는 점에서 상당히 진보적이라고 말하는 사람들이 있다. 전통적으로 여성이 있어야 할 곳은 가정이었다. 남성은 돈과 정치와 이상을 위해 집 밖으로 나갔다. 우리는 근래에 여성이라는 이유만으로 여성의 권리를 제약하는 것이 옳은가 하는 의문을 품었다. 이 분야에서 해야 할 일이 아직 남아 있긴 하지만, 이만큼이라도 이룬 것은 확실히 도덕적 진보라 할 만하다. 다른 문화권(선택할 수 있는 문화권이 많이 있지만)의 사정을 생각해보자. 사회 문제에 관한 정책결정의 토론장에서 여성은 여전히 제외되어 있다. 그들 문화에서는 좀처럼 바뀔 리 없는 분업제가 모든 가정에 확립되어 있다. '현실적인' 여성은 가정을 돌보고 '현실적인' 남성은 넓은 바깥일을 살핀다. 이런 문화에서는 성별 역할에 의문을 제기하는 사람을 비웃고, 서구식 자유를 탈선으로 볼 터이다.

성별 역할에 관한 이 두 가지 견해를 모두 옳다고 말하는 것은 이해하기 어렵다. 상대주의자는 해방된 견해가 우리 문화에 '적합'하지만, 제약적인 견해는 그들의 문화에 '적합'하다고 할 것이다. 그러나 여기에는 두 관점이 충돌한다. 두 문화권을 대표하는 사람들에게 똑같은 질문을 던질 때, 그들은 두 가지 답을 내놓을 터이다. 그러므로 상대주의자가 '옳은 것'이 두 가지가 존재한다고 말할 때, 우리는 이해하기 어렵다. 여기에 어떤 충돌이 있다고 생각한다면, 그 충돌은 양쪽 사람들의 '도덕'이 아닌, 그 밖의 다른 어떤 것에서 일어나는 충돌일 터이다. 우리가 어긋나는 두 관행이 모두 옳을 수 없다고 생각하기 전에, 두 사회 집단이 두 가지의 관행을 가질 수 있음을 인정했기 때문이다. 그러므로 두 문화권이 어떤 일에 관하여 모순되는 주장을 한다고 볼 수밖에 없다. 이들은 "이것이 우리 방식이야"가 아니라 "우리는 이렇게 해야 해, 우리가 이렇게 하는 것이 맞아"라고 주장하는 것이다. 한쪽에서 내놓는 이야기를 다른 쪽에서 거부하는 가운데, 양쪽은 그들의 행위가 더 정당하다고 주장한다. 바로 이것이 도덕성이다. 도덕성은 우리의 행위를 궁극적으로 어떻게 정당화하느냐를 주제로 삼는다. 그리하여 도덕성은 단순히 어느 특정 집단의 문화적 관행을 가리키는 것만으로는 답을 얻을 수 없는 더 심각하고 어려운 문제를 제기한다.

두말할 나위 없이 어느 집단은 어떤 도덕적 문제에 나름의 답을 내놓을 수 있다. 그런 의미에서 도덕적 다양성 또는 도덕적 불일치가 나타날 여지는 충분하다. 그렇다 하여 이것이 곧 도덕성 자체가 상대적이라는 의미는 아니다. 도덕성은 각각의 문화가 내놓는 답이 충분한지 평가하는 기준이다. 이것을 문화에 따라 상대적이라고 말하는 것은 이해하기 어렵다. 도덕성의 기준이 무엇인가에 관해 문화마다 다른 견해를 가질 수 있다고 보는 것은 혼란만 불러일으킬 뿐이다. 하지만 자신들의 견해가 옳은지 의문을 품는 것은 가능하다. 우리가 그에 답하려면 그들이 무엇을 하고 어떤 생각을 하는지를 단순히 기술하는 데 그치지 말고 그런 행위나 생각을 평가해야 한다.

도덕성은 단순히 문화에 따라 상대적이라는 생각은 우리의 도덕적 신념을 심각하게 여기지 않아도 된다는 뜻으로 오해할 소지가 있다. 말하자면 우리가 이런 문화에서 자라났기에 이런 신념이 있다는 식으로 생각한다면, 도덕적 행위란 곧 사회가 기대하는 바에 따라 한다는 의미밖에 더 될까? 이때의 도덕적 행위는 단순히 사회와의 획일화를 의미하는 것밖에는 없지 않을까? 도덕적 이유란 것이 사회가 기대하는 바에 지나지 않는다면, 그 도덕성은 너무 공허해보일 것이다. 획일적인 것이 늘 좋은 것은 아니다. '강한' 개인은 획일성을 떨쳐버리고 자신의 신념에 따라 행위해야 한다. 따라서 도덕성을 단순히 '사회가 기대하는 것'으로 생각한다면 도덕적 신념을 퇴화시키는 결과를 가져올 뿐이다. 또한, 자신이 자라나면서 얻은 도덕적 신념에 대한 의문 제기는 중요한 일이다. 하지만 그에 상관없이 우리는 늘 모든 도덕적 신념에 회의를 가져야 한다. 상대주의자들은 아우슈비츠나 어린이를 학대하는 사례에 직면할 수 있음을 알아야 한다. 그들은 사회가 우리에게 기대한다는 이유만으로 어떤 행위를 실행하는 것이 무척이나 나쁜 일이라고 말할 준비가 되어 있을까?

도덕적 회의론과 의견을 달리하고 싶더라도, 이러한 회의론이 어떤 중요한 통찰을 바탕으로 나온 것임을 인정해야만 한다. 도덕성의 주된 관심이 실제로 무엇을 하는지가 아니라 마땅히 해야 할 바에 있다고 하더라도, 그것은 여전히 모호한 점을 내포하기 때문이다. 식인행위가 나쁘다는 생각을 예로 들어보자. 누구나 직관으로 이 생각에 동의할 것이다. 거기에 더 이상의 의미가 있을까? 말하자면 식인이란 말만 들어도 역겨움을 느낀다는 것 말고 다른 의미가 있을까? 어떤 행위를 나쁘다고 말할 때, 그것은 곧 우리에게 허용된 행위가 아니라는(금지된, 허용될 수 없는 행위라는) 것과 다름없다. 그런데 누가 허용하지 않는다는 말일까? 이 말에 어떤 이가 신을 연상한다면 그는 그것으로 충분할 터이다. 그런데 신을 떠올리지 않는 사람은 어찌해야 할까? 그런 사람에게 도덕적 금지란 무엇일까? 이런 식의 도덕적 금지가 실제로 존재할까? 실제로 존재하는 것에 관해 이해하려 한다면, 이내 과학에서 설명하는 것들이 떠오를 것이다. 과학자들은 실세계를 구성하는 요소들(전자, 입자 같은)의 목록을 건네줄 수 있겠지만, 도덕적 금지에 관하여는 할 말이 전혀 없을 터이다. 이렇게 보면 도덕적 반응이란 인간이 느끼는 바를 바탕으로 인간이 만들어내는 것일 뿐이다. 도덕적 반응은 현실에서 동떨어진 독립된 부분이 결코 아니다.

이 사실을 달리 설명하기 위해 우리가 관심을 두는 도덕이론을 과학이론에 비추어보자. 과학이론은 검증할 수 있는 가정으로 이루어져 있다. 가정을 뒷받침하거나 가정에 어긋나는 증거들을 모아 과학이론을 입증하거나 반박할 수 있다. 그런데 도덕이론에 증거란 것이 있을까? 과학에서 연소이론이 부정되는 형식으로 도덕이론이 단번에 부정되는 것을 상상할 수 있을까? 하나의 도덕이론을 부정 또는 인정하는 것은 언제나 개인의 반응에 따라 이루어지는 일이 아닐까? 그렇다면 이는 곧 도덕성이 자신과 상관없는 실재의 무언가가 아니라 자신에 직접 관계되는 것임을 의미하는 것이 아닐까?

도덕적 회의론은 윤리학에 투신한 모든 사람에게 중요한 도전이다. 회의론은 옳은 답이 존재한다는 기본 가정을 뒤집으려 하기 때문이다. 인간이 도덕성을 만든다면, 우리는 왜 굳이 정답이 하나라고(혹은 옳게 생각할 만한 어떤 길이 있다고) 가정해야 할까? 이런 도전에 대응하는 길은 얼마든지 있음을 독자들은 곧 알게 될 터이다. 이 단계에서 중요한 점은 어떤 도덕이론이든지 이런 식의 도전을 받을 수 있다는 사실이다. 어떤 도덕이론이든지 무엇이 옳은지 그른지를 설명하는 가운데, 도덕성이 무엇이고, 도덕성은 어떻게 옳고 그른 것을 판단하는지를 어떤 수준에서건 설명해야만 한다. 어떤 일이 도덕성에 비추어 옳다고 판명되려면, 도덕이론은 왜 그런지를 설명해야만 한다.

이 책은 도덕성이 무엇인가보다는 도덕성이 우리에게 요구하는 것이 무엇인가를 주로 다루고자 한다. 말하자면, '무엇이 옳은가?'라는 본질적 문제의 답을 찾으려 한다. 2차 윤리나 메타윤리보다는 규범윤리를 주로 다룰 것이다. 도덕성이 무엇인지 자세히 연구하려는 독자는 이 책과 더불어 메타윤리학에 관한 책을 보기를 바란다. 메타윤리학은 도덕성을 논리적 혹은 형이상학적 차원에서 연구하는 학문으로, 도덕성을 논할 때 우리가 무엇을 하는지 따져 묻는다. 메타윤리가 주된 관심사는 아니지만, 흔히 메타윤리의 견해는 규범윤리이론을 따라다니면서 규범윤리의 내용에 영향을 미친다는 사실을 알게 될 터이다. 도덕이론을 고려할 때 늘 잊지 말아야 할 점이다. 이 책에서는 메타윤리를 깊이 파고들지 않겠지만, 그때그때 문제가 되는 이론을 설명하는 가운데 필요하다면 메타윤리의 문제를 인용하겠다.

● 도덕이론에서 무엇을 찾아야 할까

지금까지 도덕이론이 무엇이며, 그것이 왜 필요한지에 관해 설명했다.

이제 좋은 도덕이론이 갖추어야 할 기준을 하나의 목록으로 만들 수 있다. 목록은 이 책을 읽어가는 동안 도움이 될 터이다. 그리고 앞으로 살필 이론들이 목록에 실린 기준을 얼마나 충족시키는지 평가할 수 있다.

첫째, 좋은 도덕이론은 무엇이 옳고 무엇이 그른지를 설명해줄 것이다. 아울러 좋은 도덕이론은 실제 상황에서 발생한 문제에 도덕적 답을 얻을 만큼 분명한 길을 제시해주어야 할 터이다.

또한, 도덕이론은 포괄적이어야 하며 우리가 지닌 문제에 관하여 어떤 상황에서든 적용할 만한 답을 제시하거나 그런 답을 얻을 방법을 제시해야 한다. 숫자로 나타나는 도덕성을 바라는 건 아니지만, 도덕성은 효과적으로 그를 따르는 사람들의 행위를 인도할 만큼 단순해야 한다.

그뿐 아니라 좋은 도덕이론은 논리적 일관성을 지녀야 하며, 상황마다 다른 결론을 던져서는 안 된다. 그러려면 어떤 기본 원칙이나 원칙들에서 출발하여 그 원칙들을 특정 상황에 체계적으로 적용하면서 답을 찾아야 한다.

그러나 이론 자체가 참이 아니라면, 어떤 기준도 가치가 없을 터이다. 여기까지 설명을 들었다 해도 과연 어떤 이론이 참된 이론인지 구별하기는 쉽지 않다. 일부 철학자는 대체로 직관으로 받아들일 수 있는 이론이 참된 이론일 가능성이 크다고 생각한다. 또 다른 이론가들은 도덕이론의 핵심은 우리의 직관적 반응에 대하여 우리로 하여금 성찰하고 비평하게 하는 것이라고 주장한다. 어쨌거나 하나의 이론이 좋은 이론인지 아닌지를 판별하기 위해 그 이론이 어떻게 적용되는지를 살펴볼 필요가 있다.

끝으로 어떤 면에서 보면 도덕성이 무엇인지 불투명하므로 도덕이론은 이를 설명해야 한다. 또한, 도덕이론은 왜 우리가 도덕성에 관하여 옳거나 그른 해답을 얻을 수 있다고 믿는지를 보여줘야 한다.

● 이 책의 구성

이 책의 접근방식은 철학자들이 도덕을 이론화하는 것이 도덕적 문제에 관심 있는 사람들에게 어떻게 흥미롭거나 타당한지를 설명하는 것이다. 나는 도덕이론화의 다양한 유형을 포괄적으로 소개하거나 다양한 견해의 본질 및 강점과 약점을 포괄적으로 검토하지 않을 것이다. 나의 목적은 오히려 각각의 주제를 독자들에게 충분히 설명하여 왜 그 주제를 더 깊이 연구해야 하는지, 어떻게 더 많을 것을 찾아낼지를 이해하게 만드는 것이다. 또한, 철학을 전공하지 않은 사람이 왜 이런 문제를 심도 있게 다루어야 하는지를 보여주려고 한다. 그러므로 독자의 흥미를 돋우는 것에 이 책의 목적을 두었다.

이런 까닭에 이 책은 크게 세 부분으로 나뉜다. 첫 번째는 도덕성에 관한 이론적 접근에 흥미를 느끼게 하는 몇 가지 문제를 살펴보려 한다. 두 번째로 주요 이론적 접근 몇 가지를 살펴보려 한다. 마지막으로 그 밖의 다른 연구방향을 살펴보면서 도덕성을 더 폭넓고 깊게 이해하려 한다. 그러므로 이 책은 어느 것이 가장 좋은 도덕이론인가 하는 의문에 답하지 않는다. 각 이론의 몇 가지 주된 동기, 그러니까 사람들이 그 이론을 따르도록 설득하는 근거를 검토하면서, 각 이론에서 제기되는 주요 도전, 즉 사람들이 그 이론을 완전히 받아들이게 하고자 할 때 극복해야 할 과제들을 아울러 검토하려 한다. 이 책의 앞부분에서는 우리를 도덕성에 관한 깊은 철학적 사색으로 끌어들이는 몇 가지 문제를 살펴본다. 무엇보다 죽음의 문제와 생명의 의미를 검토할 것이다. 그 다음에는 생명이 정말 신성한지, 그렇다면 어떤 생명이 중요한지를 검토할 것이다. 그러고 나서 곤경에 빠진 사람들을 위해 어느 만큼의 도덕성을 지녀야 할 것인지를 검토할 것이다.

각 장에서 문제를 제시하고 그에 관해 지금까지 논의된 바를 개관한 다음, 도덕철학의 몇몇 주요 이론들이 이 문제들에 답을 찾고자 어떻게 발전해왔는지를 자세히 살펴본다. 따라서 공리주의, 칸트의 윤리, 그리고 마지막으로 덕(또는 아리스토텔레스)의 윤리를 살펴볼 것이다. 책의 마지막 부분에서는 몇 가지 부가적인 문제인 윤리와 종교의 연관성과 계약이나 합의를 바탕으로 도덕성이 고려될 수 있는지와 같은 문제를 검토한 뒤, 마르크스와 니체 같은 인물들이 제시한 도덕성 비판을 살펴보려 한다.

이 책은 도덕성에 관한 철학적 사고를 이해하는 데 도움을 주는 것을 큰 틀로 삼았다. 또한, 도덕철학이 일상에서 일어나는 문제를 어떻게 조명하는지, 그리고 중대한 상황에 부딪힐 때 어떻게 하면 더 나은 사고를 할지 설명하려 한다. 도덕이론들을 검토하면서 이들 가운데 어느 것이 가장 바람직한지를 살펴볼 터이다. 그러는 가운데 일상에서 부딪히는 수많은 도덕적 문제들을 독자들이 실감하는 방식으로 다룰 것이다. 독자들이 이 책에서 많은 자극을 받을 수 있기를 바란다.

제1부

삶과 죽음

Life and Death

1장

죽음, 그리고 삶의 의미

사람은 죽음의 위협을 받으면서도 왜 그리 끈질기게 삶에 집착할까? 왜 어떤 이는 자신을 희생하면서 다른 사람을 구하려 할까? 왜 우리는 자식을 낳아 세대를 이어가려 할까? 끔찍스러운 자살은 왜 일어날까? 이들 물음에 대한 답 가운데 하나로 우리는 본능을 말한다. 인간이 삶에 집착하거나 생식을 하는 데는 본래 까닭이란 없다. 단순히 본능만이 있을 뿐이다. 하지만 이 답은 만족스럽지 않다. 이런 식의 답은 사람들이 일시적인 광기에 휩쓸린 나머지, 살기 위해 투쟁하거나 자식을 낳아 기른다는 말처럼 들리기 때문이다. 한마디로 사람들이 비이성적으로 행동한다는 말이 될 터이다. 그러나 실제로 그렇지 않은데, 인간이 늘 비이성적으로만 행동하지 않기 때문이다. 물론 원초적인 본능에 사로잡혀 삶에 집착하기도 하지만, 대부분 자신의 삶을 보호할 뿐만 아니라 다른 사람들의 삶을 위해 사려 깊고 분별 있게 행동할 줄 안다. 이 때문에 사람들이 삶에 부여하는 분명한 가치에 관해서 그럴 만한 이유가 있다는 걸 밝혀낼 수 있을 것으로 기대하는 것이다. 물론 그 이유가 별로 바람직하지 않을지 모른다. 어쩌면 삶을 무조건 긍정적으로만 생각하는 것은 잘못일지 모른다. 그러나 그 역시 우리가 앞으로 평가해야 할 일이다. 따라서 이 장에서는 삶에 대한 인간의 끈질긴 집착을 달리 설명하는 방법들에 대해 살펴보려고 한다. 이는 삶을 하나의 주어진 선물이나 특혜로 보려는 견해이기도 하다. 이런 견해를 지닌 사람들은 삶을 막중한 그 무엇의 근원으로 보는 경향이 있다. 삶을 궁극적으로 우리가 가진 모든 것의 근원으로 간주하는 것이다.

● 죽음은 정말 나쁜 일인가

먼저 죽음이 정말 나쁜 일인지, 그렇다면 그 이유를 생각해보자. 이렇게 암울한 주제에서 출발하는 까닭은 죽음이 왜 나쁜 일이며, 죽음을 왜 두려워하는가를 생각해보는 것이야말로 삶의 가치가 무엇인지 밝혀내는 데 도움이 되기 때문이다. 따라서 죽음이 죽어가는 자에게 나쁜 일인가 하는 문제를 집중적으로 다루고자 한다. 사람이 죽을 때면 뭔가 나쁜 일이 일어나는 것일까? 한 사람의 죽음은 남은 이들에게 사랑하는 사람을 잃었다는 충격과 더불어 큰 영향을 미친다. 그러므로 죽음이 왜 나쁜 일인지는 그들에게 미치는 영향으로 설명할 수 있다.

　　하지만 죽음을 앞에 둔 사람에게 나쁜 일이 일어나고 있다고 생각해야 할까? 위로하려고 하는 말이기도 하지만, 우리는 죽어가는 자에게 그 죽음이 나쁜 일이 아닐지도 모른다는 역설적인 견해를 가질 수 있다. 사람이 죽으면 슬퍼해봐야 별 수 없다는 변명은 그래봤자 너무 늦은 일이라는 순리적인 사고를 인정하는 데서 출발한다.

인간은 죽음의 두려움에 사로잡혀왔다. 윌리엄 던바[1]가 1504년에 발표한 위대한 시 「시인의 죽음을 슬퍼하노라 Lament for the Makaris」에 나오는 다음 구절을 생각해보자.

나 건강했고 즐거움에 넘쳤건만
이제 큰 병을 얻어 괴로움을 안고
무기력에 빠진 채 창백한 얼굴로
죽음의 두려움에 떨고 있네.[1)]

이 시에서 던바는 자신이 사랑하던, 그동안 알고 지냈던 시인들의 죽음을 슬퍼한다. 그들은 차례로 죽어갔다. 그리고 언젠가는 자신에게도 죽음이 찾아오리라는 생각을 한다. 시인은 자신이 한때는 건강했고 행복했건만 이제는 병들고 쇠약해져 죽음의 두려움에 떨고 있음을 심란해한다. 늙은이라면 누구나 이런 경험을 할 터이다. 하지만 이런 경우가 아니더라도 영원히 살 수 없다는 사실을 안다면 죽음의 두려움 앞에서 초연할 사람은 없을 것이다. 살아 있는 이상 죽음은 반드시 거쳐야 할 길목이다.

인간은 피할 수 없는 죽음의 두려움을 극복하기 위한 방편으로 사

---

1   William Dunbar(1463~1530): 영국 스코틀랜드의 초서파 시인.

후의 삶을 그려보기도 한다. 사후에 어떤 일이 일어날지 불확실하지만, 삶이 무한정 지속될 수 있다면 극단적인 파멸을 내다볼 일은 없으리라. 하지만 여기서는 사후에 또 다른 삶이 있는지에 관해서는 논의하지 않을 터이다. 또한, 죽음에 관한 논의를 진행하면서, 우리의 논의 목적에 맞게 '죽음'이 극단적이고 돌이킬 수 없는 절멸을 뜻한다고 가정할 터이다. 사후에는 삶이 없다고 생각해서가 아니라 사후에 삶이 있느냐 없느냐 하는 문제는 여기서 논할 바가 아니기 때문이다. 우리의 진정한 관심은 무엇이 삶을 가치 있게 만들어 주는가다. 결국, 우리 존재가 돌이킬 수 없는 종말을 맞이한다면, 우리 안에 있는 그 무엇이 죽음을 부정적으로 보게 하는가를 고민하고 그 문제에 집중하는 편이 바람직하다.

이런 맥락에서 고대의 두 철인 에피쿠로스[2]와 루크레티우스[3]가 내세운 주장을 살펴보아야 한다. 두 사람은 인간이 죽음에 관심을 두지 않아도 된다고 했다. 일단 자신의 상황을 바르게 이해하면 두려움이나 분노 같은 파괴적인 정서에 휩쓸릴 필요가 없음을 이내 깨달을 것이라고 주장했다. 그러면서 이들은 고요한 사색의 삶을 추구했고 여기서 가장 중요한 부분은 죽음의 두려움을 극복하는 것이다. 이들의 주장을 대표하는 몇몇 구절을 살펴보자. 에피쿠로스는 말한다.

---

2 Epicurus(기원전341~270): 헬레니즘 시대의 그리스 철학자이며 유물론자.
3 Lucretius(기원전94?~55?): 고대 로마의 시인, 철학자.

죽음을 아무것도 아닌 것으로 여기도록 네 자신을 스스로 길들이라. 선과 악을 구별하는 건 인간의 지각이지만, 죽음은 모든 지각을 앗아 가느니. 그러므로 죽음이란 모든 악 가운데 가장 두려운 악이로되, 우리가 존재한다면 죽음이 오지 않은 것이고, 죽음이 오면 우리는 존재하지 않는다. 따라서 죽음은 우리에게 아무것도 아니다.[2]

루크레티우스는 말한다.

네 앞날에 고통과 번민이 기다리고 있다는 건 네가 존재하는 것으로, 때가 되면 차례로 겪게 되느니. 하지만 죽음은 모든 수난을 견뎌온 우리의 존재를 부정하고 이러한 운명의 굴레에서 우리를 구출한다. 그로부터 우리에게 안식이 찾아오고 죽음을 두려워할 까닭이 없어진다. 사라지지 않는 죽음이 언젠가는 사라지기 마련인 삶을 앗아가는 순간, 더는 존재하지 않는 자에게 고통이 있을 리 없으며 처음부터 태어나지 않은 자와 다를 바가 없게 된다.

우리가 태어나기도 전에 지나가 버린 영원함을 돌아보라. 그리고 그것이 우리를 아무것도 아닌 것으로 얼마나 철저하게 여기는지를 새겨 보라. 이것이야말로 대자연이 우리를 비춰 주는 거울인 것이다. 우리는 이 안에서 사후에 이어질 시간을 보게 된다. 그 속에 우리를 겁에 질리게 하거나 우리의 기를 꺾는 그 무엇이 있을까? 깊은 수면보다 편안하지 않은 그 어떤 것이 그 속에 있을까?[3]

이들 주장에는 두 갈래의 큰 줄기가 있다. 첫 번째 주장은 에피쿠로스와 루크레티우스 두 사람이 다 같이 내세운 것으로, 고통은 살아 있기 때문에 겪는 것으로 죽음이 고통을 멈추게 한다는 것이다. 즉 '죽음이 운명의 굴레에서 우리를 구출한다'는 말이다. 두 번째 주장은 루크레티우스의 말 가운데 두 번째 문단에 나오는데, 태어나기 이전의 존재하지 않음과 사후의 존재하지 않음이 정확하게 닮은 꼴이란 사실이다. 태어나기 이전에 존재하지 않음을 걱정하지 않았거늘, 사후에 존재하지 않을 것을 왜 걱정하는가. 결국, 두 가지 주장은 매우 유사하며, 존재하지 않음은 더도 덜도 아닌 그냥 존재하지 않을 뿐이라는 생각이다.

그렇다면 이러한 주장을 그대로 받아들일 수 있을까? 이들의 주장은 정말로 죽음이 나쁜 일만은 아님을 입증할까? 사실 이들의 주장에는 숨겨진 가정이 있으며 이를 파헤쳐보면 문제가 있음을 깨닫게 될 것이다. 죽음은 고통의 근원이 아니라는 사실을 보여주는 첫 번째 주장은 옳은 주장이다. 고통은 의식이 있고 또 살아 있어야 느끼는 것인데, 죽음은 그럴 가능성을 없애준다. 하지만 이 주장의 밑바탕에 흐르는 가정은 고통을 일으키는 것은 나쁜 것이며 죽음이 사람에게 고통을 주지 않으므로 나쁘지 않다는 점이다. 이 주장이 과연 옳은가 하는 의문을 품지 않을 수 없다. 이 가정을 뒤집어서 말하면 '알지 못하는 것은 해를 끼치지 않는다'는 말로, 곧 '모르는 게 약'이란 뜻이다. 솔직히 이런 주장은 고작해야 절반만 옳을 뿐이다. 한 여인의 친구들이 그녀의 뒤에서 헐뜯기를 일삼는다고 상상해보자. 아무도 그녀를 좋아하지 않으면서 겉으로만 다정한 체할 뿐이다. 다정한 체하는 친구들인 줄 모르고 아무런 괴로움도 느끼지 못하는 여인을 딱하게 여겨야 하지 않을까? 또 다른 예를 생각해보자. 어떤 사람이 오토바이 사고로 머리를 다쳐 지적 수준이 어린아이 정도로 낮아졌다고 하자. 이 사람은 별다른 고통을 느끼지 못한다. 잘 먹고 편안하게 지내는 한 마냥 행복할 터이다. 하지만 우리는 그의 처지를 보고 안됐다고 여긴다. 따라서 우리에게 고통을 자아내는 것이 나쁜 것이라고는 할 수 없다. 죽음이 고통을 멈춰준다는 루크레티우스와 에피쿠로스의 주장이 일리가 있긴 하지만, 그것만으로는 죽음이 나쁜 일은 아니란 것을 입증하지는 못한다.

루크레티우스의 또 다른 주장에 따르면, 우리는 존재하지 않는 상태를 두려워할 이유가 없다. 그렇다면 이 말은 죽음이 나쁜 일이 아니란 뜻인가? 이 주장에 대한 우리의 답은 앞서 의문에 대한 답과 비슷하다. 비존재의 상태는 그 자체로서 전혀 나쁠 게 없다. 루크레티우스가 말했듯이, 태어나기 전의 비존재에 대해서는 걱정할 일이 없기 때문이다. 정작 문제는 죽음을 나쁜 일로 보는 까닭이 순전히 비존재의 상태가 나쁜 것이기 때문인가다. 지금까지 살펴본 주장에는 이러한 가정이 숨어 있는데, 다시 돌아보면, 그 가정의 타당성에 의문을 품지 않을 수 없다. 죽음을 걱정하는 것은 죽는 일 자체를 걱정해서가 아니다. 사실 죽음 자체는 별것이 아니다. 죽음을 두려워하는 이유는 다시는 친구들을 볼 수 없고, 맛있는 음식을 먹을 수 없으며, 생각하고 느끼고 계획을 짜고, 달릴 수 없기 때문이다. 죽음에 기가 죽는 건 바로 이런 것들 때문이다. 내가 이 순간 가치 있게 여기며 실행하던 모든 일을 사후에는 영영 할 수가 없어서다.

루크레티우스와 에피쿠로스의 주장은 죽음에 관한 우려의 참된 근원을 다루지 않았다는 데 문제가 있다. 우리가 죽으면 그때까지 누리던 모든 것을 잃는다. 죽음을 나쁜 일로 여기는 이유는 가장 귀중하게 여기는 것들을 잃어야 하기 때문이다. 죽는 것 자체야 고통스럽지 않을지 모르고, 죽음 뒤에 꼭 나쁜 상황에 놓이지는 않을지도 모른다. 하지만 삶을 잃어버리는 일을 나쁜 일이 아니라고는 말할 수 없다. 오토바이를 타다가 뇌상을 입은 사람은 자신이 잃은 것 때문에 고통을 받지 않을뿐더러 지금의 처지가 불쾌하지도 않다. 하지만 그의 처지가 안타까운 사실은 사고가 나지 않았을 때의 처지와 비교해서 잃은 것이 너무 많기 때문이다. 죽음에 대해서도 같은 이야기를 할 수 있다. 어떤 이의 죽음이 그 사람에게 나쁜 일이었는지 판단하려 할 때 우리는 죽지 않았더라면 그가 어찌 되었을지 생각해보아야 한다. 그 사람이 누릴 뻔했던 삶의 혜택을 죽음이 앗아갔다면, 그의 죽음은 나쁜 일이라고 할 수 있다.

그런데도 일부 철학자들은 죽음을 나쁜 일로 받아들일까 하는 문제를 놓고 고민했다. 죽음이 나쁜 일이라면, 그 나쁜 일로 괴로움을 겪을 사람이 누구인지 알아낼 수 있을까? 어떤 사람이 그에 해당할지 알아낼 수 있는 건 그들이 죽기 전뿐이다. 사후에는 죽음이 그들에게 좋은 일이었는지 나쁜 일이었는지 가릴 방법이 없다. 이러한 난제를 풀려면 선과 악을 본질적인 것과 상대적인 것으로 나누어 생각해야 한다. 본질적인 선은 다른 사물과의 관계에 얽매이지 않고 좋은 일로 받아들일 만한 일을 말한다. 상대적인 선은 다른 사람, 사물, 주변 환경 따위와 어떤 관계에 있느냐에 비추어 설명할 수 있는 선이다. 예를 들어, 학급에서 1등을 했다면 좋은 일이다. 다른 사람들보다 뛰어나다는 증거이기 때문이다. 그러므로 한 사람만 들여다봐서는 그 사람에게 좋은 일이 있는지 없는지 알 길이 없으며, 그의 주변을 살펴보아야 한다. 반면, 쾌감이 좋은 일이라고 가정해보자. 그가 쾌감을 어떻게 느끼느냐를 살펴본 후에야 그것이 좋은 일인지를 알 수 있다. 그의 주변까지 굳이 돌아보지 않아도 된다.

이런 관점이 죽음에 관한 논의에서 적절한 까닭은 다음과 같다. 죽음을 본질적인 악으로 여긴다면 거기에는 악이라 할 것이 전혀 없을 것이다. 그 사람이 놓인 주변 환경을 제쳐둔 채 단순히 그만을 들여다보고 죽음이 그에게 나쁜 일이라고 볼 것은 아니다. 그렇지만 죽음을 잠재적으로나마 상대적인 악이라고 생각한다면, 죽음이 아니었다면 일어났을 법한 다른 사실에 비추어, 과연 그 죽음을 나쁘다고 할지 의문을 품을 수 있다(흔히 오늘날의 철학자들은 이를 가리켜 '역사실적 가능성counterfactual possibilities'이라 하는데, 실제 일어난 일과 다르게 펼쳐질 법한 가능성을 말한다). 가장 확실한 예를 들자면, 죽었다는 사람이 죽지 않고 살아 있을 가능성이다. 이 경우, 죽음이 본질적인 악이라 하더라도 그에게는 나쁜 일이 될 터이다. 죽음이 아니었다면 일어났을 법한 시나리오만큼 죽음이 좋은 일이 아니라면 말이다.

루크레티우스와 에피쿠로스는 죽음이 나쁜 일은 아니라는 획기적인 주장을 내놓았다. 이에 대해 우리는 가치 있는 것을 앗아간다면 죽음은 나쁜 일이라는 답을 힘들게 찾아냈다. 설령 에피쿠로스 식의 논리가 그릇됐음을 안다 해도, 죽음이 나쁜 일임을 입증하려면, 과연 삶이 잃어서는 안 될 만큼 귀중한지를 살펴보아야 한다. 문제는 삶의 혜택이 무엇이냐다. 죽음에 관한 우리의 관심이 어디에 뿌리를 두는가를 알아내는 순간, 삶의 혜택에 관한 집착을 마주한다. 우리는 왜 살아 있음을 귀하게 여길까? 거기서 얻는 혜택은 무엇일까? 몇몇 사람의 삶이 다른 사람들의 삶보다 나을 수 있을까? 삶을 낭비하는 일이 가능할까? 몇몇 사람의 목숨이 다른 사람들의 목숨에 비해 가치 있다고 판단하는 것을 받아들일 수 있을까? 몇몇 사람의 삶이 다른 사람들의 삶보다 더 의미가 있을까? 이러한 문제들을 지금부터 살펴보려 한다.

● 삶이 무의미할 수도 있을까

먼저 삶에서 가치 있는 일이 무엇인가를 살펴보자. 삶의 혜택을 누리는 사람에게 혜택이란 무엇일까? 혜택을 결코 놓쳐서는 안 될 강력한 까닭이 있을까? 이 혜택을 후대와 더불어 공유해야 할 까닭이 있을까(후손을 남김으로써)? 삶이 진정 하나의 혜택임을 부정하기 위해 제시된 이유부터 살펴보자. 그 이유는 의외로 단순한데 바로 인간 존재의 무의미함에 대한 지적이다. 이 사상은 시시포스Sisyphus 신화의 이미지에서 결정체를 이루었다. 알베르 카뮈Albert Camus는 인간적 삶의 불합리와 무의미를 집대성하면서 이 사상을 널리 퍼뜨렸다.[4] 그리스 고전 신화에 등장하는 시시포스는 신의 노여움을 산 나머지 바윗덩어리를 굴려 산꼭대기에 올려놓는 벌을 받았다. 그러나 산꼭대기에 이르는 순간 바위는 아래로 굴러 떨어졌다. 그는 산에서 내려가서 꼭대기를 향해 바위를 다시 밀어 올렸지만, 꼭대기에 오르는 순간 바위는 다시 아래로 굴러 떨어졌다. 그리고 아무 보람 없는 무의미한 일을 되풀이해야만 했다.

시시포스의 신화를 떠올려보면 소름이 끼친다. 그의 삶은 아무런 의미도 목적도 없이 죽을 때까지 계속된 노동의 연속이었다. 인간의 삶을 왜 이와 같은 것으로 보려 할까? 이 문제에 다가가기에 앞서, 먼저 동물의 삶을 살펴보자. 동물은 왜 살까? 이는 엉뚱하기 짝이 없는 물음으로 보일 수도 있다. 그러나 생각하기에 따라 대자연의 거대하고 복잡한 체계가 마치 시시포스의 노역을 흉내 내듯이 움직인다고 볼 수 있다. 무심한 대자연에서 살아가는 온갖 동식물은 생존 경쟁을 벌이며 번식한다. 자손을 남기는 것으로 타고난 사명을 다하며 다음 세대가 살아갈 터전을 마련하는 순간 삶을 마친다. 새로운 세대는 다시 자라나 생존 경쟁 속에서 생식을 마친 뒤 삶을 마감한다. 그리고 또 다른 세대가 나타나기를 거듭하는데, 이 모든 일이 되풀이되는 것은 무엇 때문일까? 모든 것은 어디로 가는 걸까? 목적이 무엇일까? 미래를 향해 끝없이 이어지는 이런 삶의 형태에 깃들어 있는 가치는 과연 무엇일까? 생존 경쟁이라는 마당에서 한 걸음 뒤로 물러나 자연을 바라보면, 뚜렷한 목적 없이 세대 간의 계승이 단조롭게 이어지는 허무한 광경만이 있을 뿐이다.

현대 과학의 특정 관점에서 보면, 인간은 자연의 일부에 지나지 않는다. 인간은 진화를 하면서 온갖 지혜를 익혀왔지만, 신체와 행동은 대체로 동물을 닮았다. 이것이 틀림없는 사실이라면, 그리고 인간이 기본적으로는 별 수 없이 물질적이며 자연적인 존재에 지나지 않는다면, 시시포스의 이미지는 누군가가 지적한 대로 인간의 모습에 아주 잘 들어맞는다. 이는 바로 무신론에 귀를 기울이는 사람들이 흔히 내세우는 견해이기도 하다. 어쩌면 그들은 신앙 없는 삶의 끝자락을 경고하려는 유신론자이거나 갑작스럽게 무신론에 빠진 사람들일지 모른다. 어쨌거나 이들 모두가 신이 존재하지 않는다면 인간의 삶은 동물의 그것처럼 허무하고 반복적인 것에 지나지 않을 뿐이라고 생각했다. 태어나서 자손을 남기고 죽기를 거듭할 뿐이다. 따라서 시시포스의 모습은 개인의 삶뿐 아니라 끝없이 태어나고 생식하고 죽기를 거듭하는 모든 자연 체계로 투영된다. 이 모든 일을 주관하고 세상 돌아가는 것을 바라보며 소리 없이 만족해하는 신이 존재하지 않는다면, 우리는 과연 이 모든 일의 의미를 누구의 궁극적 의도와 조화에서 찾아야 할까? 이야말로 끝없이 광대한 우주 공간에 하염없이 떠도는 하나의 바위 조각 위에서 세대를 이어가며 벌이는 기괴한 싸움에 지나지 않는다.

● 쾌락주의: 쾌락의 요구 원칙

일부 사상가들은 인간의 삶이 기본적으로는 동물의 그것과 똑같은 바탕 위에서 이루어진다는 사상을 기꺼이 받아들였다. 그리고 이것이야말로 이제 살펴보려는 쾌락주의 이론이 힘을 얻은 이유 가운데 하나다. 인간의 쾌락pleasure에 초점을 두는 '쾌락주의hedonism'는 수없이 다양한 형태의 철학 이론으로 등장한다. 심리학적 쾌락주의는 인간이 궁극적으로 쾌락을 누리려는 욕망과 고통에 대한 두려움에서 움직인다고 본다. 이것은 인간의 동기, 즉 우리를 움직이게 하는 것에 관한 경험론적 가설이라 할 수 있다. 따라서 다른 동물의 행태에 관한 연구에서 발상을 얻었거나 다른 동물의 생태에서 나타나는 현상이 인간에게도 나타날 것이라는 가정에 바탕을 두었을지 모른다. 윤리학적 쾌락주의는 쾌락주의의 또 다른 형태다. 경험론적 가설이라기보다는 규범론에 가까우며, 인간은 다만 쾌락을 쫓거나 괴로움을 피하고자 움직이는 존재가 아니라 마땅히 그래야 하는 존재라고 주장한다. 윤리학적 쾌락주의자들은 인간이 마땅히 해야 할 일은 쾌락을 극대화하고 고통을 극소화하는 일뿐이라고 주장한다. (그러므로 윤리학적 쾌락주의자들은 자신의 쾌락을 추구하려는 욕구와의 충돌을 무릅쓰면서까지 다른 사람에 대한 도덕적 의무에 충실해야 한다는 주장을 열성적으로 내세우지는 않았다.) 그런가 하면 또 한 갈래의 쾌락주의는 동물의 행동 연구에 바탕을 두고 있으면서 규범론의 테두리에 들어간다. 이 이론은 우리가 마땅히 해야 할 바에 관해서가 아니라, 전반적으로 봤을 때 인간에게 최상의 이익과 행복이 어디에 있는지를 논한다. 공리주의적 도덕론의 고전적 형태에 가까운 쾌락주의다. 공리주의자들은 우리의 도덕적 의무가 자신만의 행복이 아닌 전체의 행복을 최대화하는 데 있다고 주장했다. 제러미 벤담 Jeremy Bentham과 존 스튜어트 밀John Stuart Mill이 옹호해 마지않은 공리주의 이론은 행복을 쾌락으로 이해하는 편이 가장 좋다고 했다. 이런 형태의 쾌락주의에 따르면, 쾌락이 클수록 더 행복하고 괴로움이 클수록 덜 행복하며 인간의 선과 악은 오직 이것에 좌우된다. 이제부터 이 세 번째 쾌락주의를 살펴보자.

쾌락주의 견해의 이점 하나는 시시포스의 모습에서 느껴야 했던 두려움을 떨쳐버릴 수 있다는 점이다. 인간의 선이 오로지 쾌락에 있다면 인간의 삶은 시시포스의 경험과는 다르며, 설령 비슷해보인다 해도 그리 걱정할 일이 아니기 때문이다. 결국 인간의 삶은 지독하게 운이 없는 경우가 아니라면 시시포스의 삶처럼 끝없이 불행하지만은 않을 것이다. 시시포스의 삶에는 아무런 희망이 없고 오직 끝없는 노역만 있을 뿐이다. 한편 우리에게는 여러 가지 쾌락의 근원이 있다. 내가 잘 쓰는 표현으로 지독히 운이 없는 경우가 아니라면, 사람들 대부분이 살아가는 동안 성생활, 맛있는 음식, 수면, 운동, 경기 등 수많은 쾌락을 누린다. 이렇게 보면 우리 삶은 대체로 그리 나쁘지 않으며 시시포스의 삶보다 훨씬 낫다고 확언할 수 있다. 그렇다고는 해도, 어떤 면에서는 우리의 삶이 시시포스의 삶과 닮았음을 쾌락주의자들조차 인정하지 않을 수 없을 것이다. 쾌락 특히 강도가 높은 쾌락은 오래가지 못한다. 인간의 삶은 연속적이면서 반복적으로 쾌락을 추구하는 듯 보인다. 우리가 찾는 쾌락은 다양한데, 이 다양함이 삶의 활력소가 되기도 한다. 하지만 이런 관점에서는 인간의 삶을 끝없이 쾌락만 추구하는 것으로 그려낼 수 있음을 쾌락주의자들은 인정해야 한다. 쾌락주의의 견해는 '무엇 때문에 그러는가?'라는 의문에 대해 깊이 있는 대답을 마련하지 않은 채, 그저 쾌락을 누리고 괴로움을 피하는 것만 목적으로 삼는다. 여기에는 쾌락 말고는 다른 목적이 없다는 단순미가 있다. 인간의 삶에 무엇인가가 더 있어야 하지 않느냐는 의문에 대하여 '아무것도 없다'는 경쾌한 대답만 준비하고 있을 뿐이다. 즉 쾌락만이 우리에게 필요한 모든 것이라고 한다.

지금까지 살펴본 쾌락주의에는 나름의 이점이 있음을 앞서 지적한 바 있다. 이 견해는 인간의 삶과 노력이 동물 세계에서 벌어지는 현상과 무척 비슷함을 보여준다. 또한, 인간의 삶에는 쾌락을 추구하고 괴로움을 피하는 것 이상의 의미가 필요하지 않으므로 시시포스의 모습에서 나타나는 인간 존재의 무의미함과 허망함에 관해 전혀 마음 쏠 필요가 없다고 권고한다. 그렇다면 쾌락주의의 견해를 따라야 할까? 삶 가운데 우리가 바라 마지않는 것이 정말 쾌락뿐일까?

이 주장이 옳은지를 가리기 위해 이제 두 가지 사고에 관한 실험을 볼 터이다. 첫 번째 실험은 인간의 생물학적 탄생과 성장이 자연적으로 이루어지지 않는 미래사회를 하나 만드는 것이다. 시험관을 통해 인간을 대량 생산한 다음 성장 과정을 통제하여 이들의 지능과 독창적 사고력의 정도를 조절한다. 사회가 요구하는 직무를 수행하는 가운데 쾌락을 찾는 인간을 길러내어 사회에서 쾌락의 총량을 극대화하고 괴로움의 총량을 극소화하려 하기 위해서다. 쾌락주의자들이 이 광경을 본다면, 인간의 삶에 강요된 좌절을 문제로 삼을 터이다. 인간은 성공 전망이 불투명한 데서 쾌락을 찾으려 한다. 인간은 어떤 특별한 사람에게서 사랑받는 일, 복잡하고 어려운 기술을 배워 숙달하는 일, 또는 그 밖의 갖가지 경쟁 마당에서 이기는 일 따위에 눈길을 빼앗긴다. 이런 것들을 쾌락의 근원으로 삼는 사람들 가운데 온전히 성공을 거둔 극소수 사람들을 제외한 대다수 사람들은 좌절에 부딪히고 말 터이다. 이런 사회에서는 인간을 운명에 길들여놓는 것이 해법이다. 아무리 지루하고 답답한 일일지라도 주어진 직무를 충실히 수행하면서 쾌락을 누리도록 조절해둔다는 것이다. 그러므로 이런 사회는(이 사회가 올더스 헉슬리의 『멋진 신세계』를 대본으로 삼고 있음을 알 것이다) 다양한 등급의 인간을 길러 내어 다양한 직무에 배정한다. 그 결과, 아무리 비천한 직무라 하더라도 즐겁게 수행한다. 여가를 즐길 기회를 맞이하면 훨씬 더 감각적이고 환상적인 경험을 즐기게 된다.

이 같은 사회에서 주어진 쾌락을 누리며 살아가는 사람들은 그 세계를 천국으로 여기겠지만, 다른 시각에서 보면 꿈의 실현이 아니라 악몽일 수 있다. 우리가 삶에서 가장 귀중하게 여기는 것을 포기하는 대가로 최대의 쾌락과 최소의 괴로움이 이루어졌기 때문이다. 다시 말하자면, 인간의 삶에 의미를 부여하는 것으로 여겨지는 것을 잃어버린 것이다. 헉슬리의 소설에서 주인공 격인 존 더 새비지John the Savage는 셰익스피어 작품 한 권을 들고 이 기괴한 세계에 등장하지만, 문학과 예술, 음악 따위에 관한 의식은 그만두고 셰익스피어의 작품 속 주인공을 움직이게 한 열정이나 야망조차 전혀 찾아볼 수 없다. 사랑, 기쁨, 성취, 탐구, 야망, 질투, 분노……. 이 모든 것은 평균적인 쾌락의 요소로 포장되어 숨조차 쉬지 못한 채 짓눌려 있다.

● 고급 쾌락이란?

잘 알려진 쾌락주의자 존 스튜어트 밀은 이런 생각에서 고급 쾌락과 저급 쾌락을 구별해야 한다고 주장했다. 모름지기 인간은 사색과 진리 탐구, 우정과 정치 활동, 개성의 계발 같은 것을 포괄하는 고급 쾌락을 추구해야 한다. 인간에게는 쾌락의 양보다 질이 중요하기 때문이다. 그는 종류를 가리지 않고 쾌락을 추구하는 인간은 기껏해야 따뜻한 잠자리와 배부른 식사에 만족하는 동물과 다를 바 없다고 주장했다. 그러면서 이를 쾌락주의의 의미로 받아들이는 것은 곧 '행복'과 '만족'이라는 다른 개념을 같은 것으로 혼동하는 것이라고 경고했다. 또한, 참 행복은 고급 쾌락이 충족될 때 온다고 주장했다. 따라서 고급 쾌락을 추구하려는 노력이 비록 절망과 좌절로 가로막혀 있을지라도 "배부른 돼지보다 배고픈 인간으로 사는 것이 낫고, 만족해하는 바보보다 불만스러워하는 소크라테스가 낫다"고 했다. 그는 한 걸음 더 나아가 돼지가 이 사실을 알지 못하는 까닭은 세계 전체를 볼 수 없기 때문이라고 했다. 고급 쾌락을 맛본다면 돼지는 그것이 더 나은 것임을 이내 알게 되리라. 고급 쾌락은 으레 그 양은 적더라도 질은 더 높다.[5]

밀은 이러한 구별을 내세우면서, 사람들은 어떤 행동, 노력, 삶의 방식이 훨씬 더 가치가 있고 의미가 있으며 또 보람이 있는 것으로 여긴다면서 직감의 작용을 인정했다. 사랑, 탐구, 예술, 우정, 개성 따위가 모두 사라져버린 사회를 끔찍하게 여기는 까닭은 그곳이 비정하고 무의미한 곳으로 비치기 때문이다. 이런 식으로 고안된 생지옥이 스스로 재생산을 거듭하면서 존속하는 것을 보노라면, 인간이 자신의 삶을 열어가는 것이 아니라 시시포스의 이미지를 여전히 재생하는 데 가깝다는 걸 느낀다. 우리의 삶은 시간을 들여 이룩할 만한 가치가 있다고 여기는 것들을 추구하는 일로 채워진다. 우리의 삶은 세상에 펼쳐지는 풍경과는 대비되게 무척 의미심장한 것으로 보인다. 그러나 인간은 쾌락과 더불어 의미 있는 활동을 추구하는 존재임을 인정하는 바로 그 순간, 쾌락주의를 벗어나 한 걸음 더 나아가고 있음을 알게 된다. 밀은 이 대목에서 줄타기하듯이 균형을 찾으려 한다. 그는 인간의 삶에서 쾌락을 초월하는 선이란 있을 수 없다는 쾌락주의의 견해를 포기하지 않는 가운데 인간의 어떤 노력은 다른 노력보다 더 의미가 있다는 사상을 받아들인다. 더 고급 형태의 쾌락에 관한 그의 이론은 바로 이런 배경에서 나온 것이다.

하지만 우리는 두 번째 사고 실험을 통해서 밀의 묘책에 대해 다음과 같은 의문을 제기할 수 있다. 이 시나리오가 어떤 종류의 쾌락이건, 즉 고급이건 저급이건 그것만이 인간이 삶에서 찾으려 하는 전부란 말인가? 쾌락은 하나의 정신 상태이며, 느낌일 뿐이다. 물론 이러한 느낌은 다른 어떤 것에서도 발생하며, 의미 있는 활동에 참여하는 데서 비롯할지 모른다. 하지만 이 쾌락주의자가 주장했듯이 행위보다 느낌이 중요하다면, 다른 방법으로도 그런 느낌이 생기게 할 수 있다면, 우리는 자신의 삶을 좋은 것으로 여길 것이다. 두 번째 사고에 관한 실험은 이 시나리오에 따라 이루어진다. 예를 들어 신경심리학자들이 우리가 원하는 경험을 하게 해주는 놀라운 장치를 만들었다고 가정해보자.[6] 이 실험장치를 켜기만 하면 우리는 바라는 대로 고급 쾌락을 경험할 수 있다. 체 게바라와 정치 이야기를 하고, 『미들마치 Middlemarch』[4]를 쓰고, 칸트나 파스칼과 더불어 무한함에 관해 생각할 수 있다고 하자. 물론 그 어느 것도 실제로 일어나는 건 아니다. 우리는 단지 머리에 음극판을 붙인 채 암실에 누워 있을 뿐이다. 하지만 이 장치에 연결되어 있는 한, 우리가 알 수 있는 실상이란 아무것도 없다. 그저 환각으로 느끼는 일들이 실제로 일어나고 있다고 믿는 것이다. 이제 자신에게 물어보라. 이 실험장치에 매달린 채 흘려보낸 삶을 과연 최선의 삶이라고 할 수 있느냐고. 밀의 주장이 옳다면, 그것은 최선의 삶이다. 여러 말 할 것

---

4 『미들마치 Middlemarch』(1871~72): 영국의 소설가 조지 엘리엇의 소설.

없이, 고급 쾌락을 온전히 누리게 만드는 프로그램을 임의대로 선택할 수 있으니 말이다. 하지만 많은 사람들이 실험장치에 매달려 보내는 삶은 하나의 공허한 껍데기에 지나지 않는다고 생각한다. 정말로 그런지를 확인하기 위해, 우리가 실험장치에서 풀려난 뒤 그 모든 것이 '단지' 경험에 지나지 않는다는 걸 알았을 때 과연 어떤 느낌이 들지 생각해보라. 극도의 실망감을 느끼게 될 것이다. 실망을 느끼는 이유는 실제로 그런 일들을 겪기를 바라기 때문이다. 경험을 했다는 인식이나 이해가 없다면 쾌락을 경험한 것이 아니다. 밀은 인간의 선을 나타내는 하나의 신호를 인간의 선 그 자체로 보는 오류를 범했다.

● 아리스토텔레스의 이론: 활동에서의 의미

우리가 인식이나 이해가 없는 쾌락을 발견한다면 실험장치가 이상적인 삶을 마련해준다는 생각을 부정하고 쾌락주의보다는 아리스토텔레스의 이론에 귀를 기울이려 할 터이다. 아리스토텔레스의 견해에 의하면, 좋은 삶은 경험이 아니라 활동으로 실현된다. 그뿐 아니라 어떤 활동은 본질에 있어서 다른 활동보다 가치가 있고 의미가 있다. 우정, 정치 활동, 예술과 음악, 개성의 계발, 세상사의 이해, 자신의 잠재력과 기술을 발전시키고 연습하는 일 따위는 모두 온전한 삶을 실현하기 위한 것이다. 이런 관점에서 보면 그중에서 한두 가지가 모자란 사람은 그만큼 불충분한 삶을 살아야 한다. 이런 것들을 꽤 갖췄을 뿐 아니라 어느 특정 분야 또는 모든 분야에서 뛰어난 사람은 최상에 가까운 삶을 누릴 터이다. 실험장치에 매달려 살아가는 사람은 실상 아무런 활동도 하지 않기 때문에 좋은 삶을 누릴 수 없다.

아리스토텔레스의 관점에서 쾌락은 중요하지 않다. 아리스토텔레스는 제대로 성장한 사람은 진정 좋은(의미 있고, 가치 있고, 보람 있는) 일에서 쾌락을 찾을 줄 안다고 했다. 가치가 무엇인지 그리고 이러한 활동에 어떤 보람이 있는지를 잘 알고, 그런 여러 가지 경험을 즐길 줄 안다. 하지만 여기에도 자기 발전이 빗나갈 수 있는 두 가지 가능성이 깃들어 있다. 먼저 진정 좋지 않은 것에서 쾌락을 얻으려 할지도 모른다는 것이다. 이럴 때 쾌락은 퇴폐적이거나 부적절할 수 있다(예를 들어, 다른 사람의 수난을 보고 즐기는 가학증 환자나 타인의 불행이나 재난에서 느끼는 쾌락인 샤덴프로이데Schadenfreude를 들 수 있다). 빗나갈 가능성 두 번째는 좋은 일에 참여하면서도 좋은 경험을 하지 못하는 경우다. 음악에 귀를 기울여도 그걸 이해할 수 없다면 고상한 음악은 귓전을 스쳐 갈 뿐이다. 이상적으로 말하자면, 제대로 이해하고 인식할 수 있는 주관적인 경험이 자신이 참여한 활동의 객관적인 의미와 들어맞아야 한다.

아리스토텔레스의 견해를 비평적으로 검토하기에 앞서, 그가 인간 존재의 무의미함을 주장하는 이론에 대하여 어떤 견해를 밝혔는지 잠시 살펴보자. 쾌락주의자들과 달리 아리스토텔레스는 인간의 삶에서 자신이 애써 추구하던 일이 실상 무의미한 것으로 밝혀지는 불편한 가능성에 부딪힐 수 있다고 보았다. 철학은 온갖 허구로 꽉 찬 빈 보따리이거나 할 일 없는 사람들의 잠꼬대에 지나지 않는다고 생각할 수 있다. 이럴 때 하릴없는 일에 많은 시간을 들인 사람은 자신의 삶을 낭비한 결과가 되고 만다. 아리스토텔레스의 견해는 언뜻 가치 있어 보이는 것이 알고 보면 가치 없는 것으로 나타나는 경우가 있음을 인정한다(반면, 쾌락주의자들에게는 쾌락으로 나타나는 것이 바로 쾌락인데 어떻게 느끼는가를 중요시하기 때문이다). 아리스토텔레스의 견해 역시 이런 가능성을 인정하지만, 그 까닭은 인간적 삶의 가치와 의미, 즉 삶을 가치 있게 하는 것이 인간의 활동 그 자체에 담긴 가치와 의미에서 비롯된다고 본다. 이런 관점에서 보면, 신께서 인간의 삶을 그릇된 길로 빗나가지 않게 하려고 굳이 세상을 굽어보며 자신이 지은 대로 세상이 잘 굴러가는지를 살피실 필요가 없다. 우리 삶이 의미가 있는 까닭은 가치가 있는 프로젝트, 활동, 관계 따위를 발전시키거나 유지하려고 힘쓰며 살아가기 때문이다. 우리의 삶이 시시포스의 삶과 다른 까닭은 이 때문이다. 시시포스의 수난이 끔찍스러운 까닭은 좋은 결과를 기대할 수 없는 일을 무한정 되풀이해야 하기 때문이다. 그에게는 일이 잘됐다 하여 만족스러움을 느낄 부분이 전혀 없다. 앞이 보이지 않고 생산 라인처럼 끝없는 되풀이만 있을 뿐이다. 하지만 인간의 삶은 자신이 기획한 일이 목표를 향해 나아갈 때 순조롭게 진행된다고 아리스토텔레스는 생각했다. 우리 삶은 자신이 기획한 일이 성공적으로 이루어지도록 하는 데 달려 있다. 일이 잘되면 기뻐하고 그렇지 못하면 좌절하고 분노하고 절망한다. 인간의 섬세한 감정은 몰입하고 있는 일이 어찌되어 가는가에 따라 굽이친다. 이것은 우리에게 방향을 지시하는 동시에 우리는 시시포스가 아님을 일깨운다. 물론 내가 모든 시간과 노력을 다 쏟아 부어 철학을 연구하다가 뒷날 그것이 모두 공허한 것(이런 식의 생각은 꽤 널리 퍼져 있어서 지겹도록 많이 듣는 얘기다)이었음을 깨닫는다면 참담하기 짝이 없을 것이다. 그러나 아리스토텔레스의 관점에서 볼 때, 도모하는 일이 그만한 가치가 있다면 삶이 무의미하다고 걱정할 까닭은 없다.

● 엘리트주의

이 절에서는 앞에서 말한 아리스토텔레스의 견해에 숨어 있는 문제가 무엇인지 살펴보려 한다. 첫 번째 문제는 어떤 활동이 다른 활동보다 더 가치가 있다는 주장에는 비평의 여지가 있다는 점이다. 이런 비평은 "어떤 것이 정말로 가치 있다는 것을 누가 결정하는가?"라는 의문에서 시작한다. 예를 들어, 영국에서는 이런 비평의 한 갈래로, 사람들이 고상한 활동이라고 말하는 것은 사실상 상류층의 전유물인 활동을 가리키며, 그런 활동을 하고 싶어 한다는 건 상류층이 되고 싶다는 것과 같다는 말을 흔히 듣는다. 이를테면 어떤 사람들이 '좋은 취향'을 지니고 있음을 인정한다는 것은 곧 그들을 우리와는 아주 다른 상류층에 속하는 사람들로 인정한다는 뜻이 된다. 영국인은 좋은 취향을 가졌다는 말을 대부분 좋은 매너를 지녔으며 정통 영어(특정 종류의 억양과 더불어)를 쓴다는 뜻으로 이해한다. 영국 텔레비전 방송에서 하류층의 억양을 쓰는데도 매너가 좋다는 사회자를 보았는가? 이런 식의 비평론은 좋은 취향 내세우기가 지배층이 하류층에 대한 지배력 장악의 방편이라고 주장한다. 이렇게 보면, 계층 간 공개적인 전쟁은 아니더라도 이론 간 전쟁이 벌어질 수밖에 없다. 그리고 하류층이 좋은 취향이나 바람직한 생활양식에 관한 지배층의 관념을 받아들이는 순간, 이 전쟁의 승리는 지배층에게 돌아간다. 따라서 이러한 비평의 논지에 따르면, 어떤 활동이 다른 활동보다 가치 있다는 아리스토텔레스의 견해를 받아들이는 순간, 우리는 알지 못하는 사이에 지배층에 아부하는 처지가 된다. 그리하여 어떤 방식으로 살아야 하는가에 대해 그들의 결정만 바라봐야 하는 게임에 발을 들여놓는 셈이 된다. 어떤 생활방식이 다른 생활방식보다 가치 있는지에 대한 판단은 실상 개인이 결정할 문제다. 그렇지 않은 방향으로 이끌리는 움직임은 단순한 엘리트주의나 속물주의라고 할 수 있지 않을까?

이 비평은 두 가지 방식으로 이해할 수 있다. 하나는 비평하는 사람이 어떤 활동이 다른 활동보다 가치 있다는 아리스토텔레스의 견해를 수용하면서도 무엇이 가치 있는가 하는 문제가 지배층의 사고에 휘둘린다는 주장이다. 지배층은 자신들의 생활방식을 좋은 취향의 표준으로 내세워 지배력을 유지하려 한다. 이 견해는 사회주의 관점에서 자본주의 사회를 비판하는 사람들이 전통적으로 내세워온 논리의 바탕이 되었다. 예컨대, 오늘날 자본주의 사회에서 '좋은 취향'은 귀족주의 풍을 띠면서 한편으로는 큰돈을 들여 '최신형 제품을 선뜻 사서 쓰는 것'으로 부유함을 과시하려는 태도와 연결된다. 사회주의 견해를 지닌 사람들은 가치 있는 활동은 수입이나 귀족주의와는 아무 관련이 없다고 주장할 터이다. 가치 있는 활동은 누구에게나 열려 있는 공동체, 우정, 교육 같은 것과 관련되어 있다는 것이다. 이 견해는 아리스토텔레스의 이론을 거세게 비평하려 하지 않고, 어떤 활동이 다른 활동보다 가치 있다는 주장을 수용하면서, 한편 지배층의 사고방식에 쉽사리 휘둘리지 말라고 경고한다. 어떤 것이 중요하다고 생각될 때에는 그 생각이 어디에서 나왔으며 신뢰할 만한 생각인지 늘 자신에게 물어보라고 권고한다.

그렇지만 더 과격한 비평가들은 어떤 것이 다른 것보다 가치가 있다는 생각 자체를 배격한다. 이런 관점에서는 좋은 취향이란 있을 수 없다. 존재하는 것은 주관적 의견일 뿐이다. 어떤 이는 푸시핀[5]을 즐기고 어떤 이는 시를 좋아한다. 이 비평은 어떤 이는 자신의 견해를 객관적인 것으로 잘 포장하여 다른 이들이 쉽게 받아들이도록 하는데(다른 이들을 움직이는 힘을 확보하기 위해서이리라), 이것이야말로 환각이 아닐 수 없다고 주장한다. 호소력이 있는 객관적인 기준이 없다는 것이다. 좋은 취향이란 있을 수 없으며 개인적 취향만이 있을 뿐이다. 이 급진적인 견해는 미셸 푸코(푸코는 지식에 관한 모든 주장은 힘을 얻으려는 술책에 지나지 않는다고 설파한다.[7]) 같은 사상가들과 연결되어 있으며, 아리스토텔레스의 이론을 철저히 거부한다. 하지만 이 대목에서 우리는 다음과 같은 의문을 제기하지 않을 수 없다. 어떤 활동이 다른 활동보다 가치 있다는 생각을 버린다면 사회 비평이 설 자리가 얼마나 남을까? 비평적 사회이론들은 전통적으로 압제자의 사슬에서 인간성을 해방하려면 사회개혁이 필요하다고 주장해왔다. 이런 관점에서 볼 때, 현대의 자본주의 사회가 갖는 문제는 그것이 인간의 잠재력을 제약하여 생활방식을 비좁은 테두리에 가둬놓는다는 것이다. 또한 그 이유가 불가피해서가 아니라 특정 사회(예를 들어, 계급) 구조를 유지하기 위해서라는 것이다. 이런 식의 사회이론은 전형적으로 어떤 형태의 혁명적 변화를

---

5   pushpin: 핀을 튀겨 상대방의 핀 위를 넘기는 놀이.

거쳐서라도 인간의 잠재력이 실현되는 더 나은 상태를 실현해야 한다고 주장한다. 하지만 인간의 '잠재성'에 관한 이런 사고 자체가 아리스토텔레스적이다. 그들은 인간의 활동에는 중요한 것이 있고, 현재 사회에서 허용되지 않는 활동 또한 있다고 전제한다. 이와 같은 아리스토텔레스의 이론을 포기한다면 정작 나쁜 일이란 것이 있는지에 대한 의문이 제기될 것이며, 특히 삶에서 진정으로 가치 있는 것을 추구할 수 있는 대안을 찾기가 더욱 어려워질 것이다.

여기서는 급진적 비평론을 더 깊게 파고들지 않겠다. 과연 무엇이 의미가 있고 가치가 있는지를 가려낼 객관적인 기준을 내놓기가 어렵기 때문이다. 의미 있는 관념이라는 것을 만든 것은 분명 인간이다. 인간을 떠나서 의미 있는 것은 세상에 있을 수 없다. 우주는 수많은 분자들이 존재하면서 그것들의 활동이 이루어지는 장소일 뿐, 의미를 위한 장소가 아니다. 어떤 의미에서는 틀림없는 사실일 터이다. 신의 존재를 믿지 않거나 우주에 어떤 의미를 부여해야 한다고 생각하지 않는다면, 더욱 그렇게 보일지 모른다. 하지만 동시에 우주는 우리가 하는 일의 의미를 찾을 수 있는 곳이기도 하다는 사실을 인정하지 않을 수 없다. 이 말의 뜻을 더 분명하게 설명하기 위해, 사물의 가치에 대한 생각이 바뀌는 사례를 떠올려보자. 나는 재즈를 좋아하지 않았는데 새로 나온 앨범을 들어보라고 거듭 권하는 친구 때문에 그것을 '듣게' 되었다. 또 어느 날 디킨스가 훌륭한 소설가인지 아닌지에 대한 생각이 뒤바뀌었다. 몰타 위스키를 처음 마실 때는 재떨이에 술을 따라 털어넣은 듯한 맛이었는데 어느 샌가 무척 고상하고 놀라운 맛이 되었다. 어찌 된 일인가? 두 가지로 설명할 수 있다. 하나는 내가 알지 못하는 사이에 마음이 바뀐 것이다. 어느덧 위스키 맛과 재즈 소리에 익숙해진 이유다. 또 다른 설명은 새로운 것들을 차례로 배우고 익혔다는 것이다. 디킨스의 책을 감상이나 재미로 건성건성 읽은 것이 아니라 주인공의 수난에서 드러나는 저자의 인간성과 동정심을 이해한 탓이다. 두 번째 방식으로 사물을 설명할 때, 취향을 단순히 개인의 견해에 따른 문제로 치부할 수 없다. 취향도 발전할 수 있는 것이며, 교육을 거쳐 훈련된다는 생각이 바탕에 깔린 것이다. 이러한 활동을 거치면서 의미와 경험을 찾을 수 있다고 생각해야 한다. 이런 경험을 할 가능성이 있기에, 아리스토텔레스의 견해를 완전히 부정하기가 어렵다.

● 오시만디아스의 문제

이번에는 인간의 삶이 의미 있는 것인지에 관한 아리스토텔레스 이론에 반대하는 마지막 견해를 살펴본다. 퍼시 셸리[6]는 그의 시 「오시만디아스」[7]에서 폐허의 사막을 지나는 어느 길손을 그린다. 길손은 한때 웅장한 모습으로 서 있던 지배자 오시만디아스의 입상立像이 무너져 내려 여기저기 흩어진 파편 위를 밟고 걸어간다. 그 둘레의 땅은 일찍이 오시만디아스 제국의 영토였을지 모르지만, 이젠 모든 것이 쓰레기더

---

6 Percy Shelley(1792~1822): 영국의 낭만파 시인.
7 Ozymandias: 기원전 13세기 이집트의 파라오 람세스 2세의 그리스식 이름.

미에 묻힌 채 황량한 사막이 되었다. 오시만디아스가 누리던 영광의 자취 또한 세월과 더불어 남김없이 사라졌다. 오시만디아스가 입상의 밑바닥에서 "내가 이룩한 업적을 보라. 너희 강대한 자들아, 그리고 절망하라!" 하고 외치는 듯하다. 그러나 오시만디아스가 자랑하여 마지않는 모든 물상이 처참히 널려 있는 벌판에서 거창한 부르짖음은 독자의 귓전을 공허하게 스칠 뿐이다.

오시만디아스는 인간 자만심의 거대한 상징이다. 자신이 이룩한 것과 그 값어치를 과대 포장하면서 자신의 삶을 객관적으로 비춰볼 줄 모르는 인간의 성향을 보여준다. 그러나 먼 앞날을 바라볼 때, 우리가 현재 삶에서 추구하는 일들이 과연 의미 있는 것으로 비치겠는가? 노력을 기울이는 순간에는 틀림없이 성취하려는 일을 자랑스럽게 여길 터이다. 그러나 '왕 중의 왕' 오시만디아스의 업적조차 한갓 티끌이 되어 바람에 씻겨 가거늘, 우리가 지금 벌이는 모든 문제가 먼 앞날에도 그리 중요할까? 그럼에도 중요한 일을 하는 데 걸린 만큼 그 삶은 의미가 있다는 아리스토텔레스의 이론을 받아들인다고 가정하자. 하지만 우리의 활동이 중요하다고 주장하려면 근시안적이고 단기적인 시각을 지녀야 한다. 장기적인 안목이나 견해를 지니면, 정말 중요한 일은 존재하지 않는다. 인간은 삶을 가꾸는 데 모든 시간을 보내다 결국 죽고 만다. 가까이에서 더불어 살던 사람들도 결국 모두 죽는다. 몇 세대 안 가서 이 세상에 처음부터 존재하지 않았던 것처럼 되고 만다. 사회 전반에 걸쳐 이렇다 할 영향을 미치는 사람(헤겔은 이들을 가리켜 '세계-역사적 개인world-historical individuals'이라 했다)은 극소수에 지나지 않을 뿐만 아니라 사회마저 시간의 흐름에 따라 시들어서 결국 아무 자취도 남지 않게 된다. 인간이 이루어놓은 모든 것이 이렇게 시들어갈 운명을 안고 있음을 생각할 때, 신이라도 있어서 우리가 하는 일을 굽어보고 기억해두지 않는 한, 우리 삶은 무의미하다는 주장도 역시 옳지 않을까?

내가 볼 때 이런 식의 비평론에서 가장 문제가 되는 점은 바로 모든 사람이 시간이 지나고 나면 아예 존재하지 않았던 것과 다름없어진다는 사상이다. 이런 식의 사고에 맞설 때, 진정 우리의 삶이 가치가 있으며 따라서 아무리 세월이 흘러도 버려서는 안 된다는 사상을 고수할 수 있을까? 시간의 영원함에 비추어볼 때, 장기적인 관점에서 우리 삶을 돌아볼 때, 내가 어찌 살고 있는가가 그리 중요한 일일까? 당장 자살하지 않고 생존하거나 그렇지 않거나가 그리 중요한 일일까? 나는 내 삶의 문제를 중요하고 또 긴급한 일로 생각하며, 그렇기에 이야기의 주인공처럼 온갖 노력을 기울여 삶을 꾸려간다. 하지만 영원한 시간의 관점에서 돌아보면 모든 게 우스꽝스럽기만 하다. 나는 광대한 우주 역사가 진행되는 가운데 말할 수 없이 작은 배역을 맡고 있을 뿐이다.

이에 대하여 아리스토텔레스주의자들은 이렇게 물을 터이다. 우리는 영원한 시간의 관점을 과연 어느 만큼이나 참되고 충분한 것으로 받아들여야 하는가? 현재 몰입한 모든 관심사를 내던진 채, 우리처럼 자신의 일에 몰두하는 수많은 사람들의 일을 자신의 일처럼 염려한다면, 그러한 관심이야말로 황당하고 무의미한 것이 아닐 수 없다. 그런데도 왜 우리는 이런 관점에서라야 모름지기 삼라만상의 두터운 장막 속에서 모든 사물의 실상을 더 잘 볼 수 있다고 생각할까? 현재 몰입한, 더 없이 중요한 활동을 중심으로 봐야 한다고는 왜 생각지 않을까? 나는 이런 아리스토텔레스 식 반응이 별로 설득력이 있다고는 생각하지 않는다. 하지만 우리가 당면한 활동에 몰두할수록 영원한 시간의 관점에 깃들어 있는 우울함에서 멀어진다는 주장은 심리적인 문제로서는 어느 정도 옳은 주장이라고 생각한다. 이 책을 읽는 사람들은 이 두 관점을 비교해보면서 이러한 심리적 분석이 과연 어느 정도나 중요한 사실을 밝혀주는지 판단하기 바란다.

● 결론

1장에서는 삶의 혜택을 누리는 사람에게는 삶이 혜택이라고 할 만한 근거를 살펴보았다. 죽음을 맞은 사람의 처지에서 보면 죽음이 반드시 나쁘기만 한 일은 아니라는 주장과 더불어 인간의 삶은 무의미한 것이라는 주장을 살펴보았다. 그 과정에서 의문이 하나 제기되었다. 과연 삶을 좋은 것, 의미 있는 것으로 만드는 것이 무엇인가. 좋은 삶은 쾌락을 극대화하고 괴로움을 극소화하는 삶이라는 쾌락주의의 견해와 더불어 존 스튜어트 밀이 이 견해를 어떻게 발전시켰는지 살펴보았다. 그리고 이 견해에 깃든 문제를 풀기 위해 한 걸음 더 나아가, 어떤 활동은 다른 활동보다 객관적으로 가치가 있다는 아리스토텔레스의 이론을 다루었다. 그러나 아리스토텔레스의 이론에도 문제가 있음을 알게 되었고, 엘리트주의를 경고하는 비평과 함께 객관적 가치는 단지 취향의 문제에 지나지 않는다는 비평을 아울러 검토했다. 마지막으로는 삶의 의미에 관한 문제로 되돌아와, 삶의 자취가 역사의 흐름 속에서 사라질 것임을 생각할 때 우리 삶을 어떻게 보아야 할까 하는 문제를 생각해보았다.

● 토의사항

1. 영원한 시간의 관점에서는 우리의 삶이 하잘것없고 아무런 의미조차 없다는 사실로 미루어, 우리 삶은 정말로 의미가 없을까? 언젠가 틀림없이 죽는 것보다 영원히 죽지 않는 것이 더 나을까?

2. 죽음을 맞은 사람에게 죽음은 반드시 나쁜 일만은 아니라는 에피쿠로스와 루크레티우스의 주장이 옳다면, 다른 사람을 죽여도 나쁜 일이 아니라는 말 또한 옳을까?

3. "배부른 돼지보다 배고픈 소크라테스가 되리라." 이 말에 동의하는가? '고급 쾌락' 같은 것이 정말 있을까? 그렇다면 그것은 무엇일까? 밀과 아리스토텔레스의 주장이 옳다면, 고급 쾌락이 어떤 것인지에 관한 모든 사람의 생각이 같을까?

4. 우리가 철학공부를 선택한 것에 관해 생각해보자. 선택한 까닭이 무엇일까? 오로지 쾌락을 위해 철학공부를 한다는 주장은 성립할까? 아니면 철학은 어떤 면에서 중요하고도 가치 있는 활동이라는 견해에 동의하는가? 그렇다면 과연 무엇 때문에 이러한 활동에 참여하는가?

■ 주

1) 원문은 "Timor mortis conturbat me." 'makar'는 고대 스코틀랜드어로 시인 maker이란 뜻이며, 'makaris'는 복수형이다. 스코틀랜드와 영국 시에서 흔히 나오는 라틴어 구절로 영어로 번역하면 "Eear od death disturbs me"가 된다.
2) 이 인용구는 다음에서 따옴. Diogenes Laertius, *Lives of Eminent Philosophers*, vol. 2 (Cambridge: Harvard University Press, 1975), Ch. 10, "Epicurus," 651.
3) Lucretius, *On the Nature of the Universe*, trans. R. Latham (Harmondsworth: Penguin, 1951), Bk 3, 855~977.
4) A. Camus, *The Myth of Sisyphus*, trans. J. O'Brien (New York: Knopf, 1951).
5) 이 구절은 밀의 에세이 *Utilitarianism* ('What Utilitarianism Is')의 2장에 나옴. 다양한 판본이 있음.
6) 이 '경험장치'의 예는 Robert Nozick의 *Anarchy, State and Utopia* (Oxford: Blackwell, 1975)의 첫 절에 나옴.
7) 그 예로, Michel Foucault가 쓴 *The History of Sexuality*, vol. 3: *The Care of the Self* (Harmondsworth: Penguin, 1984)의 서문 참조.

■ 더 읽을 책

에피쿠로스와 루크레티우스의 주장에 대한 반론으로 이 장에 기술한 내용은 대체로 Thomas Nagel, "Death," in his *Mortal Questions* (Cambridge: Cambridge University Press, 1979)에서 끌어옴.

David Wiggins는 자신의 난해하면서 흥미롭고 유익한 논문, "Truth, Invention and the Meaning of Life," in his *Needs, Values, Truth* (Oxford: Clarendon Press, 1998)에서 아리스토텔레스의 사상과 비슷한 관점에서 시시포스를 논함.

쾌락주의에 대한 열띤 공격으로는 Charles Taylor, "What is Human Agency?" in his *Philosophical Papers*, Vol. 1: *Human Agency and Language* (Cambridge: Cambridge University Press, 1985) 참조.

물론 오늘날까지 쾌락주의를 옹호하는 이론가들이 있는바, 그중 세련된 주장의 예로는 Fred

Feldman, *Pleasure and the Good Life: Concerning the Nature, Varieties, and Plausibility of Hedonism* (Oxford: Oxford University Press, 2006) 참조.

필자가 여기서 다룬 오시만디아스의 문제에 대해 영원히 죽지 않는 삶은 지루할 뿐이라고 주장하는 논자들로부터 반론이 있음. 그 예로, Bernard Williams, 'The Makropoulos Case: Reflections on the Tedium of Immortality,' in his *Problems of the Self* (Cambridge: Cambridge University Press, 1976) 참조.

이 논의에 대한 놀라운 기여로서, David Benatar, *Better Never to Have Been: The Harm of Coming into Existence* (Oxford: Oxford University Press, 2006) 참조.

2장

어떤 생명이 중요한가

● 살인에 관한 몇 가지 의문

사람을 죽이는 행위는 우리 삶에 윤리문제가 강력하고도 극적으로 영향을 미치는 계기를 마련한다. 이 장에서는 무엇이 삶에 가치를 부여하는지, 그리고 어떤 삶이 중요한지에 관해 살펴보고자 한다. 먼저 우리의 관심을 불러일으키는 몇 가지 문제를 살펴보자.

1. 케이트는 남자친구 칼과 사귀다가 바라지 않던 임신을 했다. 두 사람 모두 아이를 가질 준비가 되어 있지 않았다. 자식을 잘 기를 만큼 수입이 있는 것도 아니었다. 둘 다 나이가 어려서 정착하기에 앞서 해야 할 일이 많았다. 케이트의 낙태가 허용될까?

2. 병원에 환자 두 사람이 있다. 한 사람은 뇌에 손상을 입어 식물인

간 상태에서 깨어날 수 없다는 진단을 받았다. 연명 장치에 매달려 있는데 의식을 되찾을 가망이 전혀 없다. 다른 한 사람은 알츠하이머가 꽤 진행된 상태로 기억을 거의 잃다시피 했다. 사랑하는 사람들을 알아보지 못하고, 방금 한 말을 기억하지 못하며, 부모와 처자와 겪은 중요한 일들도 기억하지 못한다. 옆에 누가 있으며 무슨 일이 일어나는지 알지 못한다. 자신을 추스를 능력이 없어서 어린애 돌보듯 보살펴줘야 한다. 첫 번째 환자에게서 연명 장치를 떼어내야 할까? 그렇다면 두 번째 환자에게도 안락사 시술을 해야 할까?

3. 선사시대부터 인간은 가축을 길러 가죽과 고기를 얻었다. 기술이 진보하면서 가축은 의약품을 비롯한 다양한 생산물의 효용을 시험하는 데 쓰이기 시작했다. 하지만 음식물 제조 기술이 한층 발전하여 고품질의 식물성 다이어트 식품이 나왔고, 동물실험 대신 다른 방법을 사용하기에 이르렀다. 그래도 우리는 이전처럼 육식을 하고 동물실험을 계속해야 할까?

이러한 문제에 부딪힐 때 철학자들은 한 걸음 뒤로 물러서서 그 바탕에 깔린 기본 문제가 무엇인지를 찾아내려 한다. 이러한 문제들을 제대로 파악하려면 더 기본적인 원칙을 먼저 고려해야 한다는 생각이다. 하나하나의 구체적인 상황에서 제기되는 물음은 생명의 가치라는 문제와 관련된다. 생명은 어떤 가치를 띠는가? 예컨대, 고기를 얻으려고 가축을 죽이려다가 생명의 가치가 걸림돌이 되어 그만두는가? 낙태를 하지 않아도 될 대안이 있을 때, 생명의 가치가 마음에 걸려 그만두는가? 어떤 생명에 가치가 있을까? 나무와 풀에 있을까? 박테리아, 조개, 소 떼나 양 떼에 있을까? 갓 태어난 아기와 함께 있을까? 뇌를 심하게 다친 어른에게 있을까?

이 장에서는 생명의 가치에 관한 기본적인 의문 몇 가지를 다룬다. 모든 생명, 그중에서도 특히 인간의 생명은 어떤 면에서 성스러운 것이라거나 덜 종교적인 표현으로 비할 데 없이 중요한 것이라는 주장들부터 먼저 살펴보자. 수많은 철학자들은 생명을 신중히 다루어야 한다고 주장한다. 해석에 따라 견해가 다를 수 있지만, 대체로 이런 주장은 부정할 여지가 없다. 그중에서도 생명이 성스러운 것이라는 특별한 주장에 대하여, 이것이 무슨 뜻인지 그리고 과연 옳은 말인지를 살펴보려 한다. 실제로 생명은 성스러운 것이라는 말을 들을 때 그것이 무슨 뜻인지, 생명의 신성함이 무엇이기에 앞에서 예시한 극단의 예처럼 우리가 하려던 것을 못하게 하는지, 또 생명은 왜 성스러운가 하는 의문이 뒤따른다. 우리는 두 번째 의문, 즉 무엇이 생명에 가치를 부여하는가에 대한 해답을 찾아낸 다음에라야 첫 번째 의문, 즉 생명의 가치를 존중해야 할 것인가에 대한 답을 찾을 수 있다. 그리고 이 장의 끝 부분에서는 생명의 신성함을 내세우는 주장에 대한 몇몇 반론을 살펴볼 것이다. 생명의 신성함을 내세우는 주장에 따르면, 하나하나의 생명은 모두 가치가 있다. 그러나 때에 따라 한 생명이 다른 생명을 위해 희생될 수 있는지, 그리고 이런 때 개개의 생명의 신성함을 내세우는 견해가 뒤집히는지를 살펴볼 것이다.

● 이상한 제안

당신이 빚 때문에 고생한다고 가정하자. 친지들에게서 돈을 빌려 사업에 투자했지만 기대하던 수익을 내지 못한다. 여러 친지를 설득하여 투자하게 했으나, 불행히도 당신의 구상은 빗나간다. 행운이 찾아오기를 바라며 되도록 지급을 늦춰 왔지만, 빚 갚을 돈이 없어 파산할 때가 닥쳐왔다. 채무를 감당할 수 없는 상태에서 파산선고를 당하는 것밖에는 다른 길이 보이지 않는다.

친구에게 도움을 청하자 놀라운 방법을 하나 알려준다. 어려움을 벗어날 유일한 길은 채권자들을 죽이는 것이라고 한다. 채권자도, 채무도, 모두 사라지리라. 보라, 책상 서랍 여닫이를 뜯어내면 무기 하나를 간단히 만들 수 있지 않은가? 원한다면 내가 해주마. 이름을 알려줘, 그리고 말을 해. 내가 그런 행동을 해도 소송은 하지 않을 거라고.

이런 제안을 받았을 때, 뭐라고 대답하겠는가? 자, 나는 어느 집안의 작은 비극을 이야기한 것인데, 이 이야기는 더 암울한 희곡으로 발전할 수 있다. 이 책을 읽는 사람들 대부분은 실제 생활이 아닌, 타란티노 감독의 영화에서나 이런 사건을 볼 것으로 기대할 것이다. 어떤 면에서 이 시나리오가 우리에게 충격적인 까닭은 터무니없기 때문이다. 그런데 이런 일이 실제로 일어난다고 가상해보자. 당신은 어떤 반응을 보일까? 그의 제안을 받아들여야 할까? 그렇지 않다면, 왜 그럴까? 우리는 자신의 문제를 풀기 위해 많은 시간을 들여 생각한다. 이렇게 하는 것이 훨씬 단순하게 사는 길일 것이다. 당신은 왜 친구의 제안을 받아들이지 않을까?

여기서 한 가지를 분명히 해두자. 자신의 편의를 위해 사람을 죽여도 된다는 뜻은 결코 아니다. 이런 행위는 의심할 여지없이 나쁜 일이다. 내가 궁금해하는 건 왜 그런가 하는 것이다. 어느 한 사람이 혼자서 반대할 때 나머지 모든 사람이 생각하는 바를 그 사람에게 어떻게 설명할지를 생각해보는 것은 유익한 일이다. 이는 자신이 하는 일에 대하여 스스로 확신할 수 있는 좋은 방법이다. 달리 말하면, 아주 특이한 예를 설정하여 생각해볼 필요가 있다는 것이다. 그러한 상황에서는 무엇이 나쁜지를 판단하는 데 도움이 될 뿐 아니라 자신의 기본적 가치를 더 깊이 이해할 수 있기 때문이다.

우리가 다루던 문제로 돌아가자. 당신은 친구의 제안을 받아들일 것인가? "이봐!" 총을 잡은 사내가 소리친다. "좀 놀랐을 거야. 나더러 옳다는 사람은 별로 없겠지만, 내가 하는 '게임'이 뭔지를 알게 되면(하지만 당신은 그 '게임'이 뭔지를 묻지 않는다) 너도 꽤 잘하게 될 걸. 이게 우리가 사는 방법이야." 사내가 노려보며 낄낄대더니, "내 말을 못 알아듣겠으면, 차라리 죽어" 하고 말한다. 잠시 조용하다가 사내는 다시 당신을 노려본다. "이봐, 내가 약속하지. 이 일에 관해서는 아무도 몰라. 난 입술을 꿰맬 거야. 네가 내 말에 동의하면 나도 함께할 거라고. 난 네가 궁지에 빠져 있게 하고 싶지 않거든. 됐어?"

당신은 이 친구가 하는 말이 꽤 중요한 부분을 건드리고 있음을 점점 깨닫게 된다. 그런 방법으로 빚을 깡그리 털어낸 뒤, 달아날 수 있다면 얼마나 좋을까? 지난 여러 달 동안 당신을 짓누르던 어둠이 가시고, 상쾌한 아침에 자유롭게 깨어나는 자신의 모습을 그려본다. 여러 해 동안 돈 걱정에 시달리며 궁지에서 벗어나기 위해 거창한 계획을 세워가며 고심하는 것으로 세월을 보냈다. 진정 나의 잘못이 아니었다고 혼잣말로 중얼거린다. 어렸을 때는 이루어질 수 없는 계획을 추진하기 위해 많은 돈을 꾸어댔다. 그로부터 쉴 새 없이 달려왔지만 늘 '제자리걸음'이었다. 빚은 줄지 않았고 한쪽의 빚을 갚기 위해 또 다른 쪽에서 돈을 빌렸다. 이 불행한 생존을 더 이어갈 까닭이 있을까? 이제 당신 앞에 출구가 나타났다. 사람은 결국 한 번 살다가 가는 것. 돈을 빌려준 사람들이 부유하고 행복하게 살아가는 사이, 왜 나만 불행한 삶을 이어가는가? 그들을 위해 나의 삶을 정녕 희생하려 하는가? 아니다. 총을 든 저 사내는 정말 옳은 말을 하고 있다.

이런 생각에 잠긴 사이, 당신은 또 다른 생각을 떠올린다. 저 사내의 말대로, 이 일은 아무도 모르게 해야 한다. 그렇더라도 총을 든 저 사내는 이 일을 안다. 사내가 살인을 저지른 다음, 입을 다물고 있을 테니 돈을 더 내놓으라고 협박하지 않을까? 그렇게 된다면, 빚을 없애는 것이 아니라 저 무자비한 괴물에게 새로운 빚을 지게 되어 결국 원점으로 되돌아갈 것이다. 저 사내가 나를 위해 살인을 한 다음 새로운 골칫거리가 되지 않을 것이라는 보장이 있어야 한다. 따라서 저 친구가 살인을 하고 나면, 나는 저 친구를 죽여야 할 것이다.

● 인간의 성스러운 생명

"그러나 양심에 비추어 사람을 죽여서는 안 돼!" 당신의 결론이 이렇게 나온다면, 이것은 바로 인간을 대하는 태도와 인간이 아닌 그 밖의 '사물'을 대하는 태도 사이에 기본적인 차이가 있다는 뜻이 된다. 예를 들어, 의자를 생각해보자. 이 나무의자는 여러 해 동안 나를 편안하게 해주었지만, 이제 몸체와 다리 사이가 벌어져 삐걱거리기 시작한다. 몇 달 안 가서 못쓰게 되겠기에, 이를 고쳐서 쓰거나 새 의자를 구해야 한다. 어찌할 것인가? 의자를 고치는 데 얼마가 드는지, 새것을 사는 데 얼마가 드는지를 알아봐야겠다. 그동안 이 의자를 얼마나 좋아했는지 생각이 날 것이다. 그러나 이 모든 생각을 하는 사이, 어느덧 한 가지 커다란 가정을 하게 된다. 헌 의자를 버리고 새것을 구하는 것은 순전히 자신의 권리에 속하는 일이라는 것이다. 가게에서 봐둔 새것이 썩 마음에 들기에 순전히 자신의 권리로 헌것을 버려도 될 것이다. 이런 생각을 할 수 있는 것은 우리가 인간을 대하는 태도와 의자 같은 물건을 대하는 태도 사이에 기본적인 차이가 있기 때문이다.

  우리가 의자 같은 물건을 대하는 태도는 두 가지 면에서 사람을 대하는 태도와 구별된다. 무엇보다 우리는 의자가 그 사용가치(의자를 쓰는 데서 얻는 가치)를 다하면 가치가 없어진다고 생각한다. 쓸모없는 것이 되면 가치가 없어진다. 버려도 된다. 총을 잡은 사내가 "간단히 죽여버리자"고 제안하던 예에서 충격적인 사실은 인간을 그냥 버려도 되는 것으로 생각한다는 점이다. 둘째는 첫 번째 논리와 관련 있기도 한데 의자를 재산이라고 보는 점이다. 내가 그것을 소유하고 있으므로 언제라도 버리기로 마음먹을 수 있다는 것이다. 인간은 이런 식으로 소유할 수 있는 존재가 아니다. 어떤 존재가 나의 소유물이라면, 그에 관한 결정은 대체로 나의 권리에 속한다. 그것을 계속해서 쓸 수도 있고, 부술 수도 있으며, 그것으로 다른 걸 만들어도 좋고, 팔아치워도 된다. 하지만 인간에 대해서는 누구도 이만한 권리를 가질 수 없지 않을까?

앞의 예에서, 우리는 인간을 함부로 처분할 수 없다는 점에 생각을 같이한다고 가정하자. 즉 다른 사물과 달리 인간은 특별한 종류의 가치가 있다고 생각한다. 이런 생각은 인간은 단순히 바꿔칠 수 있는 존재가 아니라는 생각과 통한다. 이렇게 보면 개개의 인간은 다른 사물과는 다르게, 특별한 개인으로서 대접을 해야 하고, 그런 대접을 받아야 마땅하다. 그 사람과 똑같은 사람은 두 번 다시 존재하지 않는다. 이런 관점을 더 잘 이해하려면, 부모가 자식을 대하는 태도를 생각해볼 필요가 있다. 부모는 자식이 죽으면 "어, 별일 아니야, 또 낳으면 돼"라고 생각하지 않는다. 다시는 있을 수 없는 개체를 잃었고, 그 자식이 지닌 특별함은 무엇으로도 대체할 수 없다고 생각할 것이다. 예수는 개개인을 사랑하기를 부모가 자식을 사랑하듯이 하라고 했다. 기독교의 관점에서 보면, 인간 개개인을 성스러운 것으로 대하는 것은 곧 예수의 사랑을 본받는 일이다. 기독교 신앙이 아니더라도 단순히 도덕적 관점에서 바라볼 수 있다. 인간은 그들을 부리거나 쓰는 데서가 아니라, 그 모두를 뛰어넘는 특별한 가치를 지닌다. 그러기에 인간의 가치를 결과만으로 저울질해서는 안 되며, 인간 자체로서 가치가 있다고 보는 것이다. 인간은 본질적인 혹은 내재하는 가치를 지닌다. 인간은 스스로 가치를 지니며, 그 가치는 그 사람의 쓸모에서 나오는 것이 아니다.

인간이 본질적인 혹은 내재하는 가치를 지닌다는 사실은 인간에게 해서는 안 될 행위가 왜 있는지를 설명해준다. 자신에게 이익이 된다 하여 사람을 죽일 수는 없다. 인간의 가치는 우리가 다른 이에게 할 수 있는 행위에 한계를 설정한다. 이런 관점에서 보면, 우리는 인간의 생명을 존중하는 마음을 지닌 까닭에, 자기 이익을 위해 저질러서는 안 될 특정 행위를 정해놓은 셈이다. 물론 총을 든 사내는 이런 생각을 받아들이지 않았다. 그에게는 곤궁한 처지를 벗어나기 위해서 채권자를 해치지 못할 이유가 없었다. 사내가 나쁘다고 생각하는 사람은 그 사내에게 한 가지가 부족하다고 말할 것이다. 그는 인간의 가치란 것을 알지 못한다.

    인간이 그 무엇에 비할 수 없는 특별한 가치를 지닌다는 생각은 두 갈래 주장으로 나타나는데, 이에 관해서는 이 장의 마지막 부분에서 의무론과 결과주의론에 바탕을 둔 도덕론의 차이를 살피면서 볼 것이다. 한편으로, 인간의 가치는 다른 모든 것의 가치를 압도하는 까닭에 인간의 행위 자체에 일정한 제약이 설정된다. 그런데 이런 식으로 생명의 신성함을 인정하면, 거기서 한 걸음 더 나아가 생명의 가치를 초월하여 그 이상 가치 있는 어떤 것이 있을 수 있다는 생각에 이른다. 예를 들어, 수많은 사람들의 생명이 지닌 가치가 바로 그것이다. 또 한편으로, 생명이 신성하다거나 인간의 생명에 가치가 있다는 것은 곧 인간 생명의 가치를 단순히 우리가 누리는 다양한 가치 가운데 하나로 치부해서는 안 된다는 걸 의미하기도 한다. 인간은 다른 것에 견줄 수 없는 고유의 가치를 지녔을 뿐 아니라 자신의 생명에 대한 권위를 지닌다. 생명을 지녔을 뿐 아니라 자신의 생명 안에서, 그리고 자신의 생명에 대하여, 어떤 일이 일어나야 하는지를 결정할 수 있는 즉각적인 권한이 있다는 것이다. 사람을 죽이는 것이 나쁜 까닭은 그 행위가 단순히 크나큰 가치를 지닌 어떤 것을 파괴하기 때문만이 아니라 죽이는 사람에게 그럴 권리가 없기 때문이기도 하다. 이러한 주장을 내세우는 사람들은 사용상 가치와 내재적 가치의 차이를 옳게 설명하려면 내재적 가치를 지닌 생명은 '단순한 사물'이 지니지 못한, 자기 생명의 소유권을 지니고 있음을 설명해야 한다고 주장한다. 이러한 구별의 문제를 좀 더 살펴보자.

인간이 자신의 행위에 한계를 설정한다는 것은 자신의 생명에 대한 권리를 지니기 때문이다. 내게 어떤 것에 대한 권리가 있다면, 다른 사람들은 나를 특정한 방식으로 대우해야 하거나 특정한 방식으로는 대우하지 말아야 할 의무가 있다. 예를 들어, 내게 투표할 권리가 있다면 국가는 내게 투표하도록 허용해야 한다(부정적으로 말하자면 국가는 내가 투표하는 것을 막지 말아야 하고, 긍정적으로 말하자면 국가는 내게 권리행사의 기회를 제공해야 한다). 내게 교육받을 권리가 있다면 국가는 내게 교육받을 기회를 줄 의무가 있다. 내게 언론 자유의 권리가 있다면 내가 말하고 싶은 것을 발표하거나 출판하는 것을 아무도 막을 수 없다. 또한 내가 내 생명에 권리가 있다면 다른 사람들은 내 생명을 앗아가서는 안 될 의무가 있다. 권리가 사람들에게 무엇이 허용되지 않는지를 알려줄 때, 그들은 '손대지 마시오'라는 경고문 앞에 선 것처럼 행동한다. 권리가 어떤 것을 놔두라고 명령한다. 본질적이건 내재적이건, 인간의 생명이 그 자체로 가치가 있다는 말은 인간이 곧 생명의 권리를 지닌다는 말과 같다.

우리가 문제 삼는 몇몇 상황들을 돌아보면, 각각의 상황마다 내재적 가치와 관련되는 문제를 안고 있음을 알 수 있다. 낙태를 생각하는 부부는 무엇보다 낙태를 하는 것이 총 잡은 사내를 시켜 채권자들을 죽이게 하는 것과 같은 것인지 아닌지를 놓고 고민할 것이다. 자신의 행복을 위해 누군가의 생명을 없애야 할까? 그렇다면 그것은 나쁜 일이 아닐까? 동물문제에서 비슷한 의문이 제기될 수 있다. 동물의 고기를 먹지 않아도 좋을 만한 대안이 있음에도 계속해서 육식한다면, 우리는 사용 가치만을 고려하여 동물을 의자나 테이블 다루듯 하는 셈이다. 그런데 동물에는 오직 사용 가치만 있을까? 아니면 인간과 공통되는 어떤 것이 있어서 우리가 마땅히 존중해야 하는 걸까? 마지막으로 안락사의 상황에도 똑같은 기본 문제가 깃들어 있다. 유럽의 많은 나라들은 정부의 재정으로 건강지원 서비스를 시행하고 있어서 그리 큰돈을 들이지 않더라도 환자 둘 다 목숨을 지탱할 수 있다. 병원과 납세자가 부담하는 비용과 더불어 환자들을 돌보는 데 드는 비용이 문제되기도 하지만, 사정이 위중한 상태에 이른 터에, 이런 제도를 없애야 한다고 주장할 사람은 흔치 않을 터이다. 인간의 생명에 내재적 가치가 있다면, 비용을 절약하기 위해 환자의 생명을 멈추게 하는 것이 도덕적으로 허용되는지, 아니면 환자의 생명을 환자 스스로 돌보도록 해야 할 것인지가 문제다. 자기 이익을 위해 건강한 사람을 죽이는 것은 나쁜 일임이 분명한데, 혼수상태에서 깨어날 가망이 없거나 심각한 뇌상을 입어 지적으로 쇠퇴한 환자의 생명을 멈추게 하는 것도 그러할까?

● 인간의 생명은 왜 신성할까

철학자들은 이런 문제에 부딪힐 때 한 걸음 뒤로 물러서서 기본적인 문제를 깊이 생각해본 뒤 문제에 다가선다. 우리도 두 가지 문제를 먼저 생각해본 뒤 문제가 되는 상황을 다루어보겠다. 한 가지 질문은 어떤 생명이 내재적 가치를 지니는가(말하자면, 다른 사물의 가치를 압도하거나 자신의 생명에 대한 소유권을 본래부터 지녔는가)다. 정상인이라면 이러한 가치를 지닐 것이다. 그런데 동물, 뱃속 태아, 지적 장애인, 영구히 혼수상태에 빠진 사람은 어떠할까? 그보다 먼저 생각해야 할 또 하나의 문제가 있는데, 무엇이 인간의 생명에 가치를 부여하는가다. 예를 들어, 동물의 생명에도 가치가 있는지를 알아보려 할 때 확실한 방법은 인간의 생명을 가치 있게 만드는 것이 동물의 생명에도 존재하는가를 자문해보는 것이다. 따라서 우리는 인간의 생명에 가치를 부여하는 것이 무엇인가를 찾아야 한다. 이 문제를 먼저 생각해보자.

우리는 너무나 뻔하고 많은 생각을 자아내는 한 가지 사실을 살펴본 바 있다. 인간을 다른 사물을 대하듯 하지는 않는다는 사실이다. 그렇게 하는 것이 단순한 습관이나 편견에서 비롯된 것이 아니라면, 인간에 대한 특별한 대우를 정당화하거나 요구하는 인간의 특징을 찾아내야 한다. 총 잡은 사내는 이러한 특성을 온전히 이해하지 못했다. 따라서 우리는 그 어떤 도덕적 지위조차 누리지 못하는 일반 사물에서는 발견되지 않으면서 인간의 생명에만 깃들어 있는 특징을 찾아내야 한다.

두말할 나위 없이 생명의 신성함을 주장하는 사람들이 가장 강력하게 내세우는 점은 인간에게는 가장 진화한 동물조차 가지고 있지 않은 지적 풍부함과 잠재력이 있을 뿐만 아니라 자신의 생명에 대한 소유권과 더불어 자신의 행동을 방향 지을 수 있는 능력이 있다는 사실이다. 동물은 괴로움과 즐거움, 그리고 그 밖의 느낌을 의식하는 능력이 있다는 점에서 식물과는 다르다. 식물은 한마디로 그냥 무시당하며 살다가 시들어 죽고 마는 존재일 뿐이다. 식물에 의식이 있다면 식물에게 나쁜 일일까? 어떤 의미에서는 그럴지도 모른다. 하지만 식물은 명백히 그런 상태를 나쁜 것으로 경험할 줄 모른다. 그러나 내가 망아지를 학대하면 망아지는 고통스러워할 것이다. 그러므로 망아지 같은 동물은 식물과 달리 더 좋고 더 나쁜 것을 안다. 스스로 좋고 나쁨을 경험하는 것이다. 괴로움과 즐거움을 누리는 건 인간도 마찬가지지만, 인간의 생명을 신성시 여기는 이론가들은 단순히 이 사실만으로는 인간의 특별한 능력을 설명할 수 없다고 주장한다. 인간은 사랑에 빠지고, 게임을 즐기고, 연설하고, 나라를 세우며, 자신의 근원을 알고, 신앙에 관해 사색하고, 고기를 먹어야 할지 말아야 할지를 생각하고, 그 밖의 여러 가지 행위를 할 수 있다. 인간은 괴로움과 즐거움뿐 아니라 놀라움과 무서움, 기쁨과 자랑, 수치와 죄의식, 질투와 희망 같은 것을 안다. 이런 까닭에 인간은 우주에서 특별한 존재라 할 수 있다. 인간은 사물에 대한 경험을 쌓고, 동식물과 달리, 더 크고 높은 가치를 추구하는 활동에 참여할 줄 안다. 더 중요한 건, 인간은 어떤 일에 관해 심사숙고하면서 다른 사물이나 현상을 참작한 뒤 결심할 줄 안다는 점이다. 인간에게는 '스스로를 위해 생각하는' 능력이 있다. 인간은 자신의 행위를 제어할 수 있기에 자기 생명에 대한 소유권을 지닐 자격이 있다는 주장은 일리가 있다. 인간의 생명을 함부로 다루는 것이 특별히 나쁜 것은 바로 이 때문이다. 인간의 생명을 함부로 다루는 행위는 복합적이고 경이에 가득 차 있는 것(인간의 생명은 말 그대로 놀라운 존재다. 그에 깃들어 있는 복합성과 능력이야말로 놀라움의 원천이다)을 파괴하는 짓이다. 다른 사람의 생명을 없애는 일은(이런 말을 덧붙이려는 사람도 있을 법하다) 그 사람의 생명을 제 것인 양 여기는 잘못을 저지르는 짓이다.

● '생명의 신성함'에 관한 실제 논의

'생명의 신성함'을 지금까지 우리가 살펴본 논의에 어떻게 적용할 수 있을까? 이 장의 첫머리에서 우리는 낙태, 안락사, 동물의 권리 같은 몇 가지 문제가 되는 상황들을 간략히 살펴본 바 있다. 각각의 문제 영역에는 다른 고찰이 필요하다. 이 절에서는 그 가운데 몇 가지를 살펴보려 한다. 그렇지만 이 모든 고찰을 통해, 과연 생명은 어느 시점에서 우리가 마음대로 처분할 수 없는 나름의 가치를 지니는가 하는 핵심적인 의문을 살펴볼 것이다. 지금까지 (인간의) 생명이 특별한 종류의 가치를 지님을 살펴보았다. 인간의 생명에 이렇듯 특별한 종류의 가치가 있다고 하는 까닭이 무엇일까? 한편으로 인간에게 의식이 있어서 괴로움과 즐거움을 느낄 수 있기 때문이고, 다른 한편으로는 인간은 풍부한 의미가 있는 중요한 일들을 폭넓게 수행하는 능력과 더불어 자신의 삶을 제어하면서 이끌어가는 능력이 있기 때문이다. 철학자들은 흔히 즐거움과 괴로움을 느끼는 능력이 특히 어떤 사물이 좋은지 나쁜지를 깨닫게 해주므로 기본적으로 중요하다고 주장한다. 물론 식물에 물을 주거나 김매지 않는 경우처럼, 나쁜 것을 나쁘다고 여길 줄 모르는 존재에게조차 나쁜 일은 있을 수 있다고 말할 때가 더러 있다. 그러나 어떤 의미에서 이런 일이 나쁜 것일지라도, 그것이 나쁜 일인지를 모르는 탓에 결과적으로는 그리 나쁜 일이 아닐 것이다. 우리가 미안해할 까닭이 전혀 없다. 그러나 의식이 있는 존재가 괴로움을 당하면 그에 마음을 써야 하겠기에 그것을 나쁜 일로 여긴다. 동물 대부분은 중추신경계가 있어 괴로움을 느낄 수 있다. 그러므로 적어도 괴로움이나 즐거움을 느끼는 동물의 능력을 참작하는 것이 바람직하다.

그러나 생명의 신성함을 내세우는 논자들에 따르면, 비록 괴로움과 즐거움을 느끼는 동물의 능력이 도덕적인 고려가 필요할 만큼 가치 있는 것은 아니지만, 인간의 생명에 특별한 가치를 부여하는 것은 괴로움과 즐거움을 느끼는 능력을 훨씬 뛰어넘는 그 이상의 능력이다. 인간은 괴로움과 즐거움을 느낄 뿐 아니라 의사소통을 하고, 지능을 써서 문제를 풀고, 다른 사람과 관계를 맺으며, 세상과 자신의 처지를 자성하여 사색하고, 큰 규모의 행동계획을 짜며, 자신의 행동이 정당한지에 의문을 품고, 그 밖에도 여러 가지를 할 수 있는 능력을 두루 갖추었다. 그러기에 앞서 지적했듯이, 생명의 신성함을 내세우는 논자들은 인간의 생명에는 그 어느 동물과도 비교할 수 없는 풍부함과 의미가 깃들어 있다고 주장한다. 인간 생명의 풍부함과 의미는 다른 동물들의 생명과는 비교조차 할 수 없으므로 인간은 동물과 달리 자신의 행동을 제어하고 길을 잡아갈 수 있다.

이 같은 논리를 바탕으로 이제 한 사람의 철학자가, 예를 들어, 인간이 육식하는 행위를 어떤 방식으로 정당화하는지 살펴보자. 가장 단순한 논리는 다음과 같다. 인간을 본질적으로 가치 있는 존재로 만들고 인간이 자신의 생명에 대한 권리를 누리게 해주는 것은 복합적이고 잘 발달한 인간의 능력이다. 이 능력으로 인간은 합리적으로 사고하고, 의사소통하고, 도덕적으로 행동하고, 관계를 형성하고, 꽤 세련된 방식으로 다양한 정서를 경험할 수 있다. 동물도 괴로움을 느낀다는 사실만으로는 육식하는 인간의 행위를 금지할 수가 없다. 동물이 사용가치 이상의 더 나은 가치를 지닌다고 말할 수 없기 때문이다. 물론 필요 이상으로 동물을 괴롭혀서는 안 된다. 동물을 편안하게 기르고 되도록 자연스럽게 행동하고, 죽일 때에도 고통을 덜 느끼게 해야 한다. 그렇지만 동물이 인간만큼 신성하다고 말할 수는 없다. 육식하는 행위가 사람을 잡아먹거나 빚을 갚지 않으려고 빚쟁이를 죽이는 행위만큼 나쁜 것은 아니다. 인간은 인간의 가치를 보호하고 존중하기 위해 자신의 행위에 제약을 설정한다. 하지만 동물에게도 그만한 가치를 인정해야 할 만큼의 능력이 있다고 할 수는 없다.

이 같은 견해는 이른바 인간 중심적 기준에서 그려낸 도덕적 세계관을 전제로 한다. 철학자들은 때때로 생명의 권리처럼 높은 권리를 지닌 존재에 한정하여 사람이란 용어를 쓴다. 이러한 권리를 인간이 지녔다고 보는 까닭은 인간에게는 어떤 가치 있는 능력이 있기 때문이다. 그러므로 이러한 능력을 지녔는지 아닌지는 한 존재가 내재적 가치를 지녔는지 아닌지, 또는 오로지 사용의 가치만을 지녔는지 아닌지를 가리는 기준이 된다. 앞서 인용한 견해는 오로지 인간만이 인간 완성도의 기준을 충족한다고 가정하므로 도덕적 중요성을 나타내는 일종의 위계서열에서 인간을 맨 꼭대기에 놓는다. 동물은 한 계단 아래에 놓이고, 식물은 다시 그 아래에 놓이며, 맨 밑바닥에 의자 같은 물건들이 놓인다. 이 견해는 동물에게도 일정한 도덕적 고려를 해야 한다는 데 동의하는데, 그 까닭은 동물 역시 나쁜 일을 겪을 때에는 고통스러워하기 때문이다. 인간은 합리적으로 가능한 범위에서 동물이 받는 고통을 줄

이도록 노력해야 한다. 동물은 의자 같은 물건과는 달리 도덕적 고려의 대상이 된다. 하지만 이 견해는 동물의 생명이 지닌 가치를 인간의 그것과 같은 것으로 보지는 않는다. 동물에게는 인간의 생명을 경이롭고 대체할 수 없는 것으로 만들어주는 정도의 능력이 없기 때문이다.

이 주장에 대한 비평으로 들어가기에 앞서, 이 주장이 다른 영역들에 어떻게 적용되는가를 살펴보자. 도덕이론의 주장을 평가하는 한 가지 방법은 그 주장이 여러 상황들에 모순 없이 적용되는가를 살펴보는 것이다. 하나의 주장이 낙태나 안락사의 문제에 대해 어떤 권고를 하는지, 그 권고가 이들 상황에 모순 없이 잘 들어맞는지를 살펴보자. 육식행위를 지지하는 주장 또한 낙태를 지지할지도 모른다. 초기 태아는 단순히 세포의 집합체에 지나지 않는다고 할 수 있다. 이런 관점에서 보면, 이들 세포는 인간에게 중요성을 부여할 만큼의 기본 특징을 지니고 있지 못하다. 인간의 초기 태아보다는 차라리 동물이 더 발달했다고 할 것이다. 그러므로 육식행위가 허용되는 터에 낙태도 허용될 수 있다고 생각할지 모른다. 안락사문제에서도 위와 마찬가지다. 안락사의 대상이 되는 사람이 자신의 생명에 내재적인 가치가 있다고 말할 만한 기준을 충족하고 있는가? 그렇다면(다시 말해 의사소통하고, 합리적으로 사고하며, 도덕적으로 행동하고, 관계를 형성하는 것과 같은 능력을 지녔다면), 그는 자신의 생명에 대한 권리를 지녔으므로 죽임을 당해서는 안 될 것이다. 이런 능력이 없다면, 육식행위가 허용되는 것과 같은 논리에서 안락사가 허용될 수 있다. 그러므로 어떤 생명도 함부로 처분해서는 안 되지만, 꼭 그래야 할 강력한 이유가 있다면 초기 태아나 동물 또는 인간을 죽이는 행위가 허용된다고 보는 것이다.

이 주장은 세 영역에서 모순 없이 적용될 수 있다. 이 주장은 이들 문제를 생각해보기 위해 우리가 이용할 수 있는 하나의 모형이 된다. 그렇지만 이 주장을 받아들일 수 있을까? 이들 세 영역에서 논의가 어떻게 전개되는지, 그리고 이에 동의하거나 반대하는 논리는 무엇인지 간략히 검토한다. 먼저 낙태문제부터 살펴보자. 처음에 인간 생명의 신성함을 내세우던 논자들이 나중에 가서 낙태를 지지한다면 아주 이상해보일 것이다. 그렇지만 핵심은 생명의 신성함을 내세우는 견해는 모든 생명을 똑같이 신성한 것으로 보지 않는다는 점이다. 이 주장에 따르면, 어떤 생명은 필요에 따라 이용될 수 있다. 도덕적 고려의 대상이 될 수 있는 것은 전적으로 의식과 지각능력이 있는 더 높은 형태의 생명이다. 또한 신성하다고 할 수 있는 생명은 가장 높은 수준의 생명이다. 이런 논리를 따르다 보면, 생명의 신성함을 내세우는 이론가는 태아는 중요하지만, 식물이나 연체동물은 중요하지 않다는 것을 모순 없이 주장할 수 없게 된다. 그럴 수 있으려면 태아가 식물이나 연체동물과 상대적으로 어떻게 다른지를 먼저 설명할 수 있어야 한다.

그렇지만 이런 식의 주장에는 비평이 따른다. 이 주장이 안고 있는 문제는 너무나 많은 종류의 피조물들에게 생명의 권리를 인정하지 않는다는 것이다. 육식하는 피조물은 맨 꼭대기에 자리 잡고서 동물에게는 내재적 가치랄 것이 전혀 없다고 말하려 할 것이다. 어쩌면 그는 태아조차 내재적 가치를 지니지 못한다는 견해를 아무렇지도 않게 받아들일지 모른다. 이제 갓 태어난 신생아를 생각해보자. 신생아는 추리하거나 의사소통하거나 감정을 느끼는 능력은 고사하고, 자신이 누워 있는 환경이 어떤지조차 거의 알지 못할 것이다. 자신이 먹고 잠자는 것을 허용하는 세계에 대해 본능적인 감각만을 지녔을 뿐이다. 이 주장이 내세우듯이 동물이나 태아에게 생명의 권리가 없다면, 신생아 역시 생명의 권리가 없지 않을까? 따지고 보면 신생아보다 의식이 더 발달한 동물은 많다. 따라서 동물에게는 오직 사용 가치가 있을 뿐이라고 한다면, 신생아에 대해서도 당연히 똑같은 말을 해야 한다. 실제로 어떤 문화권에서는 부모가 바라지 않는 아이(예를 들자면 여자아이)가 태어났을 때 그 아이를 버리는 행위가 허용되기도 한다. 하지만 여러분은 이것을 매우 기괴하고 나쁜 행위로 여겨 충격을 받을지 모른다(또한 대부분의 부모도 불가사의한 행위로 볼 것이다).

우리는 앞에서 낙태에 찬성하는 주장을 살펴보며 태아를 '단순한 하나의 세포 덩어리'라고 표현한 바 있다. 아무런 느낌이나 의식이나 의지가 없는 단순한 하나의 유기체로 본 것이다. 신생아는 그보다는 진보한 상태에 있겠지만, 정상적인 인간의 완성도 기준에서 보면 미숙할 것이다. 그렇지만 유아와 태아 사이에 나타나는 차이는 동물과 식물 사이에 나타나는 차이와는 많이 다를 것이다. 이는 잠재력을 염두에 둔 것이다. 식물과 연체동물 그리고 소와 양 같은 것들은 현재 상태보다 훨씬 더 수준 높은 상태로 발달할 수 없다. 그러나 다른 모든 조건이 같다고 가정할 때, 태아나 유아는 크게 발전하여 훨씬 더 높은 수준으로 올라갈 것이다. 바로 여기서, 생명의 신성함을 내세우는 사람은 낙태에 반대할 명분을 찾아낸다. 육식하는 사람은 낙태에 찬성할 수밖에 없다는 결론에 반대할 수 있는 것은 태아에게 완전한 성인으로 발전할 잠재력이 있고, 따라서 그에 상당하는 내재적 가치를 지니기 때문이다. 비록 태아의 현재 상태가 단순한 세포의 집합체에 지나지 않는다고 하더라도 태아에 깃들어 있는 내적 구조는 엄마의 적절한 도움을 받아 온전한 인간의 기준을 충족하는 존재로 발달해갈 것이다. 그 반면, 식물과 연체동물은 말할 것 없고, 소나 양은 아무리 시간이 지나도 결코 그렇게 발달할 수가 없다.

생명을 신성한 것으로 보는 견해는 안락사에 대해서도 앞선 예와 비슷한 문제에 부딪힌다. 우리가 보았듯이, 인간 완성도의 기준에서 보면, 동물에게는 내재적 가치가 없으므로 육식해도 좋다고 할 만한 이유가 충분하다고 할 것이다. 그렇지만 같은 논리를 연장해가면, 식물인간이나 알츠하이머로 지적 장애가 심각한 사람 역시 내재적 가치가 없거나 상실한 것으로 보아야 한다는 말이 성립한다. 지적 악화 과정이 돌이킬 수 없는 단계에 이르러 더 수준 높은 단계의 능력을 영영 회복할 수 없음이 분명해질 수도 있다(물론 안락사에 반대하는 사람들은 회복할 수 없다는 것을 과연 누가 어떻게 판정하느냐고 반문할 수 있겠지만). 이것이 사실이라면, 그 환자는 온전한 인간 완성도의 기준에 비추어 더는 사람 대접을 받지 못한다. 나아가 낙태문제에서는 태아의 발달 잠재성을 고려할 수 있었으나, 이런 환자에게서는 그 같은 잠재성을 전혀 찾아볼 수 없다. 환자는 자꾸만 상태가 나빠지다 결국 죽고 말 것이다. 그런데도 생명의 신성함을 내세우는 논자들이, 그와 반대되는 대안을 제시하면서 이 환자가 온전한 사람으로 돌아올 가능성이 없다고 해도 한때는 온전한 사람이었음을 주장한다면, 이에 귀 기울일 필요가 있다. 돌이킬 수 없을 정도의 지적 장애에 빠진 사람을 죽음으로 몰고 가는 것은 모두 꺼리기 때문일까? 이때 안락사를 정당화할 수 있을까? 여기서 제기되어야 할 또 하나의 문제는 본래부터 심각한 지적 장애를 안고 태어난 사람을 대하는 우리의 태도에 관한 것이다. 이런 지적 장애인에게는 아무런 내재적 가치가 없다고 보아야 옳을까? 그리하여 편의에 따라 이들에게 안락사를 시행해도 되는 것일까?

끝으로 다시 동물문제로 돌아가자. 우리는 인간적 완성도의 기준을 내세우는 논리를 육식을 옹호하는 논리와 같은 것으로 간주했다. 그 논리가 다른 영역에 어떻게 적용되는지를 살펴본 사람은 다음과 같이 논고하려 할 것이다. 지적 장애인의 안락사가 허용될 수 있다는 주장은 받아들일 수 없다. 지적 장애인도 여느 사람과 다름없이 생명의 권리를 지닌다. 이들 장애인이, 그 논리에서 주장하는 것처럼 인간적 완성도의 기준을 충족하지 못한다는 점은 인정하지만, 처음부터 장애인에게는 기준이 너무 가혹할 정도로 높게 설정되었다. 본래부터 지적 장애를 안고 태어난 사람들을 편의에 따라 아무렇게나 다루어서는 안 되므로 이들을 위해 인간적 완성도의 기준을 낮춰야 한다. 지적 장애인을 볼 때, 인간은 괴로움과 즐거움을 느끼고, 의사소통하고, 감정에 반응하고, 지적 사고를 하는 능력이 있는 한, 생명의 권리를 지닌다고 할 것이다. 그렇지만 더 수준 높은 능력을 지닌 몇몇 종류의 동물에게도 이런 능력이 있음을 인정하지 않을 수 없다. 그러므로 논리상 일관성이 있으려면, 육식을 옹호하는 논리에 반대해야 마땅하다. 지적 장애인에게 생명의 권리가 있다면, 마찬가지로 고등동물에게도 생명의 권리가 있다고 보아야 하기 때문이다.

지금까지 우리는 마음대로 처분해서는 안 될 만큼 어떤 생명에 가치를 부여하는 것이 무엇인가에 관하여 생각해보았다. 어떤 생명에는 왜 이러한 가치가 있는가를 설명하기 위해 인간이 할 수 있는 복합적인 일들을 살펴보았다. 그러나 바로 앞 단락에서 제시한 주장은 이에 관한 논의가 그릇된 가정을 하고 있다는 점을 지적한다. 즉 모든 인간에게 그런 복합적 행위들을 할 능력이 있다는 식으로 가정한다는 것이다. 실제로 세상에는 그런 능력이 없는 일단의 사람들, 예를 들면 심한 지적 장애를 가진 사람들이 존재하는 것 또한 사실이다. 그렇긴 하지만 우리는 이들이 오직 사용 가치만을 지닌다고는 생각하지 않으려는 경향이 있다. 그런데 이 장애인들이 진정 생명의 권리를 지닌다면, 동물이 세련된 행위를 할 능력이 없다는 이유만을 내세워 육식을 정당화할 수는 없을 것이다. 그렇게 해도 된다면, 극심한 지적 장애인을 처분하거나 심지어 먹는 것도 허용되어야 하지 않을까? 그러므로 앞의 주장은 하나의 도전장이 아닐 수 없다. 결국 비교적 지능이 발달한 동물까지 포함할 정도로 인간 완성도의 기준을 낮춰서 극심한 지적 장애인들까지 구제대상에 포함하거나, 동물은 물론 지적 장애인들도 포함될 수 없을 정도로 인간 완성도의 기준을 높이지 않을 수 없다. 우리가 동물을 죽일 수 있다고 생각한다면 그것은 곧 일부의 어떤 인간들을 죽일 수 있다는 주장을 받아들이는 결과가 된다.

피터 싱어[8]는 이런 식의 주장을 내세워 모든 동물을 평등하게 다뤄야 한다는 논리를 전개했다.[1] 그는 육식은 할 수 있지만 상태가 심각한 장애인을 죽여 없애는 것은 허용될 수 없다는 식의 상식론적 견해를 비판한다. 그의 견해에 따르면, 이것이야말로 아무 원칙적 근거조차 없

---

8   Peter Singer(1946~): 오스트레일리아 멜버른 출생의 철학자. 실용 윤리의 전문가이며 선호 공리주의와 무신론의 관점을 가지고 윤리적 문제에 접근했다.

는 인간의 종적 편견에 지나지 않는다는 것이다. 이것은 인종차별이나 성적 학대 같은 다른 모든 형태의 차별과 마찬가지로, 지지를 받을 수 없다고 그는 주장한다. 싱어는 이를 가리켜 동물에 대한 '종차별주의 speciesism'로서 도덕적 상태에 대한 무지라고 했다.

    이 절의 논의는 아직 낙태나 안락사, 동물의 권리 같은 여러 문제 영역에 대한 종합적 평가를 하지 않았다. 그러나 우리는 각 영역에 관한 논의에서 핵심을 이루는 문제를 살펴보았다. 말하자면 그 문제란 어떤 존재가 생명의 권리를 인정받기 위해 갖추어야 할 요건에 관한 것이었다. 우리가 (1) 모든 존재에게 생명의 권리가 인정되는 것은 아니라고 생각하고, (2) 어떤 존재에게 생명의 권리를 인정하고 다른 존재에게는 부정하는 것은 단순한 변덕이나 즉흥에서가 아니라고(또는 변덕이나 즉흥이어서는 안 된다고) 생각하는 한, 이러한 요건은 인정될 듯하다. 이것이 옳다면 특정 부류의 존재를 죽이는 것이 허용되는지를 판단하기 위해 적어도 부분적으로 그러한 요건이 무엇인가 하는 문제와 어느 특정 존재가 그러한 요건을 충족하는가 하는 문제를 고려해야 한다.

- **'생명의 신성함'에 대한 비평**

지금까지 살펴보았듯이, 인간 완성도의 기준을 따를 때 제기되는 한 가지 문제점은 그 '합격선이 어느 정도인가' 하는 것이다. 태아가 발달해 가는 과정에서 정확히 어느 지점부터 생명의 권리를 누리기 시작할까? 이것이 정해진다면 생명의 권리가 있는지 없는지를 명백히 가릴 수 있겠지만, 어중간한 발달 단계에서는 어떻게 할까? 바로 이 점이 논의의 해법을 찾는 데 중요하다. 이 문제에서 파생된 한 가지 주장이 바로 '합격선이 너무 높다'는 주장이다. 육식의 권리나 동물실험의 권리를 옹호하려는 논자는 높은 수준으로 발달하지 못한 존재는 오로지 사용 가치만 있을 뿐이어서, 함부로 낭비할 것은 아니지만, 우리의 중요한 목적을 위해 쓰일 수 있다고 주장하려 할 것이다. 문제는 (싱어가 지적한) 수많은 인간, 예컨대 심각한 지적 장애인들도 그러한 발달 수준에는 이르지 못한다는 사실이다. 우리가 앞서(79쪽 참조) 열거한 능력에 비추어, 수많은 형태의 '고등' 동물들을 특정 부류의 인간보다 가치 있는 존재로 간주할 수 있을지 모른다. 그렇다면 이러한 주장에 따라 심각한 지적 장애인들을 먹을거리나 실험대상으로 삼을 수 있을까? 그럴 수 없다면 이번에는 동물의 권리를 보호하려는 논자들이 들고 일어설 것이다. 그들은 우리가 따르려는 논리를 가리켜, 아무런 합리적 근거 없이 다른 종에 비해 자신이 속한 종만을 우대하려는 노골적인 편견이라고 비난할 것이다.

    이런 식의 비난은 한 걸음 더 나아가 다음과 같은 논리로 발전한다. 인간 완성도의 기준이란 인간중심적인 발상임이 틀림없다. 이러한 발상은 인간을 도덕적 우주의 한가운데에, 그리고 발달과정의 맨 꼭대기에 놓는다. 또한, 이러한 발상은 인간 이외의 모든 만물을 인간의 능력에 미치지 못한다 하여 '더 낮은' 존재로 치부한다. 이렇듯 인간에 중심을 두는 관점은 예컨대, 신이 인간을 창조하면서 자신의 이미지를 닮도록 했다고 믿는 유대 기독교 신앙에 깃들어 있다. 그리하여 이 신앙은 인간이 도덕적 우주의 가장 특별한 자리에 놓인다는 믿음을 강화한다. 그러나 이러한 종교적 관점이나 신화를 받아들이지 않는다면, 인간에게 특별한 가치와 품위를 부여하고 성스럽고도 도덕적으로 특별한 지위를 부여하는 것이 인간의 뛰어난 특징과 능력 때문이라고 믿어야 할까? 신이 인간에게 세상의 '지배권'을 부여했다는 것을 믿지 않는다면, 동식물에는 사용 가치가 있을 뿐이고 인간에게는 내재적 가치가 있다는 생각에 만족하며 살아야 할까? 아리스토텔레스는 인간 존재를 특별히 가치 있게 만드는 것은 인간에게는 동물과 구별되는 특징이 있기 때문이라고 주장했다. 그중 가장 중요한 것은 바로 합리적으로 사고하는 능력이다(비단 그것만이 아니라, 마치 움베르토 에코의 소설 『장미의 이름 *The Name of the Rose*』에서처럼, 웃는 능력을 비롯한 수많은 인간의 특징을 내세울 수 있지 않느냐고 생각하는 사람도 있을지 모른다). 잠시 인간이 아닌 사자가 그 자리에 있다고 상상해보자. 사자는 특별한 대우를 받을 자격기준을 전혀 다른 방식으로 내세우지 않을까?

그런데 여기서 잠시 생각해보아야 할 것은 생명의 신성함을 내세우는 사상 또는 각각의 개인이 성스러운 존재라 하여 개개인 사이에 장벽을 세워 놓는 사상이다. 회의론자는 이러한 사상이 주로 신이 인간을 사랑하되 부모가 자식을 사랑하듯이 조건 없이, 그리고 각 개인 하나하나를 구별하여 사랑한다는 기독교 사상에 젖은 서구문화에서 나왔다고 지적할 것이다. 이러한 기독교 전통을 부정한다면, 회의론적 비평가는 모든 사물을 합리적으로 봐야 한다고 또다시 지적할 것이다. 지금까지 보아왔듯이 인간 생명의 신성함을 내세우는 사상은 인간이 인간을 대하는 방식과 선택할 수 있는 행위의 형태에 일정한 한계를 설정한다. 총 잡은 사내 이야기에서 이러한 예를 살펴보았다. 빚을 갚는 것은 좋은 일이지만 다른 사람에게 빚을 졌다는 사실이 빚을 벗어나는 방식에 대하여 어떤 한계를 설정했다. 빚을 청산하려고 채권자를 죽여서는 안 된다는 것이었다. 그러므로 생명이 신성하다고 믿는다면 목적을 달성하는 방법에도 마땅히 한계가 있어야 한다. 한편 회의론자는 생명이 신성하다고 믿는 사람은 모든 일마다 해도 좋을지 아닐지를 물어야 하느냐고 다시 반문할 법하다. 우리는 모두 빚을 없애려고 채권자를 죽여도 된다는 생각에 반론을 제기하겠지만, 생명을 성스러운 것으로 볼 때 오히려 끔찍한 결과를 불러오는 사례도 있음을 알아야 할 것이다.

    인간의 본질적 가치를 바라보는 두 가지 관점을 둘러싸고 앞서 다루던 문제로 돌아가보자. 그중 한 가지 해석에 따르면, 인간의 생명은 그것이 지닌 풍부한 의미 때문에 다른 대부분의 존재들이 지닌 가치를 압도한다는 것이다. 그런데 이 관점은 인간이 때에 따라서 더 중요한 다른 존재에게 압도될 수 있다는 것도 인정하는 셈이다. 그렇지만 '신성함'의 표준적 해석은 이런 관점을 초월한다. 거기에는 인간의 생명을 다른 어떤 사물에도 견주어보는 것 자체가 나쁘다는 주장이 포함된다. 다른 무엇을 위해 하나의 생명을 파괴하려 한다면 인간의 생명에 깃든 가치는 존중받을 수 없다. 이러한 해석에 따르면, 생명의 신성함에 비추어 남을 죽여서 선을 이룬다는 생각은 허용되지 않는다. 바로 그렇기에 경우에 따라 생명의 신성함은 우리가 이루고 싶어 하는 모든 선을 이루지 못하게 만들기도 한다.

    하나의 예로[2], 이를테면 남미 정글에서 식물채집을 하다가 어느 공터에 이르렀는데 거기서 처형이 이루어지는 광경을 보았다고 하자. 대위 한 사람의 지휘 아래 사수들이 스무 명쯤을 줄 세워 놓고 총을 쏘

아델 참이다. 나를 본 대위가 처음에는 놀라다가, 내가 어떤 사람인지 알고 나자 아무런 위협이 되지 않음을 깨닫고는 구경하도록 허락한다. 대위는 만난 것을 자축한다며, 내가 그들 중 하나를 쏘아 죽이면 나머지를 모두 살려주겠다고 제의한다. 나는 이 나라가 잔인무도한 독재국이며, 민주화를 위해 싸우는 반란군을 무자비하게 소탕하고 있음을 알고 있다. 여러 정황으로 미루어 처형될 이들의 대부분이 대체로 무고한 사람들이라고 짐작한다. 나는 어떻게 행동할 것인가?

여기서 제기되는 문제는 생명을 신성시 여긴다면, 어느 한 사람도 죽여서는 안 된다고 생각할 것이라는 점이다. 인간의 생명은 누구의 것이건 신성하기 때문이다. 극단의 경우, 사람들은 더러 악질적인 죄악을 저지른 결과, 스스로 생명의 권리를 잃기도 한다. 다시 말해, 그들은 죽어 마땅하다. 하지만 나는 한 줄로 세워져 있는 사람들이 대체로 그런 경우에 속하지 않는다고 생각한다. 설령 이들 중 몇 사람이 나쁜 죄를 지었다고 하더라도, 이들 모두가 그런 것은 아닐 텐데, 과연 어떻게 한 사람을 골라내야 한단 말인가? 인간의 생명이 신성하고 그리하여 내가 할 수 있는 행위에 한계가 정해져 있다면, 이들 중 한 사람의 죽음이 설령 나머지 모두를 살릴 수 있다고 하더라도, 그를 가볍게 죽일 수가 없다. 이들 한 사람 한 사람에게 생명의 권리가 주어지기에 모두가 '불간섭주의'의 존재요, 그중 누구도 함부로 대할 수 없다. 생명 신성함의 원칙에, 비추어 이들을 단순히 사용 가치로만 값을 매길 일이 아니다. 그런데 누군가를 희생시켜 다른 사람들의 생명을 구하는 것 또한 안 될 일일까?

참으로 논쟁거리가 될 만큼 중대한 문제다. 어떤 사람은 생명이 신성하다는 식의 사상이 자기 모순을 안고 있다고 생각할 것이다. 그 모순이란 이런 것이다. 한편에서는 생명이 신성하다는 것은 인간의 가치에 바탕을 둔 생각이라고 주장한다. 그런데 다른 한편에서는 특히 이번 시나리오에서는 생명 신성의 원칙을 고집하면 더 많은 생명이 희생될 것이 분명하다. 그리하여 생명의 신성함이 인간의 생명을 보호하는 행위를 오히려 방해한다고 주장할 사람마저 있을지 모른다. 생명 신성의 원칙은 다른 목표를 위해 인간의 생명을 없애지 말라고 명령하기 때문이다. 총 잡은 사내에게는 이 말이 분명히 옳았는데, 지금 줄 세워진 사람들에게는 이 말이 문제가 있어 보인다.

이걸 모순이라 한다면, 이러한 모순이 발생하는 까닭은 생명 신성에 대한 해석이 인간 생명에 대한 인간의 의무를 규정하기 때문이다. 이것은 하나의 의무론적deontological 관점이라 할 수 있다. 의무론적이란 말은 고대 그리스의 '법'에서 유래한 것으로, 어원은 그 발상을 이해하는 데 도움이 된다. 생명 신성론의 견해는 인간의 상황을 이해할 때 이를테면, 각 개인은 자신의 생명을 소유하는 까닭에 누구라도 다른 개인의 생명을 없애는 것을 나쁜 일로 본다. 인간의 생명에 깃든 가치를 이렇듯 신성하게 보았기에, 누구라도 '사람을 죽여서는 안 된다'는 원칙을 하나의 금기로 삼게 된 것이다. 이 법은 모든 사람에게 적용된다. 그러므로 한 사람을 희생하여 열아홉 사람을 살리더라도 법을 어기고 탈선하는 것에 해당한다. 이 견해에 따르면, 각각의 인간 생명은 성스러운 것이고 인간은 모두 똑같이 이와 같은 신성을 범하지 말아야 할 의무를 진다.

의무론적 윤리학에서 명백히 드러나는 모순, 간단히 말해서 작은 악을 행하여 더 큰 악을 미리 방지할 수 없다는 모순에 실망한 나머지 어떤 사람들은 그 반대 견해로 돌아선다. 의무론적 견해는 특정 행위를 그 자체로서 나쁜 것으로 보아 설령 선을 실현하기 위해서라 하더라도 이를 실행에 옮겨서는 결코 안 된다고 주장한다. 반면, 이에 반대하는 견해에서는 어떤 행위의 옳고 그름을 오로지 그 행위의 결과에 비추어 판정해야 한다고 주장하는데, 이를 결과주의론이라 일컫는다. 이름이 암시하듯이, 결과주의론은 도덕을 행위의 결과에 비추어 판단한다. 결과를 보기도 전에 어떤 행위가 불법하고 허용될 수 없다는 것을 행위 자체로 미리 정해놓은 의무론과 달리, 결과주의론적 견해는 오직 좋은 결과를 가져오기만 한다면 그 행위는 정당화된다고 본다. 결과주의론적 견해에서 보면, 한 사람을 죽여서라도 열아홉 사람을 구출해야 할 일이다. 그것만이 가장 좋은 결과를 가져오기 때문이다. 목적이 수단을 정당화한다는 말이 이러한 견해를 잘 설명해준다.

　나중에 이 두 가지 윤리이론의 차이를 자세히 검토하면서 공리주의(결과주의론)와 칸트 윤리(의무론)를 살펴볼 것이다. 여기서는 생명 신성론에 대한 마지막 비평으로 다음의 의문을 검토해보려 한다. 그것은 인간의 생명에 특별한 가치가 있다면 그 가치를 '신성하다'고 보는 것만으로 그것을 옳게 평가할 수 있을까 하는 의문이다. 어떤 것이 신성하다면, 달리 더 좋은 그 무엇을 위해서라 하더라도, 그것을 희생해서는 안 된다는 식으로 보호될 것이다.

의무론이란 무엇인가

칸트의 윤리론과 같은 '의무론deontology'에 따르면, 강간이나 살인이나 강도 및 폭행처럼 언제나 옳지 않은 (또는 '금지되었거나' '허용될 수 없는') 형태의 행위가 있다. 이런 행위는 그 행위가 초래하는 결과에 비추어 옳지 않은 것이 아니다. 또한, 그러한 행위가 초래할 좋은 결과를 내세운다 하여 정당화되는 것도 아니다. 의무론적 견해에서 보면, 이런 행위는 그 자체로 나쁜 행위다. 의무론적 견해는 숱한 도전을 받고 있다. 예컨대, 의무론은 그 이론을 실제 생활의 구체적 사례에 어떻게 적용할 수 있느냐 또는 사람을 죽이는 특정 행위가 살인에 해당하는지를 어떻게 가리느냐 같은 의문에 답을 내놓아야 한다는 것이다. 또한, 그 밖의 다른 행위와 달리 무엇 때문에 그런 행위를 금지하는지, 어떤 행위를 금지한다는 것이 어떻게 가능한지를 설명해야 한다는 것이다. 의무론은 대개, 신이 특정 행위를 금하는 법을 제정한다는 도덕 개념과 결합해 있다. 의무론에는 그 밖에도 자연법과 권리론, 적어도 몇 가지 종류의 계약주의론 등 여러 가지 형태가 있다.

거기에는 '불간섭주의'의 라벨이 붙어 있다. 각 개인의 생명에는 비할 데 없는 가치가 있어서 그 가치에 비추어 각자의 행위에 제약을 설정해야 한다면 당연한 결론이 될 것이다. 그렇지만 결과주의론자들의 주장이 옳다면, 더 좋은 선을 실현하기 위해 인간의 생명 역시 희생될 수 있다고 생각해야 할 것이다. 결과주의론자의 관점에서 보면, 그러한 가치는 인간을 개인이 아닌 전체로서 다룰 때 비로소 드러난다.

● 결론

2장에서는 왜 어떤 생명에는 가치가 있는지, 또 어떤 생명은 다른 생명보다 가치가 있거나 없는지, 그리고 우리의 행위가 이들 생명에 어떤 영향을 미칠 때 어떻게 행동해야 할지 같은 문제를 살펴보았다. 먼저 생명이 신성하다는 견해를 살펴보았다. 이 견해에 따르면, 어떤 생명 특히 인간의 생명은 행동하고 감정을 느끼고 이해하는 고도의 복합적 능력이 있어서 특별한 가치가 있다고 했다. 여기서 인간적 완성도의 기준이라는 개념을 검토했다. 또한, 이러한 입장이 낙태, 동물 학대 또는 안락사 같은 실제 문제에서 어떻게 대응하는지를 살펴보았다. 먼저 태아나 동물, 심각한 지적 장애자들에게는 생명의 권리가 없다는 단순한 논리를 살펴보았다. 그러나 이 견해는 깔끔해보이기는 해도 때에 따라 너무 단순하다는 결론에 이르렀다. 따라서 이 견해를 더 적절하게 수정할 수 있는 다양한 방안을 검토하면서, 미래에 나타날 태아의 발달 잠재력과 과거에 나타난 알츠하이머 환자의 인간 완성도를 참작했다. 그 과정에서 인간 완성도의 기준을 훨씬 낮춰 잡는 것이 도덕적으로 수용할 만한 대안이라는 견해도 살펴보았다. 마지막으로 인간의 생명이 신성하다는 사상 자체에 대하여 근원적으로 제기된 비평들을 살펴보면서 이 사상에 깃든 인간중심주의 견해와 의무론적 근거를 검토했다.

● 토의사항

1. '편의에 따라 사람을 죽여서는 안 된다'는 말에 동의하는가? 아니면 죽여도 되는 경우가 있다고 생각하는가? 낙태나 안락사가 아니더라도 전쟁이나 사형집행으로 사람을 죽이는 경우를 생각해보라. 또 어떤 의사가 돈을 절약하려고 살아날 수 있는 환자를 돌보지 않기로 하는 경우를 생각해보라.

2. 인간이 맨 꼭대기에 있고, 동물이 그 아래에, 식물이 다시 그 아래에, 일반 사물이 맨 밑바닥에 있는 '도덕적 피라미드'를 생각해보라. 이 장에서 논의한 대로, 이러한 피라미드에 따라 각각의 존재는 다른 능력을 지녔다고 생각하는가? 아니면 인간이 '만물의 맨 꼭대기'에 있다는 믿음은 단순히 인간중심적인 생각일까?

3. 육식하는 사람에게 종을 차별한다고 비판할 수 있을까? 특히, 일부 사람들이 왜 육식하면서도 심각한 지적 장애자는 먹으려 하지 않는지를 생각해보라. 인간 완성도의 기준에서 볼 때 이런 태도를 정당화할 수 있을까? 아니면 달리 내세울 만한 더 나은 논리가 있을까?

4. 다음 논의를 생각해보라. 어떤 이는 신생아와 태아가 생명의 권리를 지닌다고 본다. 비록 이들이 현재는 인간 완성도의 기준을 충족하지 못하고 있지만, 달리 방해를 받지 않는 한 온전한 성인이 되어 그러한 기준을 충족할 것으로 믿기 때문이다. 여기서 논의의 형식은 세 가지일 것이다. 즉 (가) 모든 X가 Y에 대한 권리가 있다면 모든 잠재력을 가진 X도 Y에 대한 권리가 있어야 할 것이다; (나) 태아는 잠재적으로 온전한 사람이다; (다) 그러므로 태아에게는 생명의 권리가 있다. 그러나 이 주장에는 문제가 있다. 즉 (가)는 하나의 일반논리로는 성립되지 않는다는 사실이다. 운전시험을 준비하는 사람들을 생각해보라. 이들은 시험에 합격하여 자신들의 잠재력을 실현할 때까지 운전할 권리가 없다. 그러므로 잠재력을 내세우는 논리가 통하려면 잠재적인 인간을 온전한 인간으로 대우해야 할 이유를 제시해야만 한다. 이러한 주장에 대응할 수 있는 좋은 논리를 찾아낼 수 있을까?

5. 이 장에서 논의한 시나리오에 발을 들여놓았다고 가정해보자. 나는 열아홉 명을 구출하기 위해 불가피하게 한 명을 죽여야 한다. 그렇지 않으면 나 아닌 다른 사람이 스무 명을 다 죽일 것이다. 이런 상황에서 어찌해야 할까?

■ 주

1) Peter Singer, "All Animals Are Equal," in P. Singer (ed.), *Applied Ethics* (Oxford: Oxford University Press, 1986)
2) 이 예는 B. Williams, "A Critique of Utilitarianism," in J. J. C. Smart Bernard Williams, *Utilitarianism: For and Against* (Cambridge: Cambridge University Press, 1973)에서 끌어 옴.

■ 더 읽을 책

생명의 신성함에 관한 흥미 있는 논의로, Ronald Dworkin, "What is Sacred?" in his *Life's Dominion: An Argument about Abortion, Euthanasia, and Individual Freedom* (New York: Knopf, 1993) 참조.

종 차별에 대한 비판을 발전시킨 저술로 Peter Singer, "All Animals Are Equal," in P. Singer (ed.), *Applied Ethics* (Oxford: Oxford University Press, 1986) 참조. 그 대응으로는 R. G. Frey, "Moral Standing, the Value of Speciesism," in H. LaFollette (ed.), *Ethics in Practice* (Oxford: Blackwell, 2007) 참조.

Michael Tooley는 논문 "Abortion and Infanticide," in P. Singer (ed.), *Applied Ethics* (Oxford: Oxford University Press, 1986)에서 태아가 인간 완성도의 기준을 충족하지 못하므로 낙태를 허용해야 한다고 주장한다. 또한, 그는 신생아 역시 그 기준을 충족하지 못하므로 신생아를 죽이는 행위를 금기시하는 데도 합리적인 근거가 없다고 주장한다.

결과주의론과 의무론 사이의 논쟁에 관한 고전적 기여로는 J. J. C. Smart and Bernard Williams, *Utilitarianism: For and Against* (Cambridge: Cambridge University Press, 1973) 참조. 윌리엄스는 의무론의 견해에 우호적이지만, 전형적인 의무론 이론가는 아니다.

3장

➡

도덕은 우리에게 남을 도울 의무를 얼마나 요구하는가

지금 세계는 심각한 불평등으로 속을 끓이고 있다. 어떤 나라 사람들은 기본 욕구를 충족하며 잘 사는가 하면, 다른 나라에서는 생존을 위해 심각한 투쟁을 벌인다. 어떤 나라에서는 식량이 남아돌아 버리다시피 하지만 다른 나라 사람들은 굶어 죽는다. 어떤 나라에서는 죽지 않아도 될 어린이가 병으로 죽었다는 소문이 돌자 공무원이 사표를 써야 하는 데 반해, 다른 나라에서는 어린이의 사망이 일상사와 다름없다. 참으로 불안한 정경이다. 필자와 이 책을 읽는 여러분들은 그래도 안락하게 살고 있지만, 세계의 다른 구석에서는 비상사태가 연일 일어나고 있다. 이 장에서 다루려는 문제는 우리에게는 어느 범위까지 남을 도와줄 의무가 있는가에 관한 것이다.

현실을 돌아보면 우리는 상대적으로 남을 돕기 위해 하는 일이 거의 없다. 개인의 수입 가운데 기부나 자선에 쓰는 비율은 대체로 낮은 편이다. 부유한 나라의 지출을 보면 가장 관대한 나라라 하더라도 국제

원조와 개발에 들이는 돈은 그 나라 전체 부의 일부분에 지나지 않는다. 이러한 실상을 어떻게 보아야 할까? 다른 사람들이 죽어갈 때 도와줄 능력이 있는데도 마냥 바라보고만 있는 건 아닐까? 아니면 각 나라는 스스로 제 살길을 찾아 나서야 마땅할까?

이 장의 첫 대목에서는 세계적 빈곤문제와 빈곤한 나라에 대한 우리의 의무를 살펴보려 한다. 이와 관련한 원칙들을 찾아가는 과정에서 낙태나 그 밖의 관련 문제들에 관해 더 깊이 생각해볼 기회를 가질 것이다. 기본 관심사는 우리와 더불어 살아가는 인류를 대하는 기준이 무엇이어야 하느냐에 있다.

● 세계적 빈곤: 급진적 견해

세계적 빈곤은 어느 정도로 심각할까? 토머스 포지[9]가 인용한 최근 통계는 다음과 같다. 세계 인구 60억 가운데,

◆ 7억 9천만 명이 영양실조
◆ 10억 명이 안전한 물을 공급받지 못함
◆ 24억 명이 기본 위생시설을 이용할 수 없음

---

9   Thomas Winfried Menko Pogge(1953~): 독일의 철학자로 세계정의프로그램The Global Justice Program의 디렉터.

- 8억 8천만 명이 기본 건강서비스를 받지 못함
- 10억 명이 적당한 주거시설을 이용하지 못함
- 20억 명이 전기공급을 받지 못함[1]

　부유한 나라와 빈곤한 나라의 격차가 클 뿐 아니라 수백 수천만 명이 말도 안 되는 여건에서 살고 있다. 이렇게 살다가 죽는 사람도 부지기수다. 아이들은 성인이 되어 자립해보기도 전에 죽는다. 많은 나라의 사람들이 서른 살을 넘기기가 어렵다.

　이런 상황에서 우리의 의무는 무엇일까? 먼저 무척 단순하면서 급진적인 한 가지 견해부터 살펴보자. 충분히 구할 수 있는 사람들이 죽어가는 것을 팔짱만 낀 채 바라보는 건 옳지 않다. 우리에게는 많은 사람들을 구할 수 있는 자원이 있다. 쉽게 말해서 식량을 산더미처럼 쌓아 놓고 낭비하고 있다. 우리에게 부족한 것은 세계적 고민을 풀어보려는 정치적 의지뿐이다. 부유한 자본주의 국가에서 세금을 올려 빈곤한 나라에 상당 규모의 돈을 제공하겠다는 정당은 결코 선거에서 승리하지 못한다. 하지만 조금만 생각해보면, 돕지 않으려는 자세는 정당화될 수 없다. 도울 수 있는데도 돕지 않는 것은 그들을 죽이는 것과 다름없기 때문이다. 그것은 나쁜 일이다. 연못에 빠진 아이가 허우적거리며 물로 빠져 들어가는 것을 어른이 바라보고만 있는 광경을 상상해보라. 물에 들어가 팔만 뻗어주면 되는데도 옷을 더럽히지 않으려고 그냥 바라보기만 한다. 그 사람을 비난하지 않을 사람은 없다. 어른이 아이를 빠뜨려 죽인 것은 아니라 해도, 사실상 죽인 거나 다름없다고 누구나 생각할 것이다. 가난한 나라 사람들에 대한 우리의 행태가 이보다 낫다고 할 수 있을까? 옷을 적시지 않으려고 어린이를 구하지 않았다. 그의 행태를 나쁘게 볼 수밖에 없는 것은 이 때문이다. 그런데 우리의 부를 축내지 않으려고 바라보고만 있다면 어른의 행태보다 더 나은 걸까? 우리는 여러 가지를 누리며 안락하게 사는 것을 가난한 사람들의 목숨보다 더 중히 여긴다. 연못가의 어른과 우리가 보여주는 행태가 다르다 할 수 있을까? 이렇게 볼 때 우리의 자세는 분명히 옳은 것이 아니다.[2]

이 장에서 풀어보려는 과제 중 하나는 이 불안정한 급진적 견해가 정말 정당화될 수 있는가다. 먼저 급진적 견해가 퍼부어대는 비난에 대한 몇 가지 반론들을 살펴보자. 여기서 필자가 고려하지 않으려 하는 점 한 가지를 먼저 밝혀야겠다. 급진적 견해를 옳은 것으로 받아들이기에 앞서 시급히 해결해야 할 문제는 도움을 주기 위해 무엇을 해야 할 것인가다. 연못가의 어른이 아무것도 하지 않고 구경만 한 것은 충격적이고, 부분적으로는 그가 나쁜 사람이라고 할 수 있다. 도움을 주는 방법을 아는데도 내버려뒀기 때문이다. 그렇지만 우리가 세계적 빈곤의 경우와 연못가의 예를 똑같은 것으로 보아야 할는지는 여전히 의문이다. 이는 기술적 문제이므로 여기서는 깊이 다루지 않으려 한다. 이 문제를 풀려면 철학자보다는 경제학자나 정치학자의 지식이 필요하다. 그래서 이 문제는 논외로 한다. 그렇더라도 세계적 빈곤문제를 해결할 수 있다고 보는 이른바 낙관론자들과 해결할 수 없다고 보는 비관론자들 사이에는 논쟁이 진행 중임을 알아두어야 한다. 잘 알려진 비관론자들 가운데는 대체로 토머스 맬서스[10]의 이론을 추종하는 사람들이 많

---

10 Thomas Robert Malthus(1766~1834): 영국의 경제학자. 인구와 식량의 불균형과 인구 증가를 억제하는 방법으로 도덕적 억제를 주장했다.

다. 18세기 경제학자 맬서스는 굶주림은 도덕적 위기의 문제와는 상관없이 인구의 팽창을 억제한다고 주장했다. 맬서스를 추종하는 이론가들은 아사를 방지하려는 노력이 오히려 좁은 땅에 인구를 늘려 더욱 지탱하기 어려운 상태에 빠져들게 할 뿐이라고 주장했다. 인구가 늘면 이들을 먹여 살릴 길이 없으니 굶주림을 해결하려는 노력은 언젠가 닥쳐올 수밖에 없는 큰 재앙을 연기하는 데 지나지 않는다고 했다. 무엇보다 인구가 늘어감에 따라 더는 지탱할 수 없는 사태가 반드시 오고 만다는 것이다. 이미 언급했듯이 나는 낙관론과 비관론 사이에 있는 논쟁을 현명하게 중재할 처지가 아니다. 한편 급진주의자들은 장래에 더 심각한 인구문제를 가져오지 않으면서도 빈곤문제를 퇴치할 길은 분명히 있다고 주장하는데, 여기에는 다소 논쟁의 여지가 있다.[3]

    급진주의자들의 주장에 대한 몇 가지 반응을 더 살펴보자. 윤리학을 연구하는 사람이 가장 주목할 만한 것은 상황적 도덕에 관한 급진주의 이론에 의문을 제기하는 반론이다. 두말할 나위 없이, 급진주의 이론가들의 도덕적 주장은 연못가에 서 있던 어른의 사례에 초점을 맞춘다. 그러므로 급진주의적 견해에 이의를 제기하려는 사람 역시 우선 이 사례에 초점을 맞춰야 한다. 급진주의 이론가들의 주장에 대응하는 전략은 두 가지로 생각할 수 있다. 먼저, 연못가의 어른이 도움을 제공하지 않은 것을 정말 나쁘다고 봐야 하느냐란 의문이다. 둘째로는 설령 그 어른이 정말 나빴다 하더라도 그 어른이 놓인 상황이 지금 우리가 놓인 상황과 같다고 할 수 있느냐란 의문이다. 그렇다면 이제 급진주의적 견해에 대한 반론을 다음과 같이 고찰해볼 수 있다.

첫 번째 반론: 죽어가는 사람의 바로 옆에 서서 구경만 하는 것과, 보이지 않는 지구의 반대편에서 사람들이 죽어간다는 소식을 듣는 것은 많이 다르다. 연못가의 어른은 어린이의 목숨에 냉담했다. 하지만 개발도상국에서 죽어가는 사람들의 이야기는 훨씬 간접적으로 들려온다. 신형 오디오나 유명 디자이너의 의상을 구입하는 데 돈을 쓰면서 옥스팜[11]에는 돈을 기부하지 않는다 해도, 연못에 빠져 허우적거리는 어린이를 못 본 체하고 지나치는 것과 똑같은 냉혈이라고 할 수는 없다.

두 번째 반론: 급진주의 이론가들은 사치품을 구입하는 데 돈을 쓰면서 옥스팜에 기부하지 않는 것이 굶주리는 사람들의 목숨보다 자신의 사치품을 더 중히 여기는 일이라고 비난한다. 그러나 이 상황에서는 매우 중요한 것 한 가지를 고려해야 한다. 그 돈을 내가 벌었다는 사실이다. 그 돈은 내 것이므로 내 맘대로 써도 된다. 물론 돈을 기부하면 나는 더 착한 사람이 될 것이고, 또 자선을 하는 건 바람직한 일일 것이다. 그러나 내가 번 돈을 어떻게 쓰든지 그건 온전히 나의 자유다.

세 번째 반론: 돈을 기부하지 않는 것이 사람을 죽이는 것과 똑같이 나쁜 건 아니다. 살인은 무고한 목숨을 일부러 빼앗는 짓이다. 거기에는 죽이는 행위가 있어야 한다. 급진주의 이론가들은 죽이는 행위와 죽게 내버려두는 행위를 혼동한다. 돈을 기부하지 않는 것은 살릴 수 있는 사람들을 죽게 내버려두는 결과를 초래한다. 그렇지만 죽게 내버려두는 것이 반드시 사람을 직접 죽이는 것만큼 나쁘다고는 할 수 없다.

---

11 Oxfam: 빈곤과 불의를 퇴치하기 위해 세계 곳곳에서 활동하는 15개 국제기구의 연합체.

이 장의 나머지 부분에서는 두 번째와 세 번째 반론이 제기하는 문제들을 살펴보려 한다. 그에 앞서, 첫 번째 반론에서 시작된 논쟁이 어떻게 진행되는가를 간단히 살펴보자. 먼저 급진주의자들은 첫 번째 반론에 타당성이 없다고 주장하면서 자신들의 견해를 변호하려 할 것이다. 멀리 있는 생명이라고 가치 없다고 말할 수는 없다. 심리학적으로 보면 가까이에서 일어나는 비극을 더 절박하게 느끼는 건 사실이지만, 그렇다고 이런 심리적 성향을 상황의 도덕과 혼동해서는 안 된다. 인간의 생명은 비할 데 없이 귀중한 것이다. 따라서 그에 깃든 가치를 존중하고 보호해야 한다면, 마땅히 인종, 색깔, 신앙 따위를 가리지 않고, 또한 고난에 빠진 사람들이 어느 나라에서 태어났는가에 상관없이, 모든 인간에게 똑같은 의무를 지워야 한다. 방글라데시에서 태어나 곤경에 처한 사람보다 캐나다나 프랑스에서 태어나 곤경에 처한 사람에게 더 큰 도움을 주어야 할 까닭이 무엇일까?

이에 대하여, 첫 번째 반론을 내세우는 사람들은 할 말이 많을 것이다. 먼저 인간의 생명이 지닌 가치는 평등한 것이기에, 어디서 살든지 모든 인간에 대하여 우리가 똑같은 기본 의무를 져야 한다는 급진주의자들의 주장이 옳다는 것은 인정할 것이다. 하지만 그렇다고 하더라도 모든 사람을 똑같이 도와줄 의무가 있는 것은 아니다. 우리가 지상의 모든 인간에게 어느 정도의 의무를 지고 있음은 사실이지만, 우리에게는 친구, 가족, 학생, 선생님, 고용주, 피고용자, 그리고 더불어 살아가는 수많은 시민들이 있지 않은가? 본래 나와 특별한 인연도 없이 멀리서 굶고 있는 가난한 사람들보다는 곁에서 살아가는 친구와 가족, 동료 학생들과 선생님 같은 사람들을 먼저 도울 의무가 있고 나아가 그럴 권리가 있다는 것은 지극히 자연스러운 생각이다. 어디서 살든 모든 인간을 똑같이 대해야 할 기본 의무를 진다는 급진주의자들의 주장이 옳기는 하지만, 그런 식의 의무만 지는 것은 아니다. 급진주의자들은 우리가 너무 이기적이어서 굶주린 사람들의 이익보다는 자기 이익을 앞세운다는 식으로 나쁜 그림을 그려낸다. 하지만 실상은 그 그림보다 훨씬 복잡하다. 가까이 있는 사람들의 문제를 더 심각하게 생각하는 것은 비단 심리적 성향의 문제만은 아니다. 이것이야말로 상황의 도덕을 제대로 이해한 데서 나오는 태도다. 가족, 친구, 선생님과 학생처럼 가까운 이들과 맺어진 특별한 관계에서 가장 핵심적인 부분은 이들을 위해 우리의 시간과 자원을 쓰는 일이다. 우리에게 특별한 관계가 전혀 없다면, 우리의 삶은 의미를 잃고 만다. 이러한 터에, 굶주린 사람들을 위해 많은 자원을 퍼붓는 것이 정말 필요한 일일까? 아무리 양보하더라도 극심한 곤경에 처한 사람들이 필요로 하는 것과 특정한 관계를 맺은 사람들이 필요로 하는 것의 균형을 찾아야 할 터인데, 급진주의자들은 이를 옳게 헤아리지 못한다.

이렇게 시작된 논쟁은 더 발전할 여지가 있다. 예컨대, 급진주의자들은 곁에 있는 사람들과 더불어 우정을 나누고 공동체를 가꾸어나갈 특별한 의무가 우리에게 지워진 건 사실이지만, 이런 생각은 단순히 우리 문화와 사회에 폭넓게 깔린 사고방식을 반영하는 것일 뿐이라고 주장할 것이다. 다른 문화와 다른 시대에 사는 다른 사회의 사람들은 친구와 우정에 대하여 우리와는 전혀 다른 개념을 지녔을 터이다. 그러므로 가족이나 우정에 대한 우리의 관념을 보편적인 것으로 보아서는 안 된다. 친구나 가족을 향한 충심의 관념은 부자를 늘 부자로 살면서 불운한 사람들을 그냥 무시해 버리는 실질적인 효과를 가져오므로 특히 그러하다. 가까이에 있는 사람들을 우선시하는 도덕 관념은 우리가 가지고 있는 것을 지키기에 연연하면서 궁핍한 사람들에게 등을 돌리는 태도를 정당화한다. 이것이야말로 탐욕적인 우리 사회, 곧 전형적인 자본주의 사회('각자가 자신만을 위하고', '제 살길만 찾으면서 남을 거들떠보지 않는' 사회)가 빚어낸 결과물이라고 급진주의자들은 주장할 것이다. 정작 문제는 빈곤한 사람들을 먼저 돌봐야 한다는 급진주의 관점에 있는 게 아니라 우리 사회에 깊이 뿌리박은 사고방식에 있는 게 아닐까? 이 논의는 일단 여기서 접기로 하고, 급진주의 견해에 대한 두 번째, 세 번째 반론을 살펴보자.

● 그들은 우리의 도움을 받을 권리가 있을까?

급진주의 견해에 대한 두 번째와 세 번째 반론은 예컨대, 어떤 사람의 생명을 보호하거나 연장하는 데 도움을 주려고 옥스팜에 돈을 기부하는 것과 내가 새 신발을 사는 것을 단순 비교할 일은 아니라고 주장한다. 두 번째 반론은 소유권의 개념을 이 토론에 끌어들이려 하고, 세 번째 반론은 못 본 체하는 잘못이 적극적인 악행과 같은지를 따지고 나온다. 이러한 반론들이 타당한지를 가리기 위해 먼저 그 바탕에 깔린 원칙들을 살펴보아야 한다. 그리고 이러한 원칙들이 과연 쓸모가 있는지를 알아보기 위해, 앞 장에서 한 것처럼 이들이 몇 가지 문제 영역에서 모순 없이 고르게 적용될 수 있는지를 검토한다. 이제 낙태문제를 다시 생각해보기로 하자. 그 과정에서 2장에서 살펴본 인간 완성도의 기준과는 아무 상관없는 놀라운 사례를 만날 것이다. 이 사례는 두 번째와 세 번째 반론에 나타난 견해를 대변한다.

이 사례는 주디스 자비스 톰슨[12]의 「낙태를 옹호함A Defense of Abortion」이란 논문에 나온다.

아침에 눈을 떴을 때 나는 바이올린 연주자와 등을 맞댄 채 누워 있다. 의식을 잃었지만, 그는 아주 유명한 바이올린 연주자였다. 신장병으로 위중한 상태였는데, 음악사랑 모임의 회원들이 모든 의료 관련 자료를 훑어보며 그를 살릴 수 있는 혈액형을 가진 사람을 찾다가 오직 나뿐이란 것을 알게 되었다고 한다. 그들은 간밤에 나를 납치하여 바이올린 연주자와 나의 순환계를 이어붙여 나의 신장으로 두 사람의 혈액을 정화할 수 있게 했다. 병원장이 말한다. "이봐요. 미안해요. 음악사랑 모임의 회원들이 이렇게 하라고 했어요. 미리 알았더라면 허락하지 않았을 거예요. 어쨌건 저 사람들 때문에 지금 바이올린 연주자는 당신과 이어져 있죠. 연결을 끊으면 이 사람은 죽어요. 하지만 걱정하지 마세요. 아홉 달이면 되니까. 그때가 되면 이 사람은 나을 것이고 당신과의 연결을 끊어도 되죠." 나는 이 상황을 받아들여야 할 도덕적 의무를 지고 있을까? 받아들인다면 나는 더없이 훌륭한 사람이다. 대단

12　Judith Jarvis Thompson(1929~2020): 미국의 도덕철학자이자 형이상학자.

한 자비를 베푸는 일이다. 하지만 이를 반드시 받아들여야 할까? 아홉 달이 아니고 아홉 해라면 어찌할까? 그보다 훨씬 더 오래간다면 어찌할까? 병원장이 또 이렇게 말한다. "참 불행한 일이네요. 인정합니다. 하지만 당신은 이제 이 바이올린 연주자와 연결된 채 침대에 누워서 여생을 보내야 해요. 왜냐하면요, 이걸 기억하세요. 모든 사람이 생명의 권리를 지니고 있는데, 바이올린 연주자도 사람이죠. 물론 당신의 몸 속에서나 당신의 몸에 대해서 어떤 일이 일어날지를 결정하는 건 당신의 권리지만, 당신의 그 권리보다는 생명의 권리가 우선이든요. 그래서 당신 맘대로 연결을 끊을 수 없어요." 이에 이르면, 분노를 참을 수 없으리라.[4]

톰슨은 이 논문에서 태아가 생명의 자유를 지닌 사람이란 이유로 낙태를 허용하지 않는 것은 옳지 않다고 주장한다. 생명의 권리가 있는 사람을 죽이는 것이 용납될 수 없기에, 낙태 역시 허용될 수 없는 일로 간주할 만하다. 낙태는 생명의 권리가 있는 존재를 죽이는 행위이기 때문이다. 그리하여 낙태를 둘러싼 논의는 대체로 무엇이 우리에게 생명의 권리를 허용하는지, 그리고 태아는 이러한 권리를 지닐 만큼 발달할 수 있는지, 그리고 언제 그렇게 되는지 같은 문제에 초점을 맞춘다. 그러나 톰슨은 이런 논의가 그릇된 방향으로 흐르고 있음을 지적한다. 설령 태아에게 생명의 권리가 있다고 하더라도, 낙태는 정당하다는 것이다. 보기에 따라서는 낙태와 상통하면서도 명백히 온전한 하나의 인간적 존재가 등장하는 사례를 제시하는 것이다. 이러한 상황 설정을 배경으로, 톰슨은 이 인간적 존재의 생존을 거부하는 것이 자신의 권리라고 부르짖는다. 도덕적으로 낙태를 용인해야 한다는 이 충격적인 주장은 앞서 언급된 급진주의 견해에 대한 반론과도 조화를 이룬다. 톰슨은 도움을 받지 않으면 죽을 수밖에 없는 사람에게 도움을 주지 않는 것을 옳지 않은 행위라고는 할 수 없다고 주장한다. 그리고 이 주장에서 출발하여 낙태에 대한 결론을 이끌어낸다. 알고 보면 톰슨의 주장은 앞서 살펴본 첫 번째 반론과 일치한다. 둘 다 같은 것을 주장하는 것이다. 자신이 번 돈을 자선을 위해 쓰기보다는 자신을 위해 쓰듯이, 자신이 희생하지 않으면 남이 죽는다 해도 상황에 따라서는 권리를 내세워 자신의 생각대로 행동할 수 있다는 생각을 바탕에 깔고 있다.

톰슨의 주장에 따르면, 일정한 시간 동안 마음대로 움직일 수 없음을 알면서도 신장병 환자를 나의 몸에 연결하도록 허락한다면 더 없는 자비라고 하겠지만, 그래야만 할 의무가 없다. 거기에는 도덕적 필요조건requirement도, 도덕적 의무duty도 없다. 그 환자가 죽는다 하더라도 나는 나의 권리를 내세워 연결을 끊을 수 있다는 것이다. 환자가 한 인간이라 하더라도, 또 연결이 끊어지면 죽을 것이 분명하더라도, 그에게는 나의 몸을 이용할 권리가 전혀 없다. 그 환자 역시 한 인간으로서 생명의 권리를 지녔지만 자신의 생명을 연장하기 위해 아무 짓이나 해도 된다는 얘기는 아니다. 그가 쓰려고 하는 것은 나의 몸이기에 나의 동의 없이 단순히 뛰어들어 채어갈 수는 없다. 나의 신체를 이용할 권리가 그에게 있다는 말은 무엇보다 나의 신체를 소유하고 있음을 내가 부정한다는 뜻이다. 그렇게 되면 나의 몸은 공동재산이 되어 누구나 필요에 따라 마음대로 써도 될 것이다.

톰슨의 주장은 낙태의 권리를 내세우는 여성단체에 힘이 된다. 또

이 주장은 가톨릭교회 같은 기구에서 낙태를 허용하지 않는 것은 여성의 자기 신체에 대한 권리를 무시하는 것이란 견해를 뒷받침한다. 이 견해에 따르면, 가톨릭교회는 여성을 이류 시민 정도로 치부하여 자기 운명을 결정할 권리를 지닌 독립적, 도덕적 존재로 보는 것이 아니라 그저 애나 낳는 장치쯤으로 안다는 것이다. 한편, 톰슨의 주장은 낙태를 불완전하게 옹호한다는 비난을 받기도 한다. 앞의 사례를 임신에 비유한다면, 특히 강간에 따른 임신과 가장 비슷하다는 것을 눈치 빠른 독자들은 벌써 알아챘을 것이다. 이 사례의 핵심은 그 환자가 나의 동의 없이 나의 신장에 매달려 있다는 것이다(비유하자면, 동의한 바 없는 성관계로 임신했다는 것과 비슷하다). 이러한 비유에 비추어볼 때, 환자와의 연결을 끊어버릴 권리가 있다는 톰슨의 주장은 훨씬 강력한 설득력을 얻는다. 그렇지만 강간이 아닌 다른 경위로 임신했을 때에도 톰슨의 주장에 반드시 설득력이 있을지는 분명하지 않다. 예를 들어 반대에 속하는 또 하나의 극단적인 사례를 생각해보자. 임신하게 할 목적으로 저지른 고의적 강간의 결과로 임신한 여성이 나중에 마음을 바꿔 스스로 바라던 임신을 하게 되었다고 말하는 경우다. 태아도 생명의 권리를 지닌 인간일진대, 스스로 바라던 태아를 낙태로 없애는 것은 나쁜 일이라고 누구나 여길 것이다(앞의 사례를 같은 방식으로 수정하여, 처음에는 자기의 신체를 이용하도록 환자에게 허락했다가 나중에 마음을 바꾼다고 가정할 수 있다). 가장 흔히 볼 수 있는 낙태는 대체로 처음에는 임신 가능성이 있음을 알지만 실제로 임신을 바라지는 않으면서 성관계를 맺고 그 결과 임신하는 경우다. 이는 도덕적 회색지대라 할 것이다(환자에게 처음부터 허락한 것만큼 완전히 자발적인 것도 아니고, 강간으로 이루어진 임신만큼 완전히 강제적인 것도 아닌 상황이다). 톰슨의 견해에 대한 반론은 낙태의 전면 허용을 주장하는 이들에게서 특히 거세게 일고 있다. 이들은 톰슨의 견해가 상황의 도덕을 너무 혼란스럽게 파악한다고 지적한다(그러나 또 다른 논자들은 이러한 혼란을 이해할 때 톰슨의 설명에 깃들어 있는 현실주의가 어쩔 수 없이 빚어낸 결과라고 할 것이다).

강간에 비유하는 경우만을 보면, 낙태를 허용해야 한다는 톰슨의 주장이 미온적으로 비칠 수 있다. 그러나 톰슨이 선택한 사례는 그가 주로 어디에 관심이 있는지를 잘 말해준다. 두말할 나위 없이 그녀의 주된 관심은 설령 태아를 인간으로 본다 하더라도 낙태를 허용하지 않는 것은 옳지 않음을 강조하는 데 있다. 이 주장의 핵심은 태아에게 생명의 권리가 있다 해도, (예를 들자면 그 엄마의 노력으로) 계속 생존할 권리가 있다고는 할 수 없다는 것이다. 나의 동의 없이 어느 환자가 나의 몸에 연결되어 있다면 나에게는 그걸 끊어버릴 권리가 있다. 강간의 결과로 임신했다면 나에게는 태아를 없앨 권리가 있다. 그러므로 생명의 권리가 있다는 이유만으로 생존해나갈 권리까지 있다고는 할 수 없다. 톰슨의 주장이 안고 있는 복잡성은 생명의 권리가 보장하는 것은 다만 일정 조건을 충족하는 경우에만 계속해서 살아갈 권리가 허용된다는 데 있다(달리 말하면, 내가 생명의 권리를 지닌다는 것은 곧 나의 주장을 무력화하는 다른 조건들이 존재하지 않는 한 생존할 권리가 있다는 뜻이다).

그리하여 일단 낙태를 둘러싼 논의의 세부 논점들을 제쳐놓으면, 톰슨의 주장은 우리가 앞서 살펴본 세계적 빈곤이란 주제에도 타당성을 띠는 수많은 논점들을 제기한다. 그녀의 논의에서 핵심이 되는 기본 주제는 다른 사람들을 위해 우리는 과연 얼마나 이바지해야 하는가이다. 이제 급진주의자들의 주장에 대한 반론을 내놓기 위해 톰슨이 제시한 사례를 이용할 수 있게 되었다. 그렇게 되면 두 번째와 세 번째 반론에도 공명할 것이다. 결과적으로 다음과 같은 주장을 할 수 있다. 비록 도움이 절실히 필요한 사람들이 있다 하더라도, 또한 우리가 그들을 구해줄 능력이 있다 하더라도(그렇다고 가정하자); 나아가 그들의 가치가 우리의 가치와 평등하고 생명, 자유, 행복 추구 등에 대한 권리가 우리의 권리와 평등하다 하더라도, 그리고 우리가 뛰어들어 돕지 않으면 그들이 죽을 수밖에 없다 하더라도 우리가 가진 모든 것을 털어 반드시 그들을 도와야 한다는 법은 없다. 우리에게는 도와주기를 거부할 권리가 있다. 톰슨의 사례에 나오는 환자에게도 이것은 들어맞는 말이다. 톰슨의 사례에서 보듯이, 막대한 희생을 무릅쓰면서까지 그 환자의 목숨을 지탱해줄 의무는 전혀 없다.

● 돕는 의무와 한계는 어디까지일까?

지금까지 우리는 다른 반응을 불러일으키는 두 가지 사례를 살펴보았다. 연못가 어른의 사례에서, 그는 도와주는 것을 외면했기에 모든 이에게 비난받았다. 그렇지만 나의 신장에 연결된 환자의 사례에서는 적어도 경우에 따라 도와주기를 거부할 권리가 나에게 있다고 생각하기에 충분하다. 그런데 이들 두 사례는 무엇이 다르기에 다른 반응을 불러오는 것일까? 거기에는 두 가지 뚜렷한 차이가 있다. 환자의 사례에서는 환자가 나에게 강제된 부담이지만, 연못에 빠진 어린이의 사례에서는 그 일이 있기 전까지 나에게 나쁜 일을 한 사람이 아무도 없었다. 환자의 사례에서, 그 모든 상황은 의사들이 나의 신체를 부당하게 침해하면서 시작되었다. 그건 환자의 잘못이 아니라고 가정해두자(강간으로 임신한 것이 태아의 잘못은 아니듯). 그러나 나와 환자의 연결이 고의적으로 일어난 일이라면, 나는 이 일에 대해 동의하거나 거부할 수 있다. 이 문제를 고려하는 데 타당성이 있는 또 하나의 차이는 도와주는 비용의 차이다. 연못의 사례에서는 도와주는 비용이 고작 옷을 적셔야 한다는 것과 바지를 갈아입어야 한다는 정도에 지나지 않는다. 하지만 환자의 사례에서는 상당기간에 걸쳐 신체의 자유를 포기해야만 한다. 따라서 이 일에 동의하거나 거부하는 건 나의 선택에 달린 일이다.

이제 두 가지 차이점을 더 자세히 들여다보면서, 그것만으로 두 사례에 대한 반응의 차이를 충분히 설명할 수 있는지 생각해보자. 고의적인 침해가 있었다는 사실은 도와주기를 거부할 권리가 과연 나에게 있는지 없는지를 검토하는 데 중요하다. 이런 사실이 정말 결정적인 타당성을 지니는지 알아보기 위해, 주어진 사례를 조금 수정해보자. 그 환자가 나에게 강제로 연결된 것이 아니라 사전에 의사가 찾아와서 저 환자를 위해 앞으로 아홉 달 동안 나의 신장을 쓰게 해달라고 요청했다고 하자. 이런 경우라면 고의적 침해는 전혀 없었다고 할 수 있다. 그렇더라도 상황에 따라 나는 여전히 나의 권리로 이를 거부할 수 있지 않을까? 예를 들면, 다음과 같은 몇 가지 시나리오를 가상할 수 있다.

◆ 나는 임신 중이고, 환자가 나의 신장에 연결되면 태아에게 어떤 영향을 미칠지 알 수 없다.

- ◆ 혹은 노부모를 모셔야 하는데, 환자와 연결되면 해야 할 일을 할 수 없다.
- ◆ 혹은 바로 얼마 전부터 어느 달동네 학교에서 수석교사로 일하게 됐으며, 열심히 봉사해야 한다는 사명감이 있다. 그 환자와 연결되면 이 일을 할 수 없다.
- ◆ 혹은 카리브 해로 한 달 정도 휴가를 떠날 참인데, 여러 해 동안 기다려온 여행이고 많은 돈을 지불했다. 그 환자와 연결되면 이 여행을 할 수 없다.
- ◆ 혹은 단순히 나의 일상을 침해받고 싶지 않다. 아홉 달이나 그 환자에 매달려 있으면 정상적인 생활을 할 수 없다.

내가 돕기를 거부하면 환자가 죽는데도, 그리고 환자와 연결하도록 나를 강압하지 않았어도 위 시나리오 중에는 돕기를 거부하는 데 이용할 만한 시나리오가 적어도 몇 개쯤 있지 않을까? 그렇다면 나의 도움이 없다면 환자가 죽는다 해도, 그리고 환자에게 생명의 권리가 있다 하더라도, 나는 그 요구에 동의해야 할 의무가 없다고 할 수 있다.

그래서 이번에는 두 가지 경우를 구별하는 결정적이면서 타당한 기준을 비용에서 찾아보려는 것이다. 연못에 첨벙거리며 들어가야 한다면 그 시간과 노력의 비용(옷을 갈아입는 비용도 포함해서)은 어린이의 목숨을 살리는 것과 바꿀 만하다. 하지만 아홉 달을 바쳐야 한다면 짐은 훨씬 무거워진다. 그리하여 마침내 이 모든 경우에 적용될 수 있는 일반적인 도덕원칙을 다음과 같이 세우기에 이른다.

◆ 심각한 상태에서 도움이 필요할 경우, 도움을 주는 데 들어가는 비용이 많이 들지 않는다면 도와줄 의무가 있다.

이 논의에 참여한 사람은 누구나 이에 동의하리라. 이것은 또 급진주의자들과 견해를 같이하는 결과가 된다. 말하자면 누구나 무엇으로건 도움을 주어야 하며, 그렇게 하지 않는다면 (인간의 생명이 지닌 가치에 비추어) 의무를 다하지 못하는 셈이다. 급진주의자들이 주장하듯이 돕기를 거부한다는 것은 죽이는 것과 크게 다르지 않다. 하지만 그렇다고 해서 반드시, 옥스팜에 기부하지 않으면서 사치품이나 유명 디자이너의 옷을 사는 건 나쁜 일이라는 급진주의자들의 결론을 따라갈 필요는 없다. 위의 새로운 원칙은 다만, 상대적으로 크게 부담을 느끼지 않을 정도의 비용을 들여 할 수 있는 일이라면 마땅히 해야 한다는 것을 의미할 뿐이다. 사실상 이 원칙은 세계의 가장 빈곤한 사람들을 도우려고 활동하는 이들이 대체로 받아들일 만한 견해다. 그들은 수입의 일부분을 기부한다. 물론 급진주의자들의 기준을 만족시키기에는 부족하지만, 위에서 새로 설정해 놓은 원칙을 만족시키기에는 충분한 것이다.

그런데 이 원칙마저 논란의 소용돌이에 빠질 수 있다. 도울 의무를 그렇듯 인색하게 제한하려는 건 무슨 까닭일까? 우리가 문제 삼는 두 가지 해악의 결과를 비교해볼 때, 아홉 달 동안 움직일 자유를 포기해서 한 생명을 살리는 게 낫다고 할 수 있기 때문이다. 순전히 객관적인 관점에서 이 문제를 다시 바라보며 가져올 결과들 가운데 어느 것이 더 해악인지 그것만 저울질하는 사람은 그 요청을 들어줘야 한다고 말할 것이다. 단순히 해악을 최소화하려고 한다면, 얼마의 기간이 걸리더라도 환자를 연결해 놓으라고 할 것이다. 이에 대하여, 비슷한 것만을 비교하여 결론을 내리는 것은 이 일을 너무나 단순화하는 것이라고 말할 것이다. 이와 달리 톰슨의 사례는 도움을 구하는 사람들의 이해보다는 도움을 주는 사람들의 이해를 우선할 권리가 우리에게 있다는 사실을 보여준다. 물론 자신의 이해를 앞세운다면 이기적으로 비칠 것이고 따라서 자신의 입장을 변호하기도 어려워질 것이다. 그렇지만 톰슨의 이론이 그토록 자기 중심적인 것은 아니다. 곤궁한 사람들을 도와야 할 이유는 얼마든지 있을뿐더러 돕는 것이 좋은 일임을 인정하더라도, 그녀는 다른 사람들을 돕도록 요청하거나 요청받는 범위에 한계가 있음을 강조한다. 다른 사람들이 우리에게 요청할 수 있는 범위는 자신의 의사로 결정된다는 것이다. 개인의 자유의사를 바탕으로 더 도우려 한다면 그건 그만큼 더 좋은 일이다. 하지만 그들에게 요청하는 도움은 한정적이어야 한다.

톰슨의 기준에 따른다고 할 때, 다른 사람들에게 요청하거나 제공하는 도움의 한계를 어떻게 정할까? 톰슨이 내놓은 것과 같은 이론은 대체로 개인에게는 살아가는 방법을 선택할 기본 권리가 있다는 데서 출발한다. 그러므로 남을 돕는 것 역시 순전히 개인의 결정에 맡겨야 한다는 것이다. 설령 다른 이들에게 도움을 요구하거나 도와주도록 예를 들자면, 돕지 않으면 비난하거나 벌을 주는 방법으로 강제할 수 있다 해도, 오직 제한된 범위 안에서 그렇게 해야 한다. 어떤 사람이 다른 사람의 요청 앞에 완전히 개방되면, 그는 자신의 삶을 제어할 권리를 잃은 것과 다름없다. 스스로 결정하고 길을 잡아 나아가는 능력을 잃은 채, 오직 곤경에 빠진 사람들을 도와야 할 일이 있는지, 그리고 자신이 도울 것을 가졌는지에만 매달려 살게 될 것이다. 그리하여 자신의 삶을 이끌어나갈 능력은 우연히 그 능력을 되찾지 않는 한, 더는 자신의 권리에 속하지 않을 것이다. 자신의 일을 스스로 결정할 수 있는 자신만의 보호된 영역이란 더는 존재하지 않을 것이며, 오직 남들의 요청에 따라 움직여야 할 것이다. 톰슨의 말처럼 곤경에 빠진 사람들을 돕기로 자발적으로 결정하는 것이 가장 바람직할뿐더러 또 그렇게 할 만한 이유를 얼마든지 찾을 수 있다. 그러므로 돕는 일의 가치를 부정하는 것으로 톰슨의 결론을 오해해서는 안 된다. 톰슨은 다만 도덕의 한계를 밝히려 했을 뿐이다. 톰슨의 설명에 따르면, 어떻게 행동할지 스스로 선택할 권리가 있다면, 이는 곧 곤경에 빠진 사람들을 돕는 데도 일정한 한계가 설정되어야 함을 뜻한다.

● 급진주의자들의 반응: 의무와 자선의 폐지

물론 이 주장은 여기서 끝나지 않는다. 다시 귀를 기울이면 급진주의자들은 다음과 같이 주장한다. 무엇보다도, 잘 알려졌듯이 스스로 어떻게 행동할지 선택하는 권리가 우리에게 있다 해도, 사정에 따라 그러한 권리 역시 제약받을 수 있다. 다시 말해서, 권리를 절대적으로 보는 건 바람직하지 않다. 굶어 죽어가는 사람들에게 시급히 필요한 것보다 자유로운 선택의 권리가 과연 더 중요한지를 생각해야 한다. 급진주의자들은 한 걸음 더 나아가 도대체 이 권리가 무엇인지 의문을 제기한다. 결국, 이 권리란 것은 잘사는 사람들이 곤경에 빠진 사람들을 돕지 않아도 된다고 주장하려고 만들어놓은 하나의 방편이 아닐까? 이런 가상의 권리란 고작 부유한 나라들이 제 가진 것을 움켜잡고 그것이 절실히 필요한 나라들과 공유하기를 거부하려고 고안해낸 산뜻한 도구가 아닐까?(이 대목에서 지적할 점은 권리와 자율을 내세우는 이론이 주로 산업화한 서방국가에서 나왔다는 사실이다)

두 번째 대응논리가 어디로 귀착하는지를 보면, 급진주의 견해와 톰슨의 견해는 도덕적 사고의 출발점이 다르다는 것을 알 수 있다. 톰슨의 견해는 인간이 자율의 권리를 지녔다는 가정에서 출발한다. 어떻게 행동할지를 자유롭게 선택할 수 있다는 것이다. 이미 살펴본 바와 같이, 이런 자유를 보전하고 유효하게 행사하려면 도와달라고 요청하거나 도와주라고 강제하는 범위를 한정해야 한다. 달리 말하면, 톰슨의 이론은 도움을 제공한 결과로 빚어질 심각한 해악을 방지해야 하며, 따라서 그러한 해악을 감당할 의무를 일정 범위로 제한해야 한다는 결론으로 나아간다. 이러한 책임을 부정적 책무라 하는데, 우리가 무엇을 행한 결과에서 오는 부담이 아니라 무엇을 행하지 않은 데서 뒤따르는 부담이다. 우리가 순전히 부정적인 책임만을 진다면, 어떻게 행동할지 스스로 선택할 여지는 완전히 사라져 버린 채 오직 도움을 구하는 이들에게 휘둘리며 살아야 할 것이다. 곤경에 빠진 사람들에게 무엇을 더 제공해야 할지만을 늘 생각해야 할 것이다. 이것은 끝없는 가시밭길이 될 것이다. 그리하여 톰슨의 견해는 우리가 어떤 특정 종류의 행동, 즉 살인, 절도, 강간 등을 하지 않도록 요구할 수 있고, 이를 어기려 할 때 그런 행위를 해서는 안 된다는 적극적인 책임을 지고 있음을 인정하는 반면, 다른 한편으로는 우리의 부정적 책임, 다시 말해서 도울 수 있는

데도 돕지 않았기에 져야 할 책임에도 한계를 설정해놓는다.

급진주의자라면 서구 사람들의 자기 배 쓰다듬기라고 할 톰슨의 결론에 실망한 나머지 톰슨의 출발점 자체가 잘못됐다고 지적할 것이고, 톰슨처럼 부정적 책임을 거부하는 대신에 (혹은 부정적 책임을 오직 제한된 형태로만 받아들이는 대신에) 부정적 책임이론을 받아들이려 할 것이다. 또 가장 곤경에 처한 사람들의 시급한 욕구가 충족될 때까지 도와야만 한다고 말할 것이다. 자신이 마땅히 져야 할 책임을 벗어나려고 자유로운 선택을 구실로 내세워서는 안 된다고 주장할 것이다. 한편 톰슨의 견해는 의무와 자선을 엄격히 구분해야 한다고 주장한다. 그중 하나는 우리가 의무나 권리에 따라 마땅히 도와야 하는 경우이고, 다른 하나는 '의무상의 요구를 뛰어넘어' 자발적으로 돕는 경우인데 이를 실행할 때에 칭찬을 듣거나 심지어 성스럽게 비칠 수 있다 하더라도 반드시 실행하도록 요구할 일은 아니란 것이다. 톰슨은 이러한 구별이 우리가 어떻게 행동할지, 스스로 결정하는 자유의 영역을 지키는 데 필요하다고 주장한다. 한편 급진주의자들은 이렇듯 권리와 자유의 영역을 내세우는 주장이 단순히 자기 이익만을 지키고 빈곤한 사람들의 요구를 제쳐놓기 위해 고안된 하나의 도구일 뿐이라고 지적한다. 급진주의자들은 이러한 구분을 폐지하라고 주장하면서 다른 사람들이 곤경에서 벗어나 우리처럼 살 수 있게 될 때까지 우리에게 지워진 의무를 다해야 한다고 역설한다. 피터 싱어도 자신의 논문 「기근, 풍요, 그리고 도덕 Famine, Affluence and Morality」에서 똑같은 주장을 제기했다. 싱어는 톰슨이 내세우는 바와 같은 우파적인 견해를 배격하는 동시에 선을 최대화하고 고통을 최소화해야 한다는 공리주의 견해를 지지하면서, 도덕의 참 원칙은 앞서 살펴본 원칙, 곧 비용이 적게 드는 한, 남을 도울 의무가 있다는 원칙이 아니라 훨씬 더 광범한 원칙, 곧 도움을 제공하는 데 따르는 희생이 도움을 제공한 결과로 실현될 선보다 중요하지 않다면, 도움을 제공해야 한다는 원칙이라고 주장한다.

이 장을 마치기에 앞서, 싱어가 제시한 원칙을 실천하기가 얼마나 벅찬 일인지를 알아보기 위해 하나의 사례를 살펴본다. 예컨대, 서방국가에 사는 어느 여성이 한 해 동안 아프리카의 빈곤지역에 들어가 봉사할 기회가 왔다고 하자. 특별한 기술을 지닌 의사였기에 그녀의 의료봉사는 수백의 생명을 구하는 데 크게 이바지할 것으로 기대되었다. 그녀가 이 기회를 포기한다면 그 나라는 예방할 수 있을 질병으로 훨씬 더 많은 사망자를 낼 것이었다. 그런데 현지에서 최선의 봉사를 하려면 자신의 아이를 남겨두고 떠나야 한다. 남편 없이 혼자 살기에, 아이를 한 해 동안 남의 손에 맡기는 수밖에 없다. 어찌해야 할까?

이제 싱어의 원칙을 적용해보자. 이 여성이 현지에 가면 얼마나 큰 선을 실현할 수 있을지를 생각해보자. 많은 생명을 구하게 될 뿐 아니라 무척 가치 있는 사업을 도울 수 있다. 이번에는 현지로 떠난 다음에 일어날 수 있는 해악을 생각해보자. 떠나기 전에 아무리 세심하게 배려해둔다고 해도, 아이는 엄마 없는 동안 무척 고생할 것이 뻔하다. 아이는 엄마의 극진한 보살핌과 사랑을 받을 수 없는 가운데, 자신이 갑자기 어려운 환경에 놓였음을 깨달을 것이다. 그렇지만 이러한 어려움에도 싱어의 이론을 따르는 사람들은 다음과 같이 말하지 않을까? (가) 아이들은 공공서비스나 사설 자선단체의 보살핌 아래 별다른 악영향을 받지 않고 자랄 수 있다. (나) 설령 어떤 악영향을 받는다 해도, 엄마가 아프리카에서 질병을 예방하지 않을 때 그곳의 어린이들이 받을 악영향에 비하면 실상 아무것도 아니다. 이 경우 싱어와 급진주의자들은 다 같이, 이 의사는 집에 머물기보다 봉사를 떠나야만 더 많은 선을 가져올 수 있다고 말하지 않을까? 이것이 사실이라면, 싱어의 원칙에 비추어 그리고 의무와 자선의 구별을 폐지해야 한다는 그의 주장에 비추어, 이 의사는 아프리카로 가야 한다는 도덕적 요청을 받는 것이다. 간다면 도덕적으로 적절하다 하겠고, 가기를 거부한다면 도덕적으로 비난이나 처벌을 받을 것이다. 싱어의 원칙은 바로 이런 식으로 현실에 적용된다. 여의사가 아프리카에 가기로 할지 알 수 없지만, 또 그렇게 한다면 좋은 일이라 하겠지만, 그렇더라도 여의사에게 그곳에 가도록 요구해서는 안 된다고 생각하는 사람이 있다고 하자. 이와 생각을 같이하는 사람들은 여의사에게 스스로 결정할 자유를 주어야 한다고 말할 것이다. 또는 빈곤한 사람들에 대한 일반적인 의무를 내세워 여의사의 가족에 대한 의무를 무조건 짓눌러서는 안 된다고 생각할 것이다. 이들이 볼 때 이 사례는 도움이 필요한 사람들이 어딘가에 있는 한, 그리고 도움을 제공할 수 있는 능력이 남아 있는 한, 아무런 제한조차 설정돼 있지 않은 부정적 책임이 우리 삶의 모든 것을 어떻게 삼켜버리는지 잘 보여주는 예라고 생각할 것이다. 그 어떤 희생도 그것이 실제로 우리의 도움에 힘입어 얻어질 선을 넘어설 만큼 크지 않은 한, 결코 큰 것으로 여기지 않을 것이다. 한편 공리주의에 공감하는 사람들은 부유한 사람들의 부담으로 빈곤한 사람들의 수요를 충족하는 일에 기꺼이 동의할 것이다. 이들은 빈곤층이 날마다 질병, 굶주림, 죽음에 시달리는 가운데 부유층이 자신들의 자유, 사치품, 가족생활의 즐거움에만 집착하는 것을 허용할 이유가 전혀 없다고 주장할 것이다.

● 결론

3장에서는 곤경에 빠진 사람들을 돕기 위해 우리가 무엇을 해야 하는지에 관한 문제를 살펴보았다. 대조를 이루는 두 가지 입장을 살펴보았는데, 그중 하나는 피터 싱어 같은 사람들이 세계적 빈곤의 문제에 관해 제시한 것이고, 또 하나는 낙태문제에 관하여 주디스 자비스 톰슨이 제시한 것이다. 두 가지 주장이 내세우는 주제는 표면상 아주 달라 보이지만, 실상은 같은 문제를 다룬다. 싱어는 다른 이들을 도와야 할 우리의 의무는 포괄적이며 해악을 예방하는 데 실패한다면 (우리의 능력으로 그러한 해악을 예방할 수 있다면) 우리는 전면적인 부정적 책임을 져야 한다고 주장한다. 한편 톰슨의 견해에 따르면, 우리가 타고난 자유와 자율의 권리를 유효하게 보전하려면 부정적 책임에 한계가 있어야 한다. 여태껏 살펴보지 않은 흥미로운 한 가지 사실은 이들 두 주장이 각각의 문제 영역에서는 모두 급진주의적인 것으로 비친다는 점이다. 낙태에 관한 톰슨의 주장은 급진주의적 여권신장론의 의제를 내놓았고, 싱어는 급진주의적 인본주의의 의제를 내놓았다. 그렇지만 원칙의 실제적 적용에서 두 입장이 대립적이다. 낙태와 세계적 빈곤의 문제를 놓고 급진주의 주장을 제기하거나 지지하려고 두 사람의 입장을 한꺼번에 채택할 수는 없다.

이 책의 나머지 부분에서는 잘 다듬어진 몇 가지 도덕이론의 사례를 살펴보려고 한다. 지금까지는 기본 의문을 제기한 다음 그에 관하여 개략적인 토의를 진행해왔는데, 후반부에서는 도덕철학의 주요 이론들이 어떻게 발전해왔는지를 자세히 살펴보려고 한다. 독자들은 아마 각각의 이론에 관한 설명을 읽고 난 뒤에도 확실하게 이해하기 어렵다고 느낄 것이다. 그렇지만 이 책의 목적은 본래 몇 가지 주요 문제들을 둘러싸고 나타난 여러 이론이 어떤 답을 제시하고 있으며 각각의 의미는 무엇인지를 살펴보는 것이다. 설령 도덕적 이론화의 출발점으로 제시된 다양한 이론들 가운데 그 어느 것 하나 흡족하지 않다는 느낌이 들더라도, 이 책의 후반부를 다 읽고 나면 좋은 이론은 어떤 것이며 그 이론이 왜 중요한지를 더 잘 이해하게 될 것이다.

● 토의사항

1. 이 책을 다 읽고 난 뒤, 세계적 빈곤과 굶주림의 문제를 완화하는 데 도움이 되기 위해 개인적으로 할 수 있는 일 세 가지를 생각해 보라. 그중 어느 한 가지라도 실행한다면 물론 좋은 일일 것이다. 하지만 나는 그걸 반드시 실행해야 할까? 실행하지 않으면 나쁜 일일까? 제삼세계 사람들은 우리가 자신들을 도우려고 어떤 일을 하리라고 기대할 권리가 있을까?

2. 피터 싱어는 '어떤 나쁜 일을 예방할 능력이 있다면, 그리고 나쁜 일을 예방하기 위해 도움을 주었을 때 도덕적으로 중요하면서 상

당한 비중을 지닌 어떤 가치를 잃는 일이 없다면, 도덕적으로 그것을 해야 마땅하다'고 주장한다. 이 원칙을 따르기로 한다면, 예컨대, 부모가 자녀에게 성탄 선물을 사줘서는 안 되는 것일까?

3. 앞의 사례에서 바이올린 연주자를 도울 의무가 전혀 없다는 톰슨의 주장에 동의하는가? 그를 돕는 시간이 아홉 달이나 아홉 해가 아니고 단 9분에 지나지 않는다면 얘기는 달라질까? 하나의 행위를 도덕적으로 실행해야 옳은지의 여부는 그 행위가 얼마나 부담스런 것인지에 따라 정해질까?

4. 부정적 책임을 내세우는 주장을 어떻게 해야 할까? 우리가 우리의 적극적 행위로 빚어지는 결과에 대해 책임을 져야 하듯이, 어떤 결과가 일어나지 않게 하는 데 도움이 될 행위를 하지 않았을 때 일어날 결과에 대해서까지 똑같이 책임져야 할까? 아니면 우리의 부정적 책임에 한계가 있을까? 다음 한 쌍의 사례를 생각해 보라.

(가) 스미스는 여섯 살배기 사촌에게 어떤 일이 일어나면 막대한 유산을 물려받게 된다. 어느 날 저녁 그 아이가 목욕할 때, 스미스가 몰래 숨어들어와 아이를 물에 잠기게 하여 죽인 뒤 우연한 사고처럼 보이도록 꾸몄다.

(나) 존도 여섯 살배기 사촌에게 어떤 일이 일어나면 얻을 것이 있다. 스미스처럼 존 역시 아이를 물에 잠기게 하여 죽일 계획으로 욕실

에 몰래 숨어든다. 그렇지만 존이 욕실에 들어섰을 때 아이가 미끄러져 넘어지고 머리를 다치면서 얼굴이 물에 빠진다. 존은 좋아라 하며 옆에 서서 필요하다면 아이의 머리를 다시 물에 담그려고 지켜보는데 그럴 필요조차 없어진다. 아이가 두어 번 첨벙거리더니 '우연하게도' 숨이 막혀 죽어버린 것이다. 존은 바라보고만 있었을 뿐 아무 짓도 하지 않았다.[5]

자, 위의 두 사례에 대한 반응을 비교해보라. 그리고 다음의 두 경우와도 비교하라.

(다) 모든 환자를 고루 돌보기에는 병원의 자원이 부족할 때가 있다. 대량 투약으로 연명하게 할 환자가 있어서 투약하려는데, 때마침 같은 약을 조금씩만 써도 살릴 수 있는 다섯 환자가 새로 들어온다. 앞선 환자 한 사람에게 그 약을 다 쓰고 나면, 새로 들어온 다섯 환자는 죽고 말 것이다. 그렇다고 다섯 환자에게 약을 나눠주고 나면 앞선 환자를 살릴 길이 없다. 어찌할까?

(라) 모든 환자를 고루 돌보기에는 병원의 자원이 부족할 때가 있다. 이번에는 이식할 장기가 부족하다는 데 문제가 있다. 장기이식으로 온전히 살아날 수 있는 환자 다섯이 있다. 장기를 구하지 못하면 모두 죽을 것이 뻔하다. 때마침 증세가 심각하지 않은 건강한 환자가 들어온다. 이 한 사람을 죽이면 환자 다섯을 살릴 수 있을 것이다. 어찌할까?[6]

이들 두 쌍의 사례는 둘 다 죽이느냐 아니면 죽게 내버려 두느냐를 선택해야 하는 것들이다. 두 쌍의 사례에 대해 많은 사람들이 다른 반응을 나타낼 것이다. 첫 번째 한 쌍의 사례에서는 스미스의 죽이는 행위와 존의 죽게 내버려두는 행위에 별 차이가 없다고 할 것이다. 그러나 두 번째 한 쌍의 사례에서는 건강한 환자를 적극 죽이는 것은 분명 나쁜 일인 반면, 다수의 환자들을 살리려고 한 사람의 환자를 죽게 내버려 두는 건, 참으로 하기 어려운 결정이긴 해도 필요한 일이라고 생각할 수 있다. 이들 두 쌍의 사례에 대한 다양한 반응에 동의하는가?

■ 주

1) T. Pogge, "Eradication Systemic Poverty: Brief for a Global Resources Dividend," in H. LaFollette (ed.), *Ethics in Practice* (Oxford: Blackwell, 2007)를 참조.
2) 이 문단은 Peter Singer의 견해를 나타낸 것임.
Peter Singer, "Famine, Affluence and Morality," in H. LaFollette (ed.), *Ethics in Practice*, 3rd edn (Oxford: Blackwell, 2007)를 참조.
3) 이 논의를 더 살펴보려면, O. O'Neill, "Ending World Hunger," in T. R. Regan (ed.), *Matters of Life and Death* (London: McGraw-Hill, 1993)를 참조.
4) J. J. Thompson, "A Defence of Abortion," in P. Singer (ed.), *Applied Ethics* (Oxford: Oxford University Press, 1986) 38~39쪽.
5) 여기 나오는 처음 한 쌍의 사례는 James Rachels의 다음 논문에서 끌어 옴. "Active and Passive Euthanasia," in P. Singer (ed.), *Applied Ethics* (Oxford: Oxford University Press, 1986).
6) 여기에 나오는 두 번째 한 쌍의 사례는 Philippa Foot의 다음 논문에서 끌어 옴. "The

Problem of Abortion and the Doctrine of Double Effect," in her *Virtues and Vices* (Oxford: Blackwell, 1979).

■ 더 읽을 책

먼 나라의 궁핍한 사람들에 대한 우리의 의무를 현대의 학술적 주제로 처음 제기한 고전적 논문으로 Peter Singer, "Famine, Affluence and Morality," in H. LaFollette (ed.), *Ethics in Practice* (Oxford: Blackwell, 2007)를 참조. 이와 비슷한 견해를 강력히 제기한 논문으로 Louis Pascal, "Judgement Day," in P. Singer (ed.), *Applied Ethics* (Oxford: Oxford University Press, 1986)를 참조.

태아가 인간을 향해 도덕적 대화를 한다고 해도 낙태가 허용될 수 있다는 주디스 자비스 톰슨의 주장에 관해서는 톰슨의 논문 "A Defence of Abortion," in P. Singer (ed.), *Applied Ethics* (Oxford: Oxford University Press, 1986)를 참조. 톰슨의 견해에 관한 토론으로 M. Tooley, "Abortion and Infanticide," in P. Singer (ed.), *Applied Ethics* (Oxford: Oxford University Press, 1986)를 참조.

정치이론과 도덕철학은 물론 경제학에 정통한 저술가가 세계적 빈곤에 대처하려고 내놓은 현실적 제안으로 Thomas Pogge, "Eradication Systemic Poverty: Brief for a Global Resources Dividend," in H. LaFollette (ed.), *Ethics in Practice*, 3rd edn (Oxford: Blackwell, 2007)를 참조.

세계적인 빈곤문제와 그에 대한 우리의 의무를 둘러싼 논의에 관하여 최근에 이루어진 기여로는 다음 책에 실린 여러 논문을 참조. T. Pogge (ed.), *Freedom from Poverty as a Human Right: Who Owes What to the Very Poor?* (Oxford: Oxford University Press, 2007).

부정적 의무이론을 둘러싼 더 상세한 논의에 관하여는 J. J. C. Smart and Bernard Williams, *Utilitarianism: For and Against* (Cambridge: Cambridge University Press, 1973)를 참조. 이 논의에 관한 더욱 중요한 두 가지 기여로 James Rachels, "Active and Passive Euthanasia," in P. Singer (ed.), *Applied Ethics* (Oxford: Oxford University Press, 1986)와 Philippa Foot, "The Problem of Abortion and the Doctrine of Double Effect," in her *Virtues and Vices* (Oxford: Blackwell, 1979)를 참조.

제2부

도덕이론의
세 가지 출발점

Three Starting
Points in Moral Theory

4장

공리주의

이 장에서는 공리주의utilitarianism를 다루려고 한다. 공리주의의 개념과 그에 대한 몇 가지 비평을 검토한 다음 공리주의가 이런 비평들을 수용하면서 어떻게 발전해가는지를 살펴볼 것이다. 특히, 도덕의 문제를 놓고 떠오르는 자연스러운 생각들이 어떻게 공리주의 사상으로 발전해가는지, 그리고 비평을 넘어서기 위해 이 이론을 가다듬고 발전시키는 노력이 얼마나 가치 있는가에 중점을 두고자 한다. 이렇듯 특이한 이론적 접근은 비단 '상아탑' 안에서만 이루어질 일이 아니라 우리 삶에서 도덕의 역할이 무엇인지를 충분히 이해하기 위해서도 가치 있는 일이다.

● 공리주의란 무엇인가

공리주의가 무엇인지를 직접적으로 설명한 이론가들 가운데 한 사람인 J. J. C. 스마트[13]에 따르면, 공리주의자가 "행위 B가 아닌 행위 A를 실행하는 단 하나의 이유는 행위 A를 실행하는 것이 행위 B를 실행하는 것보다 인류(혹은 모든 지각 있는 존재)를 더 행복하게 만들기 때문이다."[1] 이 말을 여러 각도에서 검토해보자. 먼저 공리주의가 행복이라는 결과에 집착하고 있음을 볼 수 있다. 좀 더 기술적인 용어로 표현한다면 공리주의는 결과주의 이론이라고 할 수 있다. 결과주의 이론가들은 어떤 행위는 도덕적 가치를 내포한다(요구되거나 금지되거나 하는 식으로)는 의무론자들의 주장을 부정한다.

여기서 무엇이 문제인가를 뚜렷이 하기 위해, 하나의 행위를 금지한다는 것이 무슨 의미인지를 생각해보자. 어떤 신이 몇몇 행위를 금지했다고 하면, 그게 무슨 말인지 알아듣기 어렵지 않다. 그러나 우리는 신이 없는 가운데 예컨대, 자연주의(기본적으로 이 세상의 모든 존재는 자연과학으로 설명할 수 있다는 사상) 관점에서 도덕이 무엇인지를 이해하려고 한다. 그렇지 않다면 신이 금했기에 그런 행위들은 본래부터 나쁜 것이고 따라서 금지되어야 마땅하다(다시 말하자면, 신이 그것들을 금지한 것은 그것들이 본래부터 나쁘기 때문이다)는 정도의 불완전한 추론을 앞에 놓고 우리는 불만을 품을 것이다.[2] 그렇다면 '금지'한다는 것이 무슨 뜻

---

13 John Jamieson Carswell Smart(1920~2012): 오스트레일리아 철학자.

인지를 설명할 수 있는 그 밖의 다른 길을 찾아야 한다. 공리주의자들은 어떤 행위가 본질적으로 요청된다거나 금지된다는 식의 '으스스한' 표현을 혐오한다. 이런 표현은 하나의 금기를 세우려는 것으로 비친다. 물론 사회마다 나름의 금기들이 있고, 이러저러한 행위를 금지하는 까닭에 관한 갖가지 이야기들을 만들어낸다. 그러나 공리주의자들은 금기란 따지고 보면 문화적 기준을 나타내는 것에 지나지 않는다고 주장한다. 금기 그 자체에는 아무런 타당성이 없다. 그렇다고 공리주의자들이 모든 도덕을 관습적이거나 금기와 같다고 생각하는 건 아니다. 설령 사회의 모든 금기에 대하여 우리가 의문을 품을지라도, 거기에는 적어도 행복과 불행을 포함하는 어느 정도의 실상이 깃들어 있기 마련이다. "해서는 안 되느니라"라는 말씀은 들리지 않지만 현실의 고통은 아프기만 하다. 그래서 결과주의가 등장하는 것이다. 설령 금지되거나 요구되는 행위들에 관한 모든 주장을 우리가 '훑어보았다'고 하더라도, 부인할 수 없는 한 가지 사실은 어떤 현실은 다른 현실에 비해 더 고통스럽고 복지는 더 적어서 낫거나 못하다고 말할 수 있다는 사실이다. 결과주의자들은 현실에 관한 주장은 이해할 수 있지만, 행위의 내재적 가치에 관한 주장은 모호하기 때문에 현실만이 가치가 있다고 주장한다. 따라서 결과주의자들의 주장에 따르면, 어떤 행위가 옳거나 그르다는 식의 가치를 띠고 있다면, 그것은 오직 그 행위에서 빚어지는 선악의 현실로 나타나므로 그 행위가 파생적으로만 옳거나 그르다고 말할 수 있을 뿐이다.

결과주의 이론은 어떤 현실이 가치 있는 현실인지를 명시하지 않는 한 완전할 수가 없다. 공리주의에 따르면, 가치 있는 것이란 오로지 지각이 있는 존재의 행복이나 복지일 뿐이다. 결과주의 이론이 반드시 공리주의에 속하는 건 아니다. 공리주의가 아닌 형태의 결과주의 이론 또한 있을 수 있다. 예를 들자면, 자유나 종의 다양성이나 창조성 같은 것이(그리고 이들이 자체의 가치를 지니지 않을 때에는 그것들이 초래하는 행복이) 현실을 가치 있게 한다는 주장도 있다. 그렇지만 공리주의의 한 가지 뚜렷한 장점은 자연주의와 곧바로 조화될 수 있다는 점에 있다. 신비스럽다거나 본질적으로 가치가 있다는 그 어떤 것에 기대지 않고서도 행복은 좋은 것이고 고통은 나쁜 것임을 곧바로 이해할 수 있다는 것이다. 모든 감각 있는 존재는 그것이 기본적으로 지니는 심리적 구성으로 하여 괴로움 앞에서 움츠리고 즐거움에 이끌린다.

    스마트의 정의에서 또한 공리주의가 주로 인간 전체(아니면 감각 있는 존재 전반)의 이익에 관심을 둔다는 사실을 알 수 있다. 공리주의의 가장 중요하고 매력적인 측면은 그것이 평등과 공정함을 지지한다는 점이다. 공리주의자는 현실을 선한 것으로 만드는 것은 행복 이상의 어떤 것도 아니라는 전제 아래 오로지 현실의 선을 추구하면서, 한 사람의 행복은 다른 사람의 행복과 마찬가지로 가치가 있다는 결론을 내린다. 이러한 사고는 현대 사회에 보편화되었다. 태생, 인종, 성별, 사회계층 따위를 기준으로 어떤 사람의 이익을 다른 사람의 이익에 앞세우던 편견을 씻어내는 데 공리주의 사상이 얼마나 중요했는지에 주목할 필요가 있다. 공리주의는 그 출발단계부터 "한 사람은 하나로 셈해야 하며 어느 누구도 하나보다 더 많게 셈해서는 안 된다"고 부르짖던 급진적인 이론이었다. 한 사람의 행복은 다른 사람의 행복만큼 가치가 있다는 것이다.

마지막으로, 공리주의는 도덕철학에서 답을 찾아내는 분명한 방법을 마련해준다. 예컨대, 저녁 시간을 친구와 함께 지내기로 약속했는데 곧이어 다른 친구에게서 내일 제출할 숙제를 도와달라는 전화를 받았다고 하자. 내가 아니고는 아무도 도움을 받을 만한 사람을 찾을 수 없다는 것이다. 어떻게 할까? 먼저 한 약속의 중요성과 친구를 돕는 일의 중요성을 비교하는 방법을 찾아야 한다. 그걸 어떻게 할까? 문제가 쉽지 않아 보인다. 두 대안이 지닌 중요성을 어떻게 측정하고 비교할까? 무엇이 이 문제에 대한 좋은 답일까? 공리주의자라면, 이 문제에 대한 고민을 끝내게 해줄 명쾌한 방법을 제시할 것이다. 어떤 상황에서건 공리주의자가 올바른 행위를 찾아내는 방법은 한 가지다. 선택할 수 있는 모든 행위의 대안들을 늘어놓고 각각의 대안이 초래할 비용과 효과를 셈하라. 각각의 대안마다 비용과 효과를 비교하여 득실을 셈하라. 비용과 비교해서 효과가 가장 큰 대안이 최적의 대안이 된다. 이처럼 공리주의는 무엇을 할지 가장 효과적으로 찾아낼 방법을 마련해주는데 비용과 효과를 셈하여 비교하는 순전히 경험적인 작업이다. 물론 실제에서는 계산이 생각보다 복잡할 것이고, 각각의 대안마다 얻을 것과 잃을 것이 무엇인지를 알아내는 데 불확실한 요인들이 적지 않을 것이다. 그러나 우리는 이제 문제에 대한 답이 어떤 것이어야 하는지 분명하게 알게 되었다. 그 답은 언제나 "어떤 대안이 가장 큰 행복을 가져오느냐?"에 대한 답이 될 것이다. 이런 접근법은 행복을 측정할 수 있는 것으로 가정했듯이, 모든 도덕적 문제마다 계측할 수 있는 답을 찾을 수 있음을 전제한다.

실제로 공리주의는 얼마나 잘 적용될 수 있을까? 앞으로 이 문제는 더 살펴볼 것이다. 하지만 안락사, 세계적 빈곤, 동물 복지 같은 문제들을 고려하다 보면, 공리주의에 기대지 않을 수 없는 주제를 만난다. 이미 살펴본 바와 같이, 공리주의는 고통과 복지에 초점을 맞추는 도덕이론이다. 급진적 공리주의자의 견해에서 볼 때, 관습적 도덕은 너무나 많은 관습상의 규칙들로 채워져서 우리의 능력을 제대로 발휘하여 세상을 이롭게 이끌어가기가 어렵다. 예를 들자면, 관습적 도덕이 지배하는 곳에서는 인간의 생명을 신성한 것으로 보아야 한다는 일종의 규칙이나 원칙 같은 것에 얽매이는데, 바로 이것이 전체 인간 세계의 이익을 최대화하려는 노력에 걸림돌이 된다. 비록 어떤 인간이 심한 장애를 안고 있어서 먹을거리나 실험용으로 쓰이는 동물보다 지능이 낮다 하더라도, 인간은 인간의 생명에 깃든 가치와 동물의 생명이 가져올 가치에 대하여 나름의 관념을 지닌다. 우리는 요구되는 행위와 요구되는 것은 아니지만 행한다면 다만 '거룩할' 뿐인 행위를 구별한다. 그래서 운 좋게 물려받은 것들을 불행하게 살아가는 사람들과 나눠야 할 책임을 못 본 체 넘겨버리기도 한다. 공리주의자들이 볼 때, 여기서 합리적인 해법은 관습적 도덕 아래 만연되어 온 '규칙 숭배'라는 관행을 집어던지고 더 좋은 세상을 만들기 위해 실제 문제로 곧장 달려드는 길밖에 없다.

그러나 다시 한 번 반대의 (말하자면, 결과주의론이 아닌 의무론의) 관점에서 보면, 공리주의자의 급진적 접근은 비도덕적인 것으로 보일 수 있다. 공리주의적 접근의 특징은 미리 제외해버리는 행위가 전혀 없다는 점이다. 다시 말해서, 무엇을 할지 결정하려 할 때 우리의 행위가 초래할 결과를 예측해보면서 되도록 최선의 결과를 초래할 대안을 선택한다. 이런 관점에서 보면, 어떤 특정 범주의 행위를 제외해서 선택 범위를 한정해두는 것은, 우리는 결코 거짓말을 하거나 훔치거나 죄 없는 사람을 죽이거나 고문하지 않을 거라고 말하는 것처럼 미친 짓에 지나지 않는다. 이것들 가운데 어떤 행위라도, 어떤 특정 상황에서 최선의 결과를 가져오기 위해 필요할지도 모를 일이다. 우리가 그런 행위를 하지 않기로 약속한다면, 필요한 경우 필요한 행위를 효과적으로 할 수 없도록 자신의 손발을 묶어두는 꼴이 될 뿐이다. 공리주의자라면 결코 이런 약속을 할 리가 없다. 도덕의 핵심은 더 좋은 세상을 만드는 것이기 때문이다. 그렇지만 의무론적인 사고에 젖어 있는 사람은 특정 행위를 특정 이유로(예컨대, 도덕적으로 허용될 수 없다 하여) 미리 배제하기 일쑤다. 이들에게는 공리주의적 접근이란 것(중요한 목적을 달성하기 위해서라면 어떤 수단이라도 쓸 수 있다는 사고방식)이 자못 급진적일 뿐만 아니라 무원칙한 것으로 비칠 것이다.

이제 도덕이론의 하나인 공리주의의 이점을 정리해보자. 무엇보다 공리주의는 도덕이 무엇인지를 분명하고 확실하게 설명한다. 공리주의에서 보는 도덕은 현실을 고통과 고난에서 행복과 자유로 이끄는 것이다. 공리주의는 우리가 무엇을 어떻게 할 것인지를 분명하고 확실하게 설명한다. 그것은 곧 비용과 효과를 셈하여 비교하는 일이다. 공리주의는 우리가 할 수 있는 행위에 도덕적 제한을 설정하지 않으며 선을 최대화하려고 한다. 또한, 공리주의는 평등과 공정함에 뿌리를 박고 있다. 이 모든 것을 집약하여 이루어진 공리주의는 본질적으로 급진적이고 비평적인 이론이어서 우리의 도덕적 사고와 행위 및 사회제도에 배어 있던 관습을 털어내도록 요구한다. 이제 두 가지 예를 들어보자.

● 공리주의의 실행: 처벌과 약속

첫 번째 예로, 처벌에 관한 제도를 살펴보자. 미셸 푸코는 『감시와 처벌Discipline and Punish』의 첫머리에서 처벌의 극적인 사례를 보여준다.[3] 국왕을 시해하려던 다미앵이 수레에 실린 채 파리 거리를 지나 형장으로 끌려간다. 그의 몸은 천천히 해체되고, 끓는 납이 상처에 부어지고, 나중에는 말에 매어 능지처참을 당한다. 이 끔찍스런 광경을 군중이 지켜본다. 이것은 약 250년 전보다 조금 앞서 일어난 일이다. 푸코가 이 사례를 든 것은 형벌에 대한 인간의 사고가 비교적 짧은 기간에 얼마나 극적으로 바뀌었는지를 보여주기 위해서였다. 공리주의자들은 인간의 인식이 빠르게 바뀌어가는 것을 설명하려고 이 사례를 끌어다 쓰려 할 것이다. 앞서 살펴보았듯이, 공리주의의 관점에서는 개인의 이익이 중요하고 범법자의 이익을 포함하여 모든 사람의 이익은 평등하다. 이와 달리 다미앵을 벌주던 사람들은 그 죄인을 아무것도 아닌 것으로, 아니 아무것도 아닌 것보다 더 수준이 낮은 것으로 다루었다. 야만으로 간주했던 행위는 그에 상당하는 처벌을 받았고, 군중은 그 광경을 즐거워했다.

　다미앵을 다룬 방식은 죄인이 도덕적 지위를 잃을 때 어찌되는지를 잘 보여준다. 보통 사람들에게는 차마 할 수 없는 짓을 죄인들에게는 해도 되는 것이다. 바로 여기서 응보주의retributivism의 원칙으로 처벌을 시행한다는 발상이 나온다. 물론 현대의 응보주의자들도 다미앵을 처벌한 방식이 야만적이었음을 인정할 것이다. 하지만 잘못을 저지른 사람에게 고통을 주는 건 죄 없는 사람을 괴롭히는 것과 달리 나쁘지 않다고 보는 점에서 응보주의자들은 다미앵을 처벌했던 사람들과 생각을 함께할 것이다. 잘못을 저지른 사람은 벌을 받아 마땅하므로 잘못을 저지른 사람의 도덕적 지위를 끌어내려야 한다는 것이다. 하지만 공리주의자들은 이런 응보주의의 견해에 반대한다. 잘못을 저지른 사람이라도 그 도덕적 지위란 것을 의문이 풀리지 않은 채로 잃어야 하는 건 아니다. 한 여인의 행복은 그 누구의 행복과 똑같이 중요히다. 그러므로 처벌 자체를 마땅하다거나 옳다고 할 수 없다. 다른 모든 것과 마찬가지로, 처벌은 오직 행복을 가져오는 결과가 있어야만 옳은 것이 될 것이다. 공리주의 관점에서 볼 때, 처벌은 표면상으로도 많은 문제점들을 안고 있다. 처벌은 잘못을 저지른 대가로 잘못을 저지른 사람에게 고의로 괴로움을 주는 행위다. 공리주의자들이 볼 때, 이렇듯 괴로움을 주는 행위는 처벌을 받는 괴로움이 더 큰 다른 괴로움을 덜어줄 때에만 정당화할 수 있다. 예컨대, 처벌은 또 다른 죄악을 억제하거나 예방할 수 있을 때에만 정당하다. 다른 한편, 더 적은 비용으로 죄악을 예방할 수 있는 효과적인 대안이 있다면 그 처벌은 정당화하기 어려울 것이다. 공리주의자들은 끔찍한 불행을 연출하지 않고서도 범죄를 예방하는 방안을 찾아보라고 권할 것이다.

여기서 공리주의가 사회제도를 평가하는 중요한 기준을 마련할 수 있음을 알게 된다. 그 중요한 기준은 객관적이면서 계측할 수 있는 것, 말하자면, 행복이나 불행과 같은 결과에 바탕을 둔 것이다. 하지만 이러한 급진적 접근방식에 문제가 있는 것 또한 사실이다. 공리주의는 어떤 것이건 선이 실현되는 결과를 가져올 때에만 처벌할 수 있다고 주장하는 점에서 적극적인 작용력이 있는 것처럼 보이기도 한다. 쓸데없이 처벌을 위한 처벌을 해서는 안 될 일이다. 하지만 범죄자를 처벌하는 구실은 예컨대, 처벌하면 큰 억제 효과를 거둘 수 있다면서 때에 따라 죄 없는 사람을 처벌할 구실로 둔갑할 수가 있다. 모든 사람이 어느 사람에게 죄가 있다고 여기는 가운데 (그리고 당사자와 나만이 그에게 죄가 없음을 알고 있는 가운데), 죄를 덮어씌우려고 그에게 죄가 없다는 증거를 손쉽게 없애버릴 수 있다고 가정하자. 게다가 실제로 그 죄를 지은 사람이 죽어버려서 더는 아무런 위협이 될 수 없다고 가정하자. 내가 공리주의를 따르는 수사반장이라면, 내 앞에는 두 가지 대안이 있을 것이다. 하나는 아무도 처벌하지 않기로 하는 것이다. 이렇게 되면, 아무런 억제 효과도 거둘 수 없을 것이다. 또 하나는 죄 없는 사람을 처벌하는 것이다. 아무런 선도 이루어질 수 없을 바에는 처벌할 필요가 없겠지만, 충분히 중요하고 좋은 효과가 있을 것이 확실하다면 처벌해야 한다는 것을 잘 알고 있다. 엉뚱한 사람을 죄인으로 몰아 죽이더라도 그의 죄 없음을 밝힐 수 있는 사람은 이제 아무도 없다. 죄 없는 사람을 처형한대서 어떤 나쁜 결과가 나타나랴? 일이 이쯤에 이르면, 공리주의자는 죄 없는 쪽을 죽이는 것이 오히려 잘하는 일이라고 생각할지 모른다.

바로 이것이 공리주의가 비도덕적인 결과를 가져올 수 있음을 설명하는 하나의 사례가 된다. 이런 비평을 받을 때 공리주의자는 속으로 꾹 참으면서, 설명하기 힘든 의무론을 고집하는 사람들이야 저 죄 없는 사람을 죽이는 것을 절대로 나쁜 일로 볼 것이라고 혼자서 중얼거릴지 모른다. 그 어느 행위와 마찬가지로, 죄 없는 사람을 벌주는 것은 물론 미안한 일이긴 하지만, 경우에 따라 필요하다고 혼자서 중얼거릴지 모른다. 그런 경우는 흔치 않은 몹시 드문 일이라고 중얼거릴 것이다(그리고 대체로, 저 사람의 죄 없음이 세상에 드러나는 일이 거의 없을 것으로 생각할 것이다). 하지만 이런 사고방식을 딱하게 여기는 사람들도 많다. 죄 없는 사람을 희생해서 전반의 복지를 끌어올리는 일은 절대로 받아들일 수 없다고, 많은 사람들이 외칠 것이다. 그뿐 아니라, 이 점은 나중에 다시 검토하겠지만, 경찰의 결정이 공리주의 사고를 바탕으로 이루어진다는 사실이 알려지면, 그래서 죄인으로 낙인찍힌 사람들 가운데 꽤 많은 수가 실상 죄 없는 사람임이 알려지면, 형법체계에 대한 신뢰는 순식간에 무너지지 않을까?

두 번째로 약속에 관한 사례를 생각해보자. 약속에 무엇이 뒤따를까? 무엇을 하겠노라고 누군가에게 약속한다면, 내가 그 일을 할 작정이라는 예측도 아니고, 그것을 하려 한다는 의도도 아니다. 무엇을 하겠다는 일을 약속하거나 자신을 묶어 놓는 일이다. 나의 약속을 받은 사람이 나를 놓아줄 때까지, 나는 약속한 것에서 벗어날 자유가 없다. 약속에 관한 관행에는 우리가 단순히 하나의 짧은 말("내가 약속하지," "내가 말했잖아")을 하는 순간 그 말에 따를 의무를 져야 한다는 생각이 깃들어 있다. 그런데 급진적인 공리주의자는 여기서 눈을 치뜬다. 내가 화요일에 무슨 일을 하겠다는 이 정도의 약속 하나로 내가 어떻게 묶일 수 있어? 공리주의자에게는 이 일이 고작 하나의 괴이한 의식쯤으로 비칠 것이다(그리고 모든 의식이 그렇듯이, 이 의식이 현실적으로 이루어내는 건 전혀 없다고 생각할 것이다). 그래서 공리주의자는 "화요일 저녁에 만나자"는 약속을 두고 코웃음을 칠 터이다. 이 공리주의자는 늘 해오던 대로 모든 행위의 대안과 각 대안에 따르는 비용과 효과를 늘어놓은 다음, 그 약속을 지키는 효용과 그것을 깨는 효용을 저울질할 것이다. 약속은 그것이 지켜지리라는 기대를 낳는다. 그 기대가 깨지면(특히 어떤 계획이 무너지면) 어떤 종류의 괴로움이 뒤따를 것이고, 결국 약속을 깬 데서 발생하는 비용에 영향을 미칠 것이다. 하지만 공리주의자는 약속이란 것 자체를 아무것도 아닌 듯 무시할 것이다. 공리주의자는 사회적 관습을 스쳐 지나간다. 여기서 사회적으로 공인된 규칙들에 대한 공리주의의 급진적 접근이 어떤 결과를 가져오는지 알 수 있다.

그렇지만 약속에 대하여 공리주의적인 태도를 보일 때 손해를 불러오는 사례도 있다. 무엇보다 공리주의자는 약속할 수가 없다. 내가 공리주의자라는 사실이 알려지면 아무도 내가 약속을 지킬 것으로 기대하지 않을 것이다. 더 나은 제의를 받으면(효용을 증대하기에 더 나은 기회를 맞이하면), 나는 주저 없이 새로운 제의를 선택할 것이다. 그러니 나를 믿을 사람은 없을 것이다. 그러나 약속에 바탕을 두고 이루어지는 사회적 교류나 상호관계 또는 법적 형태의 약속이라 할 계약을 포함하여 그 범위가 얼마나 넓은지를 생각해보라. 나는 월말이 되면 월급을 받을 것이란 이해를 바탕으로 한 달 동안 대학에서 근무한다. 대학이 필자에게 월급을 주리라고 어떻게 믿을 수 있느냐고? 대학과 계약을 맺었기 때문이다. 계약은 양쪽을 묶어 놓는다. 그런데 공리주의자가 대학을 운영한다면 어찌할까? 그가 자신의 편리에 따라 그날까지 일한 만큼만 지급하고 만다면 또 어찌할까? 한 달 동안의 일을 미리 하려는 생각이 들까? 또는 책 한 권을 여학생에게 빌려줬는데 내일 되돌려주겠다고 약속했다. 여학생이 책을 돌려주겠다는 약속을 했으므로 나는 여학생이 그렇게 하리라고 기대할 수 있다. 그런데 여학생이 공리주의자라고 가상해보자. 그 여학생에게 책을 빌려줄 때 여학생이 오직 편리하다고 생각할 때에만 그 책을 돌려받을 수 있음을 알고 있다. 하지만 나는 여학생이 자신이 편리한 대로 책을 돌려주거나 말거나 하기를 바라지 않는다. 반드시 책을 돌려받아야 한다. 따라서 여학생이 정말 공리주의자라면 아예 그 학생과 협력 같은 것을 하지 않으려 할 것이다. 그러나 여학생이 약속에 대하여 의무론적인 태도를 보인다는 것을 안다면, 얘기가 달라진다. 이에 이르러 우리는 공리주의가 신뢰를 깨뜨린다는 골치 아픈 결론을 내리지 않을 수 없다.

공리주의의 이런 문제점에 관하여는 다음 절에서 더 살펴볼 것이다. 공리주의는 자멸적self-defeating이다. 이 문제를 다음과 같이 설명할 수 있다. 두 가지 세상이 있다고 가정하자. 하나는 여러 가지 사회적 협력이 잘 이루어져 약속과 계약을 믿을 만한 사회이고, 다른 하나는 그러한 협력이 전혀 이루어질 수 없는 사회라 하자. 첫 번째 사회는 그 안에서 살아가는 사람들이 협력을 바탕으로 폭넓고 다양한 기획들을 성공적으로 추진할 수 있는 곳이기에 두 번째 사회보다 더 큰 행복을 누릴 수 있는 곳이다. 공리주의자들의 사회가 이미 살펴본 것처럼 믿기 어려운 곳이라면, 공리주의자들이 다수를 이루는 사회는 두 번째 사회와 비슷하다고 할 것이다. 그런데도 공리주의는 행복의 극대화를 목표로 삼는다고 부르짖는다. 결국, 공리주의는 본래 의도하던 방향으로 나아가기가 어렵게 되어 있는 셈이다.

● 그 밖의 문제: 공리주의자의 고달픈 삶

공리주의가 안고 있는 이러한 문제들은 어떻게 좋은 공리주의자가 될 수 있는지를 더 깊게, 그리고 더 복합적으로 이해할 수 있는 바탕이 된다. 그러나 답을 찾기에 앞서 몇 가지 문제를 더 살펴보자. 첫째는 공리주의 사고의 경직성이다. 앞서 필자는 공리주의가 도덕적 문제에 대한 답을 찾기 위해 분명하고도 확실한 방법을 쓴다는 일종의 찬사를 보낸 바 있다. 그 대목에서 약간 냉소 같은 걸 느끼지 않았을지 모르겠다. 그 방법이란, 곧 선택할 수 있는 모든 대안을 펼쳐 놓고, 각각의 대안을 선택할 때 들어가는 비용(그리고 실제로 그 비용을 지출할 확률)과 그 대안을 채택할 때 얻을 수 있는 효과(그리고 그것이 실현될 확률)를 계산한 다음 실현 가능성이 가장 높으면서 비용 대비 효과의 값이 가장 큰 행위의 대안을 찾아내는 것이다. 쉬운 일이다. 하지만 실제로 들어가면 행위자가 채택할 수 있는 대안과 경우의 수가 많을 수 있어서 어지러울 정도로 계산이 복잡해질 것이다. 이 점에 비추어, 공리주의는 본래 목적에서 빗나갈 수밖에 없다는 점을 다시금 확인할 수 있다. 공리주의가 추구하는 핵심적 가치는 더 나은 세상을 실현하는 데 있다고 한다. 그러나 이처럼 거창한 계산을 하는 데 시간을 보내고 나면 행복을 실현하거나 고통을 완화할 시간을 내기가 어려울 것이다.

둘째는 공리주의자 역시 우정 같은 인간적인 관계를 맺을 수 있는가에 관한 것이다. 친목이나 충성처럼 인간이 맺을 수 있는 다양한 인간관계의 범위가 얼마나 넓은지를 생각해보라. 필에게 전화를 걸어 주말 여가를 같이 보낼 수 있는지 알아보려 한다. 왜 다른 사람이 아니고 하필이면 필인가? 도와야 할 사람들도 많이 있는데? 필은 내 친구이기 때문이다. 다른 아이들보다는 내 아이들을 위해 시간과 돈을 쓴다. 부모님께 전화를 드리는 건 그들이 내 부모이기 때문이다. 내 강의를 듣는 학생들이 안고 있는 문제에 참견하는 건 그들이 내 학생이기 때문이다. 중요한 점은 그들이 모두 나의 친구, 아이, 부모, 배우자 등등 나와 가까운 관계에 있으면서 서로 귀중하게 여기는 사람들이란 사실이다. 이러한 연결로 나는 다른 사람들이 아닌 이들에 대하여 특별한 충성심을 지니거나 특별한 배려를 해야 한다(물론 이들에 대한 특별한 고려가 무엇인지는 내가 이들과 어떤 형태의 관계를 맺고 있느냐에 따라 달라진다). 이제 공리주의자들이 평등이나 공정, 그리고 복지 같은 문제를 어떻게 생각하는지 살펴보자. 공리주의자라면 약속이란 것에 뒤따르는 구속이나 금기란 것에 깃든 금지란 말을 들을 때처럼, '특별한 관련성'이란 말을 그저 신비스럽기만 한 언어로 생각하지 않을까? 급진적 공리주의를 대변하던 윌리엄 고드윈[14]이 개인적인 관계를 맹렬히 공격한 내용은 특히 인상적이다. 그는 죽어야 할 처지에 놓인 두 사람 가운데 오직 한 사람만 살려내야 하는 사례를 든다. 한 사람은 대주교 페늘롱이고 또 한 사람은 대주교의 시종이다(그런데 이 시종은 우리의 형이거나 아버지다). 고드윈은 묻는다. "도대체 '나의 누구'란 것이 무엇이기에 공정한 진실을 바탕으로 이루어져야 할 결정을 뒤집어 놓는단 말인가?"[4)] 고드윈은 대

---

14 William Godwin(1756~1836): 최초의 근대 아나키즘 사상가로 일컬어지는 영국의 사회철학자, 정치평론가.

주교를 구하는 것이 마땅하다고 생각한다. 인간의 복지를 증진하는 데 더 크게 이바지할 사람이기 때문이다. 이 사례에서 개인적 관계란 것은 도덕적으로 타당하지 않다. 이에 비추어, 공리주의적 삶은 지극히 엄격하고, 자기 희생적이며, 금욕적이어서 인간의 심성에 깊이 뿌리내린 친족관계, 감동, 친밀함 같은 것들을 도덕이란 이름으로 깡그리 부정한다는 것을 알 수 있다. 공리주의자가 우정이나 그 밖의 개인적인 관계를 도외시하는 것은 공리주의의 도덕이 그만큼 감당하기 어려운 짐을 인간에게 부과하기 때문이다. 이 점은 우리가 살펴본 세계적 빈곤의 문제와도 관련된다. 심히 어려운 처지에 놓인 사람들을 도와야 한다는 것은 도덕적 상식이다. 한편 우리가 '틈틈이' 짬을 내어 자신의 기획을 추진할 권리를 지닌다는 것도 도덕적 상식에 속한다. 하지만 공리주의자들은 '여유 있는' 시간이란 도덕적으로 있을 수 없다고 말한다. 풋볼을 하거나 바이올린을 배우거나 외국어를 배우거나 소설을 읽거나 이런 일을 할 시간이 있다면, 그 시간을 모두 인간 전체가 누릴 행복의 총량을 늘리는 데 써야 한다고 한다. 다른 사람들이 곤경에 빠진 터에 이렇듯 한가한 활동이나 하면서 시간을 보내는 것이 공리주의자들의 눈에는 이기적인 자기 몰입으로 비칠 뿐이다. 공리주의자들은 도덕의 범위를 확대하여 우리 삶의 모든 영역을 뒤덮어 버린다. 이렇게 되면 개인 사이의 모든 관계와 모든 개인적인 기획은 공리주의적 도덕에 뒤덮여 질식사를 면하기 어려워진다.

전체의 복지를 위해 성실한 관계나 개인적인 쾌락을 모두 포기해야 한다는 공리주의의 주장은 모든 사람에게 감당하기 어려운 압박감을 주지만, 이러한 공리주의자들의 태도에 일리가 아주 없는 것은 아니다. 공리주의자들이 주장하듯이, 그 누구의 행복도 다른 사람의 행복보다 더 중요하다고 할 수 없다면, 다시 말해서, 그 누구도 더 부유한 나라에서 태어났다는 이유만으로 다른 사람들보다 더 행복해야 할 까닭이 없다면, 자신의 행복이나 자신이 사랑하는 사람들의 행복을 다른 사람들의 행복보다 중시해야 할 이유는 또 어디 있단 말인가? 내가 사랑하는 사람들이 다른 사람들보다 특별해야 할 까닭이 무엇일까? 물론 그들이 나에겐 특별한 사람들이라고 말하리라. 하지만 나의 관점이 내세우는 타당성은 왜 그처럼 유별난 것일까? 가까운 사람들만을 중시한다는 건 결국, '가진' 사람은 언제나 더 많이 거둬들이면서 살아가는데, '갖지 못한' 사람은 늘 자기 몫을 잃어버린 채 어렵게 살아가야 한다는 것을 의미한다. 친구나 가족 같은 사람들의 이익을 돌보는 것이 자기 종족의 이익만을 돌보는 것과 무엇이 다를까? 결국, 두 가지 모두 비도덕적인 일이 아닐까?

그렇지만 고드윈의 엄격한 공리주의적 태도마저 본래 목적이나 의도를 실현하기는 어렵다. 다시 두 세상을 비교해보자. 하나는 사람들이 우정과 사랑으로 관계를 맺고, 자신의 재능과 이해를 마음껏 발휘하거나 (오보에를 연주하거나, 시를 읽거나 쓰면서……) 추구하는 세상이고 다른 하나는 그렇지 못한 세상이다. 인간의 삶에서 이런 관계와 이해가 행복의 중요한 근원이라면, 두 번째보다는 첫 번째 세상에서 사람들은 더 행복하게 살 것이다. 그런데 고드윈 같은 사람들이 사는 세상은 두 번째에 가깝지 않을까? 공리주의는 세상을 더 행복하게 만드는 데 목적을 둔다고 하는데, 이런 목적은 결국 빗나가고 말 것이다.

● 해법을 찾아서: 규칙 공리주의

공리주의에 관해 지금까지 제기된 비평들을 정리해보자. 첫째, 공리주의가 부도덕한 결과를 빚어낸다는 점이다. 둘째, 공리주의는 인류 전체의 행복을 증진해나가는 데 필요한 사회의 관행(약속과 같은)이나 인간관계를 수용하지 못해, 본래 목적에서 빗나가게 되어 있다는 점이다. 셋째, 공리주의는 정책결정 과정을 거치는 데 너무 많은 시간이 걸려서 정작 그 결정에 따라 행복을 증진할 시간을 남겨두지 않기 때문에, 본래 목적에 도달할 수 없다는 점이다. 이런 일련의 문제들을 해결하기 위해, 공리주의는 나름의 대책을 내놓는다. 여기서는 마지막 비평, 즉 공리주의의 거창하고 복잡한 정책결정 방식을 들여다보려 한다.

먼저, 비평의 요지를 더 확실하게 해둘 필요가 있다. 공리주의가 안고 있는 문제는 그것이 인간의 능력과 합리성을 너무 비현실적으로 과대평가하는 데 있다. 공리주의는 기본적으로 인간이 합리적인 사고에 따라 개인의 이익과 전체의 이익을 극대화할 수 있는 존재로 본다. 그렇게 보는 것이 옳다면, 인간은 능숙한 계산가가 되어야 한다. 그래서 늘 여러 대안들을 평가하고 비용과 효과를 셈할 수 있어야 한다. 그런데 공리주의를 비평하는 사람들이 볼 때, 이런 인간의 모형은(경제학자라면 좋아할지 모르지만) 인간이 실제로 생각하고 행위하는 방식을 아주 잘못 그리고 있다. 인간은 각각의 단계마다 일일이 계산하는 것이 아니라 행위의 형태를 따라 행위한다. 행위의 패턴이 형성되는 것이다. 이렇듯 행위의 형태를 마련해두고 있기에, 매 순간마다 처음부터 일일이 계산해나가는 실로 불가능한 작업을 하지 않아도 된다. 물론 인간 행위의 패턴 자체를 재검토할 여지는 있지만, 이런 일은 상대적으로 무척 드물게 이루어질 뿐이다. 대개는 시간이 없어서 깊이 생각하거나 검토하는 일에 매달리는 것은 오히려 비생산적인 결과만 가져올 뿐이다. 그뿐 아니라 공리주의는 사회적 환경을 극복해가는 개인의 합리성을 과대평가한다. 실상을 들여다보면, 인간은 사회적 동물이어서 사회적 환경을 뛰어넘어 멀리 내다볼 수 있는 능력이 한정되어 있다. 대체로 인간이 사고하고 행위하는 방식은 사회구조에 의해 결정된다고 말하지는 못하더라도 그것의 영향을 받는다. 인간은 스스로 만들어낸 행위의 형태를 따르는데, 이것이 여러 사람들과 공유하는 사회적 형태다. 수없이 다양한 인간들의 행위는 개인이 제각각 효용을 계산하여 이루어지는 것이 아니라, 대체로 사회에서 형성된 관행이자 규칙을 반영한다. 그 밖의 방식으로도 인간의 행위를 옳게 이해할 수는 없다.

 이것이 사실이라면, 치명적인 비평이 아닐 수 없다. 그런데 곧 살펴볼 터이지만 공리주의는 오히려 이런 비평들을 역이용하여 자신들의 논리를 강화한다. 말하자면, 공리주의자들은 인간이 행위하고 사고하는 방식에 관한 이 모든 경험적 사실을 일단 인정한다. 물론 공리주의자들에 따르면, 공리주의도 자연주의 이론이기에 인간을 있는 그대로 보아야 하며 인간에게 불가능한 것을 요구해서는 안 된다. 그들이 진실로 이렇게 생각한다면, 인간의 사고와 행위에 관한 이런 통찰을 바탕으로 공리주의가 펼쳐야 할 논리의 형식이 분명해진다. 그러므로 공리주의가 내세워야 할 논리는 인간이 합리적으로 이익을 극대화하는 존재가 아니라 규칙을 따르는 존재라는 사실을 바탕으로 세워져야 한다. 앞서 지적한 대로, 공리주의에 여러 가지 문제점들이 발생한 것은 인간의 모든 행위를 옳거나 그르다고 판정하는 이른바 행위 공리주의act-utilitarianism의 관점에서 인간을 바라보기 때문이다. 따라서 이제부터 공리주의는 인간의 행위가 규칙을 지키듯이 일정한 형태에 따라 이루어진다고 보는 규칙 공리주의rule-utilitarianism의 관점을 채택하고, 이 방법을 인간의 행위에 적용하는 대신 인간의 행위를 결정하는 규칙에 적용해야 한다. 사람들이 다른 행위의 대안을 선택하는 것이 아니라 다른 규칙에 따라 행위한다는 사실을 전제로, 규칙 공리주의는 사람들이 따르는 규칙의 효용을 비교한다. 도덕적 사고는 개인의 행위가 옳은지 그른지를 판정하거나 다스리는 데 관심을 두는 것이 아니라 다양한 관행과 제도로 짜여 있는 (규칙이 지배하는) 사회의 구성에 더 관심을 둔다. 물론 도덕의 핵심이라 할, 개인의 행위를 다스리는 일 또한 계속되기는 하지만, 그 다스림 역시 더는 각각의 상황에 나타날 수 있는 최대 효용을 엄격하게 계산하는 것이 아니라 규칙을 적용하는 간접적인 방식으로 이루어진다. 어느 특정 상황에서 개인이 무엇을 어떻게 해야 할 것인지를 정하려면, 그 상황에서 모든 사람이 따라야 할 가장 적절한 규칙이 무엇인지를 찾아야 한다.

행위 공리주의와 규칙 공리주의의 형식상 차이는 이것들이 각기 옳은 행위의 기준을 어디에 두고 있는가에서 발생한다. 행위 공리주의의 관점에서 보면, 어떤 상황에서의 행위가 다른 행위보다 더 큰 효용을 가져올 때, 그리고 오직 그러할 때에만 그 행위가 옳은 행위다. 이와 달리, 규칙 공리주의에서는 하나의 규칙 아래 놓여 있으면서 그 규칙을 따르는 행위가 다른 규칙을 따를 때보다 더 큰 효용을 가져올 때, 그리고 오직 그러할 때에만 그 행위가 옳은 행위다. 행위 공리주의와 규칙 공리주의의 차이를 덜 형식적인 방법으로 설명하려면, 앞서 공리주의의 문제를 지적할 때 나온 사례들을 다시 돌아보아야 한다. 예컨대 우리는 앞서, 행위 공리주의의 절차에 따라 각 행위의 효용을 계산하고 비교하는 행위자는 친구들로부터 신뢰를 받을 수 없으므로, 또한 이러한 행위자들로 채워진 사회는 약속이 잘 지켜지는 사회보다 덜 행복한 사회이므로, 공리주의는 본래 목표를 이루지 못한다고 지적한 바 있다. 그런데 규칙 공리주의자들은 바로 이런 행위 공리주의의 약점을 끌어다가 오히려 자신들의 논리를 강화하는 데 쓴다. 규칙 공리주의가 내세우는 논리는 두 개의 세상, 곧 약속이 지켜지는 세상과 약속이 지켜지지 않는 세상을 비교하는 데서 출발한다. 전자가 더 행복한 세상인 것으로 판명되면, '약속을 지키라'는 규칙을 채택하여 사람들이 이 규칙에 따르도록 한다. 가족관계나 우정 같은 문제에서도 같은 방법이 적용된다. 이런 관계가 형성되고 유지되는 세상이 그렇지 못한 세상보다 더 행복한 것으로 판명되면, '친구를 위하라'는 규칙을 채택하여 모든 사람이 따르도록 한다. 친구들을 위하고, 약속을 지키는 것 같은 행위는 규칙 공리주의에 비추어 옳은 행위가 되는 것이다.

그리하여 규칙 공리주의는 본래 공리주의가 안고 있던 많은 문제점들을 해결할 수 있다고 자부한다. 아닌 게 아니라, 규칙 공리주의는 끝이 전혀 보이지 않던 계산의 터널에서 공리주의자들을 구해내고, 공리주의를 궁극의 목표에서 빗나가게 한다는 여러 가지 문제들을 해결한다. 공리주의는 궁극적으로 실패할 수밖에 없다는 비평 앞에서 규칙 공리주의자들이 진실로 주장하려 한 것은 앞서 행위 공리주의를 논하는 가운데 전제된 가장 적절하다는 규칙, 곧 '언제나 나의 행위가 가져올 결과를 평가하고 가장 적절하게 행위하라'는 규칙을 따르는 것만이 능사는 아니라는 점이다. 요컨대, 행위 공리주의가 내세우는 규칙을 따르더라도 최선의 결과를 가져오는 것은 아니며 차라리 의무론의 지시와 관습적 도덕의 요구에 가까운 규칙들을 따를 때에 더 나은 결과를 기대할 수 있다.

규칙 공리주의의 또 다른 이점은 공리주의가 비도덕적인 행위를 조장한다는 인상을 털어낸다는 점이다. 죄 없는 사람을 벌주던 사례를 생각해보자. 우리는 앞서 죄 없는 사람을 벌주는 것이 죄 있는 사람을 벌주는 것과 똑같은 혜택(예컨대, 억제의 효용)을 가져온다고 생각될 경우, 공리주의는 언제라도 서슴없이 죄 없는 사람을 벌줄 것이라고 주장했다. 법관들은 사건에 따라 재량으로 판결을 내릴 것이다. 그런데 규칙 공리주의의 시각에서 이 일을 돌이켜보며 모든 개인이 관행이나 제도에 바탕을 둔 다양한 규칙에 따라 행위한다고 가정하자. 그리고 다시 두 개의 세상이 있다고 가정하자. 하나는 법관이 전체의 복지를 위해 이롭다고 판단할 경우, 재량에 따라 죄 없는 사람이라도 벌을 줄 수 있는 '목적론적 처벌'[15] 제도가 시행되는 세상이다. 또 하나는 우리가 이미 익숙해진 형벌제도를 시행하는 세상으로, 오직 죄 있는 사람만이 규칙에 따라 벌을 받는다. 행복의 총량이 더 큰 세상은 어느 쪽일까? 존 롤스는 논문 「규칙의 두 가지 개념Two Concepts of Rules」에서 목적주의

---

15   telishment: 존 롤스가 만들어낸 말이다. 처벌의 취지가 목적주의teleological 혹은 결과주의에 입각하고 있으며, 의무론과는 반대의 견해다.

에 입각한 처벌이 이루어지는 세상이 더 나쁠 것이라고 주장했다.[5] 부분적으로는 법관들이 해명할 필요가 없는 권위, 따라서 쉽사리 남용될 수 있는 권위를 행사하여 죄 없는 사람이라도 자의와 재량에 따라 처벌할 수 있기 때문이기도 하고, 또 부분적으로는 시민이 혹시 희생양이 되지 않을까 전전긍긍하면서 형을 받은 사람을 불쌍히 여겨야 할지, 그에게 저주를 퍼부어야 할지 갈피를 못 잡고 불안에 떨어야 하기 때문이다. 물론 롤스는 오직 죄 있는 사람만을 벌주는 세상이 더 행복한 세상이라 주장했다. 인간이 붙들고 살아야 할 규칙은 '오직 죄 있는 사람만을 벌주라'는 규칙이다. 모든 대안 가운데 (또는 우리가 앞에서 살펴본 대안 가운데) 이 규칙만이 최선의 결과를 가져올 것이기 때문이다.

따라서 규칙 공리주의는 '원칙 없는 공리주의'를 손가락질하는 의무론자들의 날 선 비평에서 독을 빼냈다. 규칙 공리주의는 원칙 있는 도덕을 제시했고, 그 원칙 가운데는 직관적으로 찬성할 만한 것이 많다. 이렇듯 규칙 공리주의는 우리의 지지를 받을 만한 많은 원칙들을 포함하면서도, 의무론을 따르는 사람들이 곧잘 쓰는 '마땅히 해야 하느니라' 식의 애매함을 배제했다. 설령 어떤 사람이, 금기는 그것을 액면 그대로 받아들이기에는 너무 모호하다는 결과주의론적 견해에 동의한다 하더라도, 그는 여전히 일련의 원칙들을 받아들일 수 있다. 규칙 공리주의의 관점에서 볼 때, 이런 원칙들은 오직 좋은 결과를 가져올 때에만 비로소 정당화된다. 그리고 이러한 원칙들의 권위를 설명하기 위해 행복이나 고통 이상의 그 어떤 모호한 개념을 사용할 필요도 없다.

● 규칙 공리주의 비판

그렇지만 의무론을 주장하는 사람들은 규칙 공리주의가 내놓는 해법 앞에서 행복해하는 기색이 없다. 의무론자들이 볼 때, 규칙 공리주의는 여전히 문제를 안고 있는데 그것은 도덕적 규칙의 타당성을 너무도 부차적으로 너무도 제멋대로 다룬다는 것이다. 예컨대, 규칙 공리주의가 생명, 재산, 기본적 자유 같은 것에 대한 기본권을 어떻게 정당화하는지를 살펴보자. 벤담이 인간은 특별한 형이상학적, 도덕적 지위를 지니고 있어서 인간을 어떤 특정한 방식으로 대하는 것은 금지된다는 자연권natural rights 사상을 가리켜 '말도 안 되는 헛소리'라고 비웃은 것은 잘 알려진 사실이다. 자연권 이론은 권리를 의무론적으로 해석하면서, 어떤 특정 존재에 대해서는 '해서는 안 되느니라' 식의 (형이상학적으로 모호한?) 라벨을 붙여 놓는다. 하지만 규칙 공리주의는 이런 식의 형이상학적 냄새를 풍기지 않고서도 권리를 정당화할 수 있다. 이미 살펴본 것처럼 규칙 공리주의는 두 개의 세상을 바라본다. 하나는 권리가 존중되는 세상이고, 다른 하나는 그렇지 못한 세상이다. 여기서 규칙 공리주의는 권리가 존중되는 세상이 그렇지 못한 세상보다 행복하므로 권리는 도덕적 기준으로 타당하다고 주장한다. 달리 말하자면, 규칙 공리주의자가 볼 때 권리를 존중하는 관행은 가장 행복한 결과를 가져오는 데 이바지한다. 의무론자들의 주장이 안고 있는 문제는 바로 '때문에' 앞에 나오는 구절에 있다. 권리를 존중해야 할 이유를 제시한 구절이다. 규칙 공리주의자들은 오직 권리를 존중하는 사회의 관행이 더 큰 행복을 가져올 때에만 권리에 도덕적 타당성이 있다고 주장하지만,

의무론의 관점에서 보면, 바로 이것이 문제다. 권리의 바탕은 인격이 지닌 존엄과 신성함에 있다는 것이다. 설령 더 행복한 세상을 가져오지 못한다 하더라도, 이런 바탕은 언제나 변함없이 중요하다. 예를 들어, 관대한 노예제가 시행되는 가운데 행복하게 살아가는 세상이 있다고 가정해보자. 노예제 아래에서 살아가는 어떤 이들은 (비록 다른 측면에서는 잘 지낸다 하더라도) 기본 인권이 부정될 것이다. 이런 식의 행복한 세상에서 무엇이 도덕적으로 잘못되어 있는지 찾아낼 수 없단 말일까? 공리주의자들은 노예제가 원칙적으로 왜 나쁜지를 설명하지 못한다. 그러나 의무론자의 관점에서 보면, 노예제를 시행하는 세상은 인간의 심성에 깃들어 있는 자유와 존엄을 짓누르는 세상이다. (이 문제는 다음 장에서 칸트의 이론을 다룰 때 다시 살펴볼 것이다). 설령 그들의 이론이 좋은 결과를 가져온다고 가정하더라도, 인간의 자유와 존엄은 그에 견줄 수 없는 별개의 문제다. 물론 공리주의자들의 귀에는 존엄이니 신성이니 하는 따위의 말들이 금기라는 말처럼 희미하게 들릴 것이다. 그리하여 그들은 의무론자들의 입버릇이 되어버린, 사람을 노예로 부리는 건 금지된다는 식의 말이 오늘의 물질적 세계에서 도대체 무슨 의미가 있냐고 물을지 모른다. 규칙 공리주의자들은 뜬구름 잡는 말을 피하려 할 것이고, 그 대신 노예제를 시행하는 사회는 훨씬 불행하기 쉽다는 식의 경험적으로 더 검증된 주장을 하려고 할 것이다.

이에 이르러 규칙 공리주의자는 공리주의나 결과주의의 기본 특색을 희생하지 않으면서 공리주의가 비도덕적인 행위를 낳는다는 비판을 근본적으로 완화시키게 되었다고 기뻐할지 모른다. 그러나 공리주의 이론 가운데 의무론자의 귀에 거슬리는 요소는 여전히 남아 있다면,

그것은 곧 양쪽의 도덕적 지향 사이에 커다란 차이가 가로놓여 있음을 의미한다. 그 차이는 도덕적 토론으로 쉽사리 해소되기 어렵다. 더 놀라운 것은 규칙 공리주의가 공리주의자마저 불행을 느끼게 만든다는 사실인데, 이러한 형태의 비평에 관해서는 더 살펴볼 것이다.

공리주의자의 눈에 규칙 공리주의는 설익은 공리주의로 비칠 뿐이다. 공리주의가 본래부터 지녀온 뛰어난 맥락 민감도context-sensitivity를 잃고 오직 규칙만 숭배하는 견해로 변질한 것이다. 본래 공리주의를 가장 단순한 형태로 나타내자면, 하나의 행위가 이미 정해진 한 묶음의 규칙에 들어맞는가에 따라 그 옳고 그름이 결정되는 것이 아니라, 그 행위가 특정 상황에서 가져올 결과에 비추어 그 옳고 그름이 결정된다는 의미에서 환경에 감응하는 특징을 띤 이론이다. 그런데 규칙 공리주의는 규칙에 들어맞기만 하면 어떤 행위건 모두 옳다고 주장한다. 이때 규칙은 환경과 결과에 비추어 공리주의의 방식으로 결정된다. 하지만 이것만으로 정말 충분할까? 스마트는 비록 급조된 것처럼 보이긴 하지만 하나의 사례를 제시하면서 공리주의의 눈에 불만스럽게 비치는 문제점들을 잘 설명한다. 앞서 살펴보았듯이, 규칙 공리주의의 한 가지 장점은 '약속을 지키라' 같은 도덕규칙을 왜 준수해야 하는지를 공리주의적 이유를 들어 설명해준다는 점이다. 그런데 (비록 약속의 관행이 있는 사회가 약속할 줄 모르는 사회보다 유용하다 하더라도) 약속을 지키는 경우보다 그것을 깨는 게 더 좋은 결과를 가져올 것이 분명해보이는 상황을 가상해보자.

먼저 약속을 깨는 것이 모든 종류의 나쁜 결과를 가져온다는 사실을 상기해야 한다. 약속을 깨면 계획이 뒤틀어진다. (약속하더라도 아무도 그걸 믿거나 지키려 할 사람이 없을 것이기에) 신뢰가 무너지고, 사회적으로 유익한 관행이 자취를 감추고 말 것이다. 서로 믿고 의지할 수가 없으니 덜 행복하고 더 불행한 사회가 될 것이다. 그뿐 아니라 약속이 자꾸 깨지다 보면 약속을 함부로 깨지 않으려는 모든 사람의 본능적인 심리 성향 또한 무너지고 만다. 그런데 스마트는 약속을 깼을 때에 나타나는 좋은 결과가 나쁜 결과를 뒤덮어 버리거나 나쁜 결과의 타당성을 무색하게 만드는 사례를 보여준다.

당신은 한 남자와 함께 모래섬에 갇혔다. 두 사람은 내기를 하는데, 당신이 탈출에 성공하고 남자가 성공하지 못할 경우 남자는 자신의 막대한 재산을 그 지역의 승마클럽에 기부하기로 한다. 남자는 죽고 당신은 탈출에 성공한다. 당신은 그 재산을 승마클럽이 아닌 병원에 기부하면 더 보람이 있을 것으로 생각한다. 이때 약속대로 해야 할까? 당신이 규칙 공리주의자라면, 약속을 이행하는 것이 옳은 행위일 것이다. 그래야만 사회적으로 유익한 규칙을 따르게 된다. 하지만 상황에 비추어 각각의 대안이 지닌 장단점을 비교해보자. 그 남자는 죽은 사람이기에, 약속을 깨더라도 노할 사람이 없다. 약속을 지켰노라고 말해주어야 할 상대가 없기에, 약속을 깨더라도 약속의 사회적 관행이 약화될 일은 전혀 없다. 다만 당신은 약속에 대한 자신의 본능적 집착을 약화시킬 수 있고(사실대로 말한다면, 당신은 그 약속에 관해 거짓말을 하는 셈이기에), 그만큼 나쁜 결과를 가져오는 셈이다. 그렇긴 해도 그 남자의 막대한 재산을 병원에 기부할 때 얻을 큰 보람에 비하면, 이 나쁜 결과란 매우 사소한 것이 아닐까? 여기서 스마트는 행위 공리주의를 성급하게 제쳐놓을 일은 아니라고 주장한다. 그는 행위 공리주의자에게도 규칙은 유용할 수 있지만, 그것은 오로지 지침이나 길잡이나 수칙으로서 그러할 뿐, 규칙 자체가 행위의 옳고 그름을 판정하는 기준의 일부가 될 수는 없다고 말한다.

이 사례는 조작된 느낌이 든다. 그러나 여기서 적용된 추론을 고문에 그대로 적용하여 원칙이라는 핵심문제를 검토할 수 있다. 고문이 자행되는 세상보다는 고문 없는 세상이 훨씬 더 행복한 곳이므로, 규칙 공리주의자라면 고문할 것이 아니라 규칙을 적용하라고 할 것이다. 또 하나의 사례로, 테러범에게서 정보를 얻어내어야만 도시 파괴를 예방할 수 있다고 가정해보자. 테러범을 고문해도 될까? 의무론자들 같으면, 아무리 그런 경우라 하더라도 우리와 같은 인류를 그렇게 대해서는 안 될 일이라며 고문하지 말라고 할 것이다. 그런데 공리주의자들은 결과를 가장 중요하게 여기는 특색이 있다. 요컨대, 스마트는 규칙 공리주의가 의무론과 입장을 같이하여 고문을 나쁜 행위로 지목하는 기현상이 일어날 수 있다는 사실을 지적하려 한 것이다. 규칙 공리주의는 특정한 사례들에서 빚어지는 결과를 너무 도외시하는 경향이 있다.

바로 여기서 스마트는 규칙 공리주의보다는 행위 공리주의를 개선하여 발전시켜 나아갈 여지가 있다고 본다. 이러한 대안적 공리주의를 더 자세히 검토하기 위해 먼저 공리주의를 두 가지로 구별해야 한다. 하나는 옳고 그름의 기준으로 본 공리주의이고, 다른 하나는 행위의 지침을 마련해주는 결정의 절차로 본 공리주의다. 이 장에서는 행위 혹은 규칙 공리주의를 설명하면서 공리주의 행위자는 공리주의 이론을 액면대로 받아들여 어떻게 행위할지 결정할 것이라고 가정했다. 달리 말하면, 하나의 이론은 무엇이 옳은지 그른지를 지시하는 동시에 우리의 행위를 인도할 것이며, 이 두 가지 작용은 결국 하나의 같은 작용으로 합쳐질 것이라고 가정했다. 이론에 비추어 최선의 결과를 가져오는 행위가 옳은 행위라고 생각한다면, 충실한 공리주의자는 이 이론에 따라 최선의 결과를 가져오려고 노력할 것이다. 최선의 결과를 가져오려던 노력이 나쁜 결과를 가져왔을 때에는 어떤 행위가 옳은지 그른지에 대한 설명을 수정해야 할 것이다. 그리하여 우리는 규칙 공리주의로 견해를 바꾸었다. 그렇지만 공리주의의 관점에서 볼 때 규칙 공리주의마저 때에 따라서는 나쁜 결과를 가져올 수 있었다. 그러나 스마트는 행위의 옳고 그름을 무엇으로 가리는가에 대한 공리주의의 기본 이해는 두 가지 중 어느 것에 따라서도 바뀔 수 없다는 점을 지적한다. 다만 행위의 결과에 비추어 가려질 문제일 뿐이다. 옳고 그름의 기준이 무엇인지는 도덕적 사안이지만, 하나의 행위자가 예컨대, 최선의 결과를 추구하는 좋은 공리주의자로서 어떻게 사고하고 행위해야 하는지는 시행착오를 거쳐 검증될 수 있는 하나의 경험적 문제다. 지금까지 검토에서 드러난 점은 좋은 공리주의자는 모름지기 행위 공리주의자나 규칙 공리주의자로 행위해서는 안 된다는 사실이다. 둘 가운데 어떤 쪽으로 행위하더라도 이익을 최대화하기는 어려울 것이다. 그래서 여기서 제시하려는 대안은 공리주의자라면 마땅히 옳고 그름에 대한 일정한 인식을 지녀야 하겠지만, 규칙을 따를 것인지, 그리고 어느 범위에서 따를 것인지, 우정을 쌓을 것인지, 자기 발전에 매진할 것인지, 권리를 존중할 것인지 같은 문제를 놓고 어떻게 행위할지를 정하는 것은 열린 문제로 남겨두는 것이 바람직하다는 것이다. 이런 문제를 열어둔다고 해서 옳거나 그른 답이 존재하지 않는다는 건 아니다. 당사자가 자신의 결정을 내려야 한다는 것이다. 여러 경험적 문제들의 경우처럼, 우리는 단순히 그 답이 무엇인지 알 수 없다. 그 답은 추후의 실험과 조사를 거쳐 얻어질 일이다.

지금까지 도덕이 무엇인지를 규명하는 데 공리주의 이론이 어떻게 이바지할 수 있는지를 살펴보았다. 공리주의 이론은 도덕이 인류 복지를 증진하는 일과 불가분의 관계에 있으며 도덕적 기준이 중요한 것도 인류 복지가 중요하기 때문이라고 주장한다. 공리주의 이론은 어떤 행위는 본질적으로 나쁜 것이라는 식의 모호한 사고를 거부하는 한편, 일종의 자연주의를 선호하면서 인류의 복지를 중시하는 일반 경향과의 조화를 모색한다. 또한, 일반 상식에서 동떨어진 도덕적 결과를 내놓기도 하는데, 이와 관련하여 자연주의 논리가 공리주의 이론을 정당화하는 데 중심적인 역할을 담당하고 있음은 주목할 일이다. 공리주의는 도덕적 상식으로는 받아들이기 어려운, 고문이나 노예화, 그리고 거짓말 같은 행위조차 상황에 따라 정당화할 수 있다고 주장한다. 공리주의에 대한 비평에 맞서 공리주의자들이, 그 대안은 무엇이냐고 다음과 같이 물을 법하다. 그렇다면 도덕적 상식은 '······해서는 안 되느니라'에 해당하는 영역을 따로 마련해두었을까? 우리가 이 점을 추궁할 때 대답할 말이 있는가? 급진적 공리주의는 그에 반대하는 논자들의 도덕적 추궁 앞에서 반反직관적 결론을 고수할 것이다. 그와 더불어 이들은 반대론자들의 가정, 즉 자신들이 내세우는 도덕적 기준이 현실적일 수 있다는 가정을 뒤엎는 길을 찾으려 할 것이다. 복지의 성과만이 가장 중요하다는 신념을 길잡이 삼아, 지금까지 공리주의가 매력적이면서도 실제로 작동할 수 있는 이론으로 발전해나갈 길을 살펴보았다.

● 행복의 본질에 관한 몇 가지 결론적 생각

이 장을 마치기에 앞서 지금까지 줄곧 독자들을 괴롭혀왔을 문제를 제기하지 않을 수 없다. 바로 행복이란 도대체 무엇이냐 하는 것이다. 이 장 전반에 걸쳐 강조한 바 있는 공리주의의 이점 가운데 하나는 그 이론에 내포된 자연주의 논리다. 공리주의자들은 어떻게 우리가 한편으로는 도덕을 신뢰하면서 다른 한편으로 이 세상엔 자연과학으로 설명할 수 없는 것이 존재하지 않는다고 믿을 수 있는지를 보여준다. 이와 관련 있으면서 매력적인 또 다른 이점은 공리주의 이론이, 다른 여러 경험적 의문에 답하듯이 도덕적 의문에 대한 답을 내놓으려고 시도한다는 점이다. 이를 위해 공리주의자들은 세상이 어떻게 돌아가는지를 들여다보며, 최대의 행복을 어떻게 만들어낼지를 궁리한다. 공리주의자들에게 도덕적 의문이란 기술적인 문제와 다를 바가 없다. 목적을 가장 효율적으로 이룰 길을 찾아내면 되는 것이다. 이런 공리주의자들의 견해는 도덕적 추론방법에서 큰 발전이라고 아니할 수 없다. 이 책을 열던 첫 대목에서, 인간의 도덕적 세계를 이해하기 위해 사용하려는 도덕적 추론과 탐구 방식이 대체로 모호하여 다른 형태의 추론과는 다르다는 느낌을 받았기 때문이다. 어쨌거나 행복은 측정될 수 있다는 가정이 성립한다면, 이것 역시 커다란 진보다. 행복이 실제적이고, 구체적이며, 잴 수 있는 것이라면, 공리주의자들의 기획은 무척 희망적이다. 그러나 여기에도 하나의 잠재적인 문제가 그림자를 드리운다. 행복이 정의하기 어렵다거나 도덕적으로 논쟁의 여지가 있는 제 나름의 판단에 따라 정의된다면, 공리주의 견해는 자연주의적으로 정리되기가 어려울 것이기 때문이다.

문제는 바로 세상에는 경험적 조사에 적합한 것들이 따로 있다는 사실이다. 그것들은 '바로 저기에' 있고, 그 본질이 밝혀지기를 기다리고 있다. 예를 들어, 어떤 방 안에 식탁이 몇 개 있는지를 알려고 한다면, 방 안을 둘러보며 수를 세면 된다. 거기에는 독립적으로 정의될 수 있는 답이 우리를 기다린다. 그런데 다른 한편에는 경험적 조사에 적합하지 않은 것들이 따로 있어서, 이들을 판단하려면 먼저 하나의 평가적 시각을 지녀야 한다. 예컨대, 방 안에 있는 식탁들이 '가지런히' 정리되어 있는지, 아니면 '어지럽게' 흩어져 있는지를 판단하려면 먼저 하나의 평가적 시각을 지녀야 한다. 공리주의는 다음 문제부터 해결해야 한다. "무엇이 최대의 행복을 가져오는가?"라는 공리주의의 기본적 의문이 "방 안에 식탁이 몇 개 있는가?"라는 경험적 의문에 가까운지, 아니면 "방 안에 있는 식탁들이 정리되어 있는가, 아니면 흩어져 있는가?" 같은 경험적 의문에 가까운지를 결정해야 한다. 공리주의가 나타난 동기를 살펴볼 때 설명했듯이, 공리주의자들은 행복의 문제를 경험적인 것으로 보려는 경향을 띤다. 공리주의가 내세우는 강점 하나는 윤리를 애매하지 않은 방식으로 다루는 데 있다고 알려졌다. 행복의 문제를 평가적으로 판단해야 한다면, 공리주의에 대한 고찰을 시작할 때 나온 의문들이 다시 나온다. 행복이 무엇인지를 어떻게 알 수 있을까? 어떤 측면에서 그러할까? 행복이 경험적 사실이 아니라면, 어떤 종류의 사실이 행복에 관한 사실일까? 여기서 공리주의자들은 행복이 어떤 방법으로건 측정될 수 있다는 견해를 지지하는 경향을 띤다.

예컨대 벤담은 행복을 단순히 쾌락이라는 느낌을 담고 있는 것으로 생각했다. 쾌락이란 느낌을 측정하기는 어렵지만, 그러한 느낌 자체는 경험적 세계의 일부임이 틀림없다. 쾌락과 괴로움의 원인이 무엇인지에 관한 개략적인 지식쯤은 이미 알려졌을 뿐만 아니라 심리학자나 그와 비슷한 사람들이 그보다 훨씬 더 많이 알 것이다. 그러므로 쾌락의 총량을 최대화하는 행위의 대안을 더 잘 예측할 수 있다. 벤담은 여러 기준들을 한데 묶어 일종의 쾌락 계산법을 내놓고, 이것으로 전반적인 쾌락의 최댓값을 산출하려 했다. 그러나 벤담은 이에 대한 비평에 부딪혀 계량화할 수 있는 행복의 개념을 내놓아야만 하는 처지로 몰렸다. 그 비평에 따르면, 행복을 계량화할 수 있다면 행복이 왜 도덕적으로 중요한지, 아니면 행복만이 왜 도덕적으로 중요한지를 설명할 수 없으리라는 것이었다. 밀은 이런 비평에 답하려고 쾌락을 '더 고상한' 것과 '더 비천한' 것으로 구분하는 유명한 논리를 발전시켰다.[6] 벤담은 행복과 쾌락을 동일한 것으로 전제하여 행복을 측정하려다가 고작 '돼지들에게나 들어맞을 철학'에 지나지 않는다는 비평을 사고 만다. 벤담식의 공리주의가 통하려면 사람들이 돼지에 훨씬 더 가까운 존재가 되어, 이상을 추구하기보다는 손쉽게 즐길 수 있는 쾌락을 추구하는 (시를 읽을 것이 아니라, 단추를 누르며 즐거워하는 어린이 게임에 빠져드는 식의) 사회가 되어야 한다. 하지만 그런 사회는 하나의 이상향이 아니라 헉슬리의

『멋진 신세계』[16]에서처럼, 하나의 악몽에 지나지 않는다는 것이었다. 쾌락을 측정할 수 있을지는 모르지만 우리가 좋은 삶에서 누리고 싶어 하는 것은 그것만이 아니다. 또 그것만이 우리를 행복하게 해주는 것 또한 아니다. 이 대목에서 밀은 양쪽의 주장에 다 같이 일리가 있음을 인정한다. 행복이 곧 쾌락이라는 벤담의 말은 옳다. 하지만 어떤 삶의 방식이 다른 삶의 방식에 비해 더 '고상하다'는 비평 역시 옳다는 것이다. 밀은 쾌락에 관한 한 하나의 삶에서 우리가 할 수 있는 어떤 일은 다른 일보다 더 중요하다는 비평에 동의한다. 어떤 삶의 방식은 비단 더 많은 쾌락을 가져올 뿐만 아니라, 더 나은 종류의 쾌락을 가져올 수 있다는 것이다. 그렇지만 더 나은 종류의 쾌락이란 말은 다시금 평가적 판단을 해야 한다는 의미로 들린다. 그러한 평가적 판단이 어떻게 실질적인 단 하나의 경험적 판단이 될 수 있는지, 그리고 언제나 경험적 판단이 될 수 있는지에 관해서는 아무 말이 없다.

    오늘의 공리주의자들은 행복이 쾌락에서 비롯된다는 주장을 더는 내놓지 않으려 한다. 오늘날 가장 인기 있는 행복의 개념은 선호에 대한 만족이다. 달리 말하자면, 바라는 것을 더 많이 얻을수록(다시 말해서, 선호를 충족할수록) 더 행복해진다는 것이다. 물론 어떤 선호는 다른 것에 비해 더 강력할 수 있어서 나를 행복하게 하는 데 그만큼 더 이바지할 것이다. 선호를 만족하게 해주는 견해는 쾌락주의를 한층 발전시

---

16   『 Brave New World』 (1932): 문명이 극도로 발달하여, 과학이 모든 것을 지배하는 세계를 그린 반유토피아적 풍자소설.

킨 것이다. 이 견해는 인간이 비단 즐거움만을 추구하는 것이 아니라 일련의 다른 것들도 (그리고 비단 그것들에서 얻을 수 있는 쾌락만이 아닌 다른 것들도) 함께 추구할 수 있다는 사실을 참작하기 때문이다. 사람들의 선호는 경험적으로 확인할 수 있는데, 이는 행위를 관찰하거나 아니면 (사람들은 자신의 욕망과 선호를 충족하려 하며 그 우선순위를 자신들의 행위로 나타낸다는 가정 아래) 사람들에게 무엇을 선호하는지 직접 물어보는 방법으로 가능하다. 그런데도 바라는 것을 얻는 사람은 반드시 행복해지는지 또는 사람들이 바라는 것을 허용하는 것만이 도덕적으로 중요한 일인지 하는 의문은 여전히 남는다. 사람들은 더러 어떤 것에 관해 제대로 알지 못하는 상태에서 그것을 얻으려 하며 그것을 얻게 되면 실제보다 더 좋을 것으로 상상하기도 한다. 그것들이 실제로 무엇인지 알 수 있다면 더 얻으려 하지 않을 것이다. 그뿐 아니라 사람들은 더러는 사소하고 무의미한 것들을 추구하면서 정작 자신의 삶에서 중요한 것들에게서 멀어지는 경우 또한 있지 않은가? 사람들이 바라는 것이 실상은 가치 없는 것들인데, 그것을 마련한다고 세상이 더 좋아질까? 그러므로 선호를 만족하게 해주는 일만이 행복이란 무엇인지를 경험적으로 이해할 수 있는 유일한 방법이 아니며, 논쟁의 여지없이 분명한 방법도 아니다. 그렇지만 행복이란 것을 경험적으로 파악하지 않는 한, 때때로 공리주의자들은 자신들의 이론이 내놓는 반직관적인 결론들을 변호하기 위해 자연주의에 의존할 수 없다.

● 결론

공리주의는 중요한 것은 행복이고 불행에서 벗어나는 것이라고 주장한다. 행위는 오직 이 목적을 달성하는 수단이 될 때에 옳은 것이 되며, 최대의 행복을 가져지 못할 때에는 나쁜 것이 된다. 공리주의는 여러 가지 이점을 지닌 도덕론이다. 그것은 도덕이 무엇이며, 옳고 그름을 무엇으로 가리는지를 명백하고도 확실하게 (예컨대, 결과를 측정하는 방법으로) 설명한다. 또 공리주의는 현행의 사회적 관행과 관습을 평가하는 데 적용할 수 있는 분명하고 결정적인 기준을 마련해준다. 그렇지만 공리주의는 다양한 비평을 받고 있다. 그 가운데 우리가 살펴본 비평은 공리주의가 비도덕적인 행위를 조장하고, 적용하는 데 시간이 오래 걸리고, 삶에 의미를 부여하는 기획이나 관계를 억제한다는 것 등이었다. 이에 대한 해법을 찾기 위해 규칙 공리주의를 살펴보았다. 규칙 공리주의는 우리에게 돌아올 결과를 헤아리기보다는 사회적으로 유익한 규칙들을 따르도록 권장한다. 그러나 규칙 공리주의는 도덕적 규칙의 진정한 바탕이 무엇인지를 설명하지 못한다며 의무론자들의 비평을 산다. 또 공리주의라 하기에는 불충분하다며 공리주의자들의 비평에 부딪힌다. 가장 강력한 형태의 공리주의는 공리주의 도덕론이 옳은 행위의 기준을 제시하는 이론이라고 주장할 것이다. 또 공리주의적 행위자가 옳은 행위를 최대한 실천하기 위해 어떻게 생각하고 행위해야 할지는 오직 경험을 쌓아가는 가운데 터득할 일이라고 주장할 것이다. 그러나 공리주의가 바람직한 이론이 될 수 있으려면 행복을 측정할 방법을 찾아야 한다. 설령 행복(즐거움을 느끼고 바라는 것을 충족하는 것)을 측정할 수 있다 하더라도, 그것만이 도덕적으로 중요한 일이라고 할 수 있을지는 분명치 않다.

● 토의사항

1. 어느 비평가가 공리주의는 논리상 실패하게 되어 있다고 생각할 경우, 그렇게 생각할 만한 이유가 무엇인지 설명할 수 있을까? 이런 생각은 공리주의에 대한 옳은 비평일까, 아니면 그런 비평을 벗어날 수 있는 새로운 공리주의 이론이 있을까?

2. 노예제도를 시행하여 사회 전반이 더 행복할 수 있다 해도, 그 제도는 나쁜 것일까?

3. 어떤 행위를 하기에 앞서 그 행위가 어떤 결과를 가져올지 미리 알 수 있을까? 우리가 어떤 행위를 한 다음이라 해도, 그 행위에 뒤따르는 수없이 많은 효과들이 나타나지 않을까? 그 모든 효과가 무엇인지 어찌 알 수 있을까? 이러한 의문에 비추어 공리주의에는 심각한 문제가 있다고 말할 수 있지 않을까?

4. 이 장에서 공리주의는 하나의 자연주의 이론으로 제시되었다. 말하자면, 공리주의는 의무론적으로 '마땅히 해야 하느니라' 식의 모호한 표현과 신비주의적인 요소들을 털어냈다. 그렇다고 해서 공

리주의가 우리를 도덕적으로 '마땅히 해야 할' 것들에서 빠져나오게 할 수 있을까? 예를 들어, 공리주의는 행복을 증진해야 한다고 말하는데, 이것이 단순히 어떤 현실은 다른 현실보다 더 많은 행복을 담고 있다고 말하는 데서 진일보한 것일까? 밀은 『공리주의론Utilitarianism』 4장에서 모든 사람이 행복을 바라므로 행복은 '바람직한' 것이라고 주장하는 동시에, 한 사람의 행복이 그 한 사람에게 좋은 것처럼 모든 사람의 선은 모든 사람에게 좋은 것이라고 주장한다. 이 주장이 그럴법하게 들리는가? 이 주장은 '해야 하느니라' 식의 모호한 말을 해야 할 필요에서 공리주의가 벗어났음을 보여줄까?

5. 행복이란 무엇일까? 그것을 측정할 수 있을까? 공리주의가 주장하는 것처럼, 행복은 매우 중요한 것이기에 이를 최대화하는 것이 우리가 지고 있는 도덕적 의무의 전부라고 말할 수 있을까?

■ 주

1) J. J. C. Smart, "An Outline of a System of Utilitarian Ethics," in J. J. C. Smart and Bernard Williams, *Utilitarianism: For and Against* (Cambridge: Cambridge University Press, 1973), 30.
2) 이를 가리켜 흔히 '에우튀프론' 딜레마Euthyphro problem라고 하며, 플라톤의 대화에서 처음 제기되었다. 7장의 '『에우튀프론』 딜레마' 참조.
3) M. Foucault, *Discipline and Punish: The Birth of the Prison*, trans. A. Sheridan (Harmondsworth: Penguin, 1991).

4) W. Godwin, *Enquiry Concerning Political Justice and Its Influence on Morals and Happiness* (various editions), Vol. 1, bk 2, ch. 2.
5) J. Rawls, "Two Concepts of Rules," *Philosophical Review* 64 (1955): 3~32.
6) 여기서 우리는 1장의 '고급 쾌락이란?'에서 살펴본 주제로 되돌아간다.

■ 더 읽을 책

J. Bentham, *Introduction to the Principles of Moral and Legislation* (various editions). 공리주의 이론이 안고 있는 몇 가지 문제들을 주저 없이 인정하는 동시에, 그 문제들을 독창적이고 일관성 있게 파헤쳐 설명한 공리주의의 고전적 선언이다.

J. S. Mill, *Utilitarianism* (various editions). 공리주의에 관한 또 하나의 고전서. 밀은 '고급' 문화에의 욕구를 더욱 절실하게 다루었으며, 그것이 공리주의에 접목될 수 있음을 설명하려 했다.

W. Shaw, *Contemporary Ethics: Taking Account of Utilitarianism* (Oxford: Blackwell, 1999). 훌륭한 공리주의 입문서다.

J. J. C. Smart, "Extreme and Restricted Utilitarianism," in J. Rachels, *Ethical Theory* 2 (Oxford: Oxford University Press, 1998). 규칙 공리주의에 관한 훌륭한 해설서. 규칙 공리주의를 공리주의의 관점에서 본 몇 가지 주요 비평들이 함께 실려 있다.

R. M. Hare, "What is Wrong with Slavery," reprinted in P. Singer (ed.), *Applied Ethics* (Oxford: Oxford University Press, 1986). 공리주의는 전반의 결과가 좋기만 하다면 노예제도 같은 비도덕적인 것까지도 합리화하려 한다는 주장에 대한 반론으로, 설명이 솔직하고 내용이 풍부하다.

P. Railton, "Alienation, Consequentialism and the Demands of Morality," reprinted in S. Scheffler (ed.), *Consequentialism and Its Critics* (Oxford: Oxford University Press, 1988). 현대의 '간접' 공리주의를 잘 예시하여, 공리주의가 우정이나 사랑과 조화되기 어렵다는 문제를 설명하는 동시에 이에 대한 해법을 제시한다. 또한, 공리주의적 행위자와 이론가의 사회에 대한 관계라는 폭넓은 문제를 다룬다.

5장

칸트의 윤리학

● 인간의 존엄성

우리는 때때로 부당한 대우를 받고 있다고 생각할 때가 있다. 어떤 사람이 정당하다고 생각하는 바에 따라 자신을 대우했을 때, 부당한 대우를 받고 있다고 여기는 사람은 자신이 대우받은 방식을 놓고 속상해하기도 한다.

경찰이 우리를 둘러싸더니 짐승 다루듯 거리 한구석으로 몰아붙였다. 그 사이 시위대의 다른 사람들은 그 옆으로 지나갔다. 그들의 눈에는 우리가 울타리 안으로 밀려들어 가는 가축처럼 보였을 것이다.

나를 어린애 취급하듯 늘 감싸는 투로 말하면서 모든 걸 혼자서만 아는 체하지 마. 내 일은 내가 알아서 할 거야. 난 애가 아니거든. 그러니 그런 식으로 날 취급하지 마!

위의 사례는 짐승 같으면 둘러싼 뒤 강제로 몰아붙여도 되고 아이 같으면 그에게 무엇이 제일 좋은지를 남이 결정해줘도 된다는 말로 들린다. 하지만 위에서 말하는 사람들은 자신들이 짐승도 아니고, 아이도 아니므로 마땅히 그와는 다른 대우를 받아야 한다고 주장한다. 두 사람이 하려는 말은 이렇다. "이봐요, 난 어른이거든요. 날 그렇게 대하면 안 되죠."

두 사람이 하는 말은 각각 조금 다른 것에 초점을 둔다. 첫 번째 사례, 경찰은 주인공에게 다른 데로 가라고 요구하거나 말을 듣지 않으면 단속할 거라고 말한 적이 없다. 그냥 몰아붙여서 그렇게 할 수밖에 없도록 했을 뿐이다. 두 번째 사례, 주인공은 자신이 할 바를 스스로 결정할 수 없는 사람처럼 취급받았다고 분하게 생각한다. 하지만 두 사례 모두 기본적으로 밑바닥에 동일한 문제가 깔려 있다. 더 솔직하고 열려 있는 그리고 정직한 말을 한마디만이라도 들었어야 마땅했다고 생각하는 것이다. 미리 설명을 들었더라면, 자신들이 할 바를 스스로 정할 수 있었을 것이다. 남이 그들에게 무엇을 하라고 지시하고, 한곳으로 모이라고 명령하고, 그들에게 필요한 것을 남이 더 잘 아는 듯 결정해주는 것 따위를 그들은 전혀 바라지 않는다. 그들은 실제로 받은 대우와 바람직한 인간관계를 암암리에 대비시킨다. 이상적인 인간관계에서는 사람들이 서로 존중하고 타인의 독립성을 인정한다. 자신을 위해 스스로 옳은 결정을 내릴 것으로 기대한다. 강제하거나 감독할 일이 없다. 두 사람의 주인공은 각각 자신을 대한 사람들이 인간관계의 이상에서 크게 벗어나 자신을 믿을 수 없는 존재나 스스로 바른 행위를 할 줄 모르는 존재로 다뤘다고 불평한다. 그러므로 두 사례에 공통으로 나타난 문제는 사람을 존중하지 않았다는 점이다. 두 주인공 모두 "내가 온전한 성인이란 사실을 존중하라"고 말하고 싶었을 것이다. 온전한 성인이란 사실을 존중했다면, 주인공들을 짐승이나 어린아이처럼 취급할 여지가 전혀 없었을 것이며, 자신의 일을 스스로 결정할 능력을 지닌 존재로 대우했을 것이다.

칸트 윤리학의 핵심에는 바로 이런 존중사상이 자리 잡고 있다. 저 유명한 정언명령(칸트가 도덕의 기본 원칙에 붙인 명칭) 가운데 한 정식에서, 칸트는 '인간을 단순한 도구로 대해서는 안 되며 마땅히 목적으로만 대하라'고 주장한다. 타인을 자신의 도구로 이용해서는 안 된다는 것이다. 사람은 모두 특별한 가치와 지위를 지녔고 이것은 존중되어야 한다. 바로 여기에 그의 특별한 존엄성이 깃들어 있다. 두 주인공은 자신이 마땅히 이런 대우를 받았어야 한다고 주장하고 싶을 것이다. 칸트도 그렇게 생각할 것이다. 모든 사람은 다만 사람이라는 이유만으로 타인을 존중할 의무를 진다는 데 동의한다. 그는 인격의 존중을 믿었다.

그런데 여기 나오는 '존중'은 칭찬의 뜻으로 쓰인 존중이란 개념과는 다른 것이다. 어떤 사람을 칭찬한다는 뜻에서 그를 존중한다면, 보통 그 사람이 이룩해 놓은 것의 우수함을 칭찬한다는 뜻이다. 어떤 여성이 훌륭한 작가, 운동선수, 군인, 요리사 또는 위대한 상상력이나 인간성을 발휘한다면, 사람들은 그 여성을 존중하거나 존경한다. 칭찬으로서의 존중이나 존경은 어떤 사람의 뛰어남을 대상으로 한다. 그러한 존중이나 존경은 비범한 업적에서 비롯한다. 칸트가 관심을 둔 존중은 이와는 다르다. 그것은 다른 사람에게서 간섭, 감독, 지도, 강제 같은 것을 받지 않고도 자율적으로 행위하는 능력 혹은 자신의 결정을 독립적으로 할 수 있는 능력에 관한 것이다. 칭찬이란 뜻의 존중이나 존경은 얻어내야만 하는 것이고 얻어낸 사람은 그렇지 않은 사람에 비해 위계상으로 더 나은 자리에 있게 되지만, 칸트가 말하는 존중이나 존경은 모든 사람에게 조건 없이 평등하게 적용된다. 기본적인 존엄은 그 바탕이 되는 자율의 능력을 잃지 않는 한 잃어버릴 수가 없다.

칸트의 윤리학은 자율적인 개인에게 똑같이 존중받을 자격이 있음을 인정한다. 결정을 내릴 수 있는 능력을 똑같이 인정한다는 뜻이다. 이것은 곧 타인의 삶에 관여하는 데 한계가 있음을 뜻한다. 개인들 사이에 경계선이 있음을 인정해야 함을 말한다. 각 개인은 자신의 행위에 대해 독립적이고, 자신의 결정에 대해 책임을 지기 때문이다. 자신이 어떻게 행위할지 스스로 결정하는 자율적인 개인은 그에 대해 책임을 진다. 따라서 이 절의 첫 대목에 나온 주인공들이 그리던, 칸트 윤리학의 기본 구도와 그것이 제시하는 이상적인 인간관계는 모든 행위자가 서로의 독립성을 인정하고 각각의 개인이 독자적인 권리 영역 안에서 자신만의 권위를 누리며 다른 사람들이 침범할 수 없는 세상에서만 실현될 것이다. 물론 각 개인이 스스로 바라는 모든 것을 할 자유를 지닌 건 아니다. 타인의 영역을 침범할 수 없기 때문이다. 기본 사상은 모든 사람에게 스스로 가장 적절하다고 생각하는 대로 행위할 자유가 주어진다는 것이다. 자율적 존재인 인간이 간섭을 받지 않고 스스로 결정할 수 있는 것은 곧 인간이 지닌 존엄성의 일부다. 개인의 존엄은 개인이 다른 개인에게 비슷한 자유를 허용한다는 전제 아래서 존중된다. 이들이 이러한 자유를 누리는 건 자신의 행위를 스스로 결정할 능력을 지녔기 때문이다.

칸트의 견해는 공리주의의 반대편에 서 있다. 공리주의자들은 행위가 가져오는 행복이나 불행의 크기로 행위의 옳고 그름을 가린다. 불행을 뒤덮고도 남는 행복의 양이 클수록 옳은 행위인 것이다. 여기서 공리주의자들은 의문스러운 결론으로 나아간다. 예컨대 소수를 노예화하여 사회 전반의 행복을 최대화할 수 있다면, 공리주의자들은 그것을 옳은 행위라 말해야 할 것이다. 그렇지만 칸트는 설령 최대의 행복을 실현한다 하더라도, 노예제는 나쁜 것이라고 (매우 직관적으로) 생각한다. 칸트가 볼 때 노예제는 노예들을 목적을 달성하기 위한 수단처럼 희생물로 삼아 그 사회의 나머지 부분을 위해 사용하는 것이기에 나쁘다. 노예제는 노예를 자율적 결정능력이 없는 존재로 취급하기에 기본적으로 인간의 존엄성과 양립할 수 없다. 노예들은 단순히 사람들의 재산이 될 뿐이다. 노예제는 인간의 자율을 무시하기에 그 결과가 어떠하건 간에 나쁜 것이다. 인간의 존엄성을 존중한다는 건 행복을 추구하는 과정에서 도덕적으로 허용될 수 있는 것에 한계가 있음을 뜻한다.

- 인간을 단지 수단으로
  취급하는 것이 왜 나쁜 일일까

칸트가 사용한 '수단'이나 '목적'이라는 말에는 좀 이상한 데가 있다.

이것은 무엇을 뜻하는 말일까? 앞서 지적했듯이, 기본 사상은 이미 잘 알려졌다. 사람들은 완전한 성인에게 합당한 만큼 어느 정도의 존중을 해달라고 흔히 말한다. 인간의 존엄성을 합당하게 존중한다는 말이 무엇을 뜻하는지 알아보기 위하여 칸트가 무엇이 그러한 존엄성을 부여한다고 생각했는지 살펴보기로 한다.

칸트는 인간이 (동물이나 식물이나 미치광이나 아주 어린 아기가 아닌) 합리적 행위자이기에 존중을 받아 마땅하다고 말한다. 합리적 행위자라 하여 언제나 합리적으로 행위한다는 뜻은 물론 아니다. 이 말의 의미는 때로 인간이 비합리적으로 행위할 때가 있다고 해도, 인간은 합리적 행위를 할 능력을 지녔다는 것이다. 칸트는 이성적 존재는 자유로운 존재이기에 기본적으로 비이성적 존재와는 구별되어야 한다고 말한다. 이런 자유에는 긍정적인 측면과 부정적인 측면이 있다. 자유의 부정적 측면은 곧 이성적 존재는 자신의 추론과 결정이 아닌 다른 추론이나 결정의 영향을 받아 행위하지 않음을 뜻한다. 동물 같은 비이성적 존재는 스스로 묻거나 평가하지 않고 본능과 충동에 따라 행동한다. 굶주린 동물 앞에 먹이를 놓아두었을 때 동물이 그걸 먹어치운다는 건 두말할 나위 없이 확실한 일이다. 이 과정에 간섭할 수 있는 단 한 가지는 동물이 그것에 선뜻 다가서지 못하도록 억제하는, 예를 들면 두려움 같은 더 큰 충동을 느끼게 만드는 일이다. 하지만 동물은 과연 그 먹이를 먹어야 할지 같은 의문을 결코 제기하지 못한다. 칸트는 인간이 주어진 방식으로 행위해야 할지, 아니면 하지 말아야 할지를 언제나 스스로 물을 수 있기에 기본적으로 동물과는 다르다고 주장한다. 또한, 인간은 기본적으로 이러한 의문을 제기할 수 있기에 인간의 자유를 인정하지 않으면 안 된다. 인간은 단순히 타고난 본능이나 충동만으로 행위하도록 결정되는 존재가 아니다.

자유의 긍정적 측면은 인간이 이성적으로 행위할 수 있음을 뜻한다. 이성적으로 행위한다는 건 이성을 바탕으로, 다른 행위가 아닌, 어느 특정 행위를 이해하고 실행할 수 있음을 뜻한다. 굶주린 개는 본능에 따라 밥그릇으로 달려가지만, 인간은 행위를 하기에 앞서 심사숙고할 수 있다. 하려는 행위의 이점과 불리한 점에 관해 여러모로 생각할 능력이 있다. 생각을 비교해보고 가장 좋아 보이는 행위를 결정한다. 하나의 행위에 장단점이 있는 이유를 생각할 수 있고, 그 행위를 해야 할 가장 강력한 이유를 고려하여 결정한 바를 실행하는 능력을 지닌다.

칸트의 견해에 따르면, 인간이 동물과 다른 점은 행위의 바탕이 다르기 때문이다. 인간은 본능이나 충동에서 동기를 마련하는 것이 아니라 하려는 행위에 대한 심사숙고를 거쳐 각각의 장단점에 상당하는 비중을 매기는 식으로, 이성에 따라 동기를 마련한다. 그렇다고 인간이 늘 이성에 따라 행위한다는 의미는 아니다. 그렇지만 이성에 따라 행위할 경우, 인간은 자율적으로[17] 그렇게 하는 것이다. 반면 때때로, 인간은 자신을 본능에 내맡기기도 하는데, 이때 인간은 타율적으로[18] 움직인다.

---

17 autonomously: 그리스어 auto와 nomos에서 나온 말로 자기 규율이란 의미. 즉 인간은 자신의 결정을 스스로 내린다는 뜻이다.
18 heteronomously: 자율과 대조되는 말. 인간이 자신 밖에서 오는 작용에 따라, 자율적인 사고가 아닌 단순한 본능에 따라, 자신의 추론과 이해를 바탕으로 해서가 아니라 그 바깥에서 오는 힘에 따라 움직인다는 의미. 즉 인간의 자유로운 결정에 의해서가 아니라 자연이 인간을 통해 행위를 한다.

● 인간은 자유를 어떻게 인식할까

칸트가 이 사례를 든 까닭은 인간이 서로의 자유를 인정한다는 점을 보여주기 위해서다.[1] 가령 폭군이 다스리는 왕국에 산다고 하자. 어느 날 폭군이 갑자기 나를 잡아가더니 허위진술서에 서명하라고 강요한다. 폭군에 대항하여 반기를 들고 일어난 용감하고 덕망 있는 한 투사를 처형하려는 구실을 마련하는 것이다. 허위진술에 서명하여 죄 없는 반란자를 없애려는 폭군의 음모를 도와주느냐, 아니면 죽임을 당하느냐 하는 갈림길에 서 있다. 내가 짐승이라면 자기 보존의 본능에 따라 거짓말을 하고 살 길을 찾으려 할 것이다. 그러나 칸트가 생각할 때 나는 거짓말을 해서는 안 된다는 걸 잘 알고 있을 것이고, 거짓말해야 할 까닭도 없다. 나는 다만 자기 보존의 강력한 본능에 이끌려 자기 기만을 할 수밖에 없는 처지에 놓일 뿐이다. 자유로운 선택의 길은 열려 있지 않은 듯하다. 바로 이 대목에서 사르트르가 말하는 '나쁜 신념'의 죄를 저지를 참이다. 사실 나에게는 모든 선택의 길이 항상 열려 있는데도, 아무런 선택의 여지가 없다는 구실을 내세워 일을 수월하게 풀어보려는 것이다.

여기서 칸트는 인간이 불합리하게 행위할 때가 있긴 하지만, 그렇더라도 합리적으로 행위할 수 있다는 사실을 인정해야 할 것이라고 주장한다. 따라서 본능에 떠밀려 그럴 수밖에 없었노라고 말하는 건 다만 스스로 마음 편히 생각하려고 내세우는 나쁜 구실에 지나지 않는다. 인간이 이성적인 존재라는 사실은 인간이 어떤 일에 대하여 깊이 생각하고 앞에 놓인 여러 행위들의 대안이 지닌 장단점을 저울질할 능력이 있음을 의미한다. 바로 이 점에서 인간은 기본적으로 그 밖의 자연 만물과 다르다고 할 수 있다.

이렇게 보면, 인간이 지닌 자유는 (사르트르가 그랬듯이) 오히려 부담이 아닐 수 없다. 하지만 이성적 행위자에게는 자연의 다른 부분들이 누리지 못하는 도덕적 지위와 존엄이 주어져 있다. 칸트의 이러한 견해는 이성적 존재는 신성하기에 그를 함부로 침해해서는 안 된다는 말에서 가장 뚜렷이 드러난다. 이성적 행위자는 동물이나 어린아이와는 다른 대우를 받아야 한다. 이성적 행위자에 걸맞은 대우를 해야 한다. 이것이 대체 무슨 뜻일까? 행위의 대안들을 비교하면서 동물이나 어린아이와는 다른 방식으로 선택하거나 결정할 수 있다는 인간이란 존재를 어떻게 대우하는 것이 합당할까? 그 답은 스스로 선택하도록 이성적인 인간을 그냥 놔두라는 것이다. 이성적 행위자가 어떻게 행위할지 스스로 정하도록 허용하는 것만이 스스로 선택할 능력이 있는 인간을 그가 지닌 능력의 중요성에 걸맞게 대우하는 길이다.

● 사람을 이성적 행위자로 존중하는 길

스스로 결정을 하도록 한다고 해서, 어떤 방식으로건 인간의 선택에 영향을 미쳐서는 안 된다는 뜻은 아니다. 다른 사람의 행태를 변경하기 위해 영향을 미치는 방법에는 두 가지가 있다. 이성적인 토의와 비이성적인 수단이다. 어떤 사람이 마음먹고 있는 바를 하지 않도록 설득하기 위해 그것을 하지 말아야 할 적절한 이유를 제시한다면, 그를 하나의 이성적 행위자로 대하는 셈이다. 이성적 행위자만이 제시된 이유를 이해할 수 있을 것이다. 그러므로 이성적 행위자가 이해하리라는 기대에서 그런 이유를 제시하더라도, 그의 존엄성은 전혀 손상되지 않을 것이다. 하지만 그의 이해 능력을 도외시하면서 부정직한 수단으로 그의 행위에 영향을 미치려 한다면, 이야기는 달라진다. 하나의 예로, 자본주의 사회에서 영업 광고를 바라보는 두 가지 관점을 생각해보자. 한 관점에 따르면, 광고는 소비자에게 제품 관련 정보를 제공하는 행위인바, 이런 활동을 하지 않는다면 소비자가 사고 싶어도 그 제품에 관하여 아는 바가 전혀 없으므로 사지 못할 것이다. 물론 광고자들은 가장 유리한 방향으로 제품을 내보이겠지만, 그렇다고 실상을 조작하는 건 아니다. 그런데 이러한 시각은 너무나 장밋빛 안개 속에서 광고활동을 바라보는 것으로 생각할 사람들도 있을 것이다. 두 번째 견해에 따르면, 광고자들은 단순히 더 많은 제품들을 내다 팔기 위해 명백한 거짓말까지는 하지 않을지 몰라도, 온갖 수단과 방법을 가리지 않는다는 점이다. 제품의 이미지를 행복한 가족, 벌거벗은 여성, 산악 풍경 등에 결부하여 매출을 늘릴 수 있다면, 설령 이것들이 제품 가치나 기능과는 아무 상관이 없다 해도 그리할 것이다. 칸트의 견해를 엄격히 따르자면, 두 번째 견해는 조작적이어서 나쁜 방법이다. 타당하지 않은 이유를 내세워 어떤 제품에 매력을 느끼게 하는 방법으로 사람들의 행태에 영향을 미치려 하기 때문이다. 다른 사람을 이성적 행위자로 대하려면 이러저러한 행위를 하는 데 대하여 타당한 이유를 제시하고 그들이 스스로 마음을 정하도록 하는 것이 옳다는 것이다.

이 사례가 의미하는 바는 사람을 이성적 행위자로 대하려면 다음

두 가지 기본적인 잘못을 범하지 말아야 한다는 것이다. 강제와 기만이 바로 그것이다. 두 가지 모두 나쁜 까닭은 강압과 기만을 당하는 사람이 어떻게 할 것인지 결정하는 일을 강압과 기만을 실행하는 사람이 한다는 점이다. 어떻게 할지에 대한 자유로운 선택권을 소비자에게 주는 것이 아니라 광고자가 바라는 대로 소비자가 선택하도록 상황을 뒤틀어놓는 것이다. 다른 사람을 강압하거나 강요하는 경우, 예를 들어, 총부리를 머리에 들이대고 수표를 발행하라고 밀어붙이는 건 위협을 당하는 사람이 그 상황에서 자유로이 선택할 수 없게 만드는 행위다. 누군가를 강압하는 행위는 그 사람에게 수표를 발행해달라고 요청하는 행위와는 다르다. 요청한다는 것은 요청받는 사람이 자신의 결정을 자유롭게 할 수 있도록 허용하는 것이기 때문이다. 강압한다고 해서 강압받는 사람이 반드시 어떤 행위를 하게 만드는 건 아니라고 주장할 사람이 있을지 모른다. 즉 강압하는 사람은 강압 받는 사람에게 거부할 자유를 남겨주고 있다는 것이다. 물론 요구를 거부할 경우, 끔찍스러운 결과가 빚어질 것은 분명하다. 그런데 기만의 경우에는 이 희미한 한 줄기 자유마저 허용하지 않는다. 예를 들어, 어떤 사람이 돈을 빼앗기 위해 다른 사람을 기만한다면, 그 사람은 다른 사람이 어떻게 할지 결정할 자유마저 허용하지 않는 셈이다. 기만당하는 사람이 실상을 제대로 안다면 선택하지 않을 행위를 자유로이 대응할 수 없는 상황에 몰려 있으므로 선택하는 것이다. 기만당하는 사람은 스스로 자유로운 선택을 한다고 믿기에 실상을 바탕으로 하는 자유로운 선택의 여지는 사라져버리고 만다.

    칸트의 생각은 이 장의 처음에서 살펴본 두 가지 사례에서도 잘 들어맞는다. 두 사례에서 각 주인공은 스스로 결정할 수 없는 처지에 몰렸다고 불평한다. 첫 번째 사례, 경찰은 사람들을 한구석으로 몰아붙인다(사람들에게 한구석으로 가라고 요청하거나 왜 그들이 한구석으로 가야 하는지를 설명하지 않고서). 두 번째 사례, 어떤 사람이 (예를 들어, 부모가) 상대에게 생각해볼 여유조차 주지 않고 마치 자신이 상대의 결정을 대신해줄 위치에 있다는 듯 행위를 한다. 칸트는 다른 이의 일에 참견하여 당사자의 뜻과 관계없이, 그리고 당사자가 스스로 결정하는 능력을 무력화하면서 결정을 대신하는 행위(극단의 예를 들자면, 노예화)가 왜 나쁜지를 설명한다.

● 칸트의 윤리학은 우리를
  무방비 상태로 버려둘까

칸트의 윤리학은 지금까지 설명한 바와 같이, 아름다운 인간관계의 그림을 바탕에 깔고 있다. 그에 따르면, 인간은 독립적인 행위자로 대우받아야 하고 그가 지닌 의무와 독자성의 영역은 존중되어야 하며, 자신의 일을 스스로 결정할 수 있어야 한다. 이것은 상호신뢰의 이상형이다. 이런 이상적인 인간관계가 가능한 건 인간이 이성에 따라 자율적으로 행동할 능력을 지녔기 때문이다. 인간은 책임 있게 행동할 수 있다고 신뢰받고 있기에, 강압적인 침해를 받지 않는 가운데 책임 있게 행동하도록 허용되어야 한다. 칸트가 중요한 사실을 지적한 것은 사실이지만, 그럼에도 그의 견해는 한 가지 문제점을 안고 있다. 칸트의 견해에서 볼 때, 위에서 설명한 인간관계의 이상은 단순한 이상이 아니라는 점이다. 칸트의 견해는 거기서 한 걸음 더 나아가 인간을 자율적 행위자로 존중할 것이 요구된다고 주장한다. 이성적 행위자를 존중한다는 것은 칸트의 윤리학에서 기본 신념의 하나다. 그런데 이성적 행위자가 나쁜 일을 하기로 할 때는 문제가 생긴다. 이성적으로 행위하는 능력을 잃고 미친 짓을 한다면 더는 그를 존중할 의무가 없어진다. 그 행위자는 여전히 이성적으로 행위할 능력이 있다는 의미에서 자율적 존재지만, 나쁜 행위를 하고 타율에 따라 움직이는 것이 문제다. 그 사람이 타율에 따라 움직일 뿐만 아니라 그런 행위를 하는 가운데 다른 사람들을 해칠 수도 있다고 가정해보자. 참견해서 말려야 할까? 칸트의 윤리학에 비추어볼 때 간섭하는 것이 허용될 수 없는 행위라면, 우리는 그 사람의 위협 앞에 무방비 상태로 마냥 팔짱을 끼고 앉아 있어야 한다.

그러나 칸트의 원칙은 우리를 무방비 상태로 내버려두지 않는다. 칸트는 나쁜 일을 한 사람에게 벌주는 것을 허용한다. 그의 견해에 따르면, 벌 받을 짓을 한 사람에게 벌을 주는 건 정당하고 그것은 그 사람을 여전히 책임 있는 행위자로 보기 때문이다. 벌은 책임 있는 행위자가 내린 결정에 대하여 책임을 묻는 것이다. 그러나 어느 자율적 행위자가 다른 사람을 해하려고 마음먹었을 때, 그에게 벌을 줄 수 있다고 해서 문제가 해결되는 건 아니다. 잘못에 합당한 벌은 그 잘못을 저지른 다음에야 줄 수 있기 때문이다. 칸트의 윤리학은 자율적으로 행위하는 인간을 신뢰하고, 그들이 하려는 행위를 하게 두라고 가르친다. 일이 벌어진 다음이라야 벌주려고 개입할 수 있다는 것이다.

이 문제를 부각시키기 위해 칸트마저 당황해 마지않던 하나의 사례를 들어보자. 문 앞에 살인자가 와 있는 사례로, 이를 현대의 조건에 맞추어 수정한 것이다. 어떤 사내가 문 앞에 와서 나의 친구를 찾는다. 그는 비밀경찰일지 모르는데 친구를 죽일 참이다. 친구는 유대인으로 나의 집에 숨어 있다. 나는 친구가 숨어 있다는 사실을 감추고, 친구가 달아날 시간을 벌어주려고 할 것이다. 그러나 이 상황에서 칸트는 나에게 사실을 말하라고 할 것이다. 칸트가 생각할 때, 다른 사람을 이성적 행위자로 존중하는 것이 나의 기본 의무이기 때문이다. 이는 문 앞의 사내까지 이상적인 인간관계의 그림에 포함시켜야 한다는 말이다. 그 사내가 스스로 결정을 내리도록 신뢰해야 하며, 그 사내를 위해 내가 결정을 내려줘서는 안 되는 것이다. 사내에게 거짓말을 한다면 그것은 사내의 자율성을 침해하는 행위요, 사내가 타당한 사실을 바탕으로 자신의 마음을 정하는 것을 방해하는 셈이다. 보아하니 그 사내는 사람을 죽일 참이기에 사내가 결정을 하지 못하도록 방해할 만하다는 생각이 들지 모른다. 그런데도 칸트는 살인자가 자신의 마음을 정확하게 정할 수 있음을 신뢰해야 한다고 주장하는 듯하다. 사내가 마음을 바꾸도록 그와 논의할 수는 있지만 거짓말을 해서는 안 된다. 공리주의자들과는 달리, 칸트는 단순히 좋은 결과를 가져오기 위해 타인의 자율을 침해해서는 안 된다고 말한다.

칸트의 견해는 반직관적일 뿐 아니라 자기 모순으로 비치기도 한다. 칸트의 견해는 이성적 행위자를 중심에 놓고 있다. 칸트는 이성적으로 행위하는 능력은 매우 중요해서 인간은 언제나 존중되어야 한다고 생각한다. 하지만 살인자의 자율을 존중하면, 똑같이 이성적 행위능력을 지닌 친구의 죽음을 면할 길이 없다. 그러므로 정말로 이성적 행위능력의 가치를 존중한다면 그것을 다만 존중하기만 할 것이 아니라 적극 지켜주어야 할 것이다.

여기서 칸트 윤리학의 구성에서 한 가지 중요한 점을 엿볼 수 있다. 칸트의 견해에 따르면, 이성적 행위능력의 중요성은 기본적으로 자신의 행위에 대한 하나의 제약으로 작용한다. 칸트주의자들은 이성적 행위능력을 지키고 북돋우기 위해 적극적으로 행위하는 것을 허용한다. 그렇지만 가장 기본적이고 엄격한 의무는 부정적인 의무다. 그러므로 다른 사람의 책임 영역에 강제적으로나 조작적으로 개입하는 행위를 허용하지 않는다. 다른 사람들이 옳게 행동하건, 그르게 행동하건 그들에게 맡길 일이다. 그러므로 칸트의 순수한 견해에서 보면, 친구의 죽음을 슬퍼하게 될지라도 살인자에게는 사실을 말해줘야 하며, 친구가 죽임을 당하는 것은 살인자의 책임이지 나의 책임이 아니다. 칸트의 시각으로 보면, 나의 처지에서는 사실대로 말하는 것이 옳은 일이다. 나는 책임을 다하는 셈이고, 살인자의 결정에 책임질 일이 전혀 없다. 불행하게도 살인자가 나쁜 결정을 해서 친구가 죽임을 당할 수도 있다. 칸트의 관점에서 결정적인 점은 이런 상황에서 친구를 살려야 할 책임을 나에게 전혀 부과하지 않는다는 점이다. 그렇다고 칸트주의자들이 다른 사람을 도와주어야 할 의무를 전적으로 무시하는 건 아니다. 다만 타인을 존중해야 한다는 책임을 벗어나지 않는 범위 안에서만 그러한 의무를 지는 것이다.

이런 결론에는 문제가 있어 보인다. 경솔하게도 내가 비밀경찰에게 사실을 털어놓았다면 친구의 죽음에 부분적으로는 책임을 져야 한다는 것이 상식이다. 칸트주의자들 가운데 상당수는 칸트 윤리학이 내세우는 절대주의에 실망한 나머지 자리를 뜨기도 했다. 칸트의 견해는 (이성적으로 보더라도 사소하기 짝이 없는 정도의) 단순한 거짓말일지라도 절대로 나쁜 것이어서 절대로 해서는 안 된다고 주장하는 것으로 보인다. 비절대주의적인 칸트주의자들은 칸트 윤리학의 경직성을 완화하기 위해 일종의 문턱이란 개념을 끌어들이기도 한다. '남에게 강압하지 말라'거나 '거짓을 말하지 말라'는 것과 같은 도덕원칙은 일정한 한도 안에서만 타당하다는 것이다. 이런 원칙은 단순히 결과만으로 정당화되지 않는다. 이성적 행위자의 가치에 대한 반응이자 칸트가 생각하는 바와 같이 신뢰와 자율을 특징으로 하는 이상적 인간관계에 이성적인 행위자를 포함하는 데 대한 중요성에 대한 반응이다. 그렇지만 이러한 원칙을 고수하다가 너무도 나쁜 결과를 빚어낼 경우(문턱의 한계에 이를 경우)에는 이 원칙을 깨는 것이 허용된다. 이렇게 되면 살인자에게 거짓말을 해도 된다. 이때는 결과에 따라 좌우되지 않는 칸트 윤리학의 기본 정신을 살릴 수 있을 뿐 아니라, 악의 위협을 속수무책으로 바라보고만 있지 않아도 된다. 요컨대, 상호신뢰라는 게임을 즐기지 않으려는 사람들이 늘 있기 마련인데, 이런 사람들을 존중한다는 것은 비록 이상적이긴 해도 위험을 예방할 수 없다는 것이다. 그런데 이렇게 수정된 칸트의 견해가 살인자를 대하는 데는 이전보다 더 적절해보일지 몰라도 칸트 윤리학의 순수성이 손상된 것은 부인할 수 없다. 또 문턱이란 개념이 모호하게 보일 수도 있다. 과연 어느 시점에서 결과가 나쁘다고 판정해야 할까? 문턱이란 개념에 의존하는 의무론적 견해의 문제점을 해결하기 위해 크리스틴 코스가드[19]는 새로운 논리를 개발했다. 그의 논리에 따르면, 다른 사람을 수단 그 자체로 대하지 말라는 이상적인 원칙은 특정 상황에 이르면 폐기될 수 있다. 우리를 악행 앞에 속수무책으로 버려두던 의무론의 문제점이 완전히 해결된 것은 아니지만, 많은 이론가들은 칸트의 기본 사상에 담긴 당위성에 이끌려 그의 기본 이론을 끊임없이 연구하면서 그 문제점을 해결하려 시도하고 있다.

● 합리성의 요건으로서의 도덕적 요건

지금까지 살펴본 것은 칸트 윤리학의 한 측면에 지나지 않는다. 이 측면은 우리가 다른 사람(그리고 자신)을 이성적 행위자로 대우하고 존중할 의무를 띠고 있음을 강조했다. 이제 또 하나의 측면에서 칸트의 견해를 살펴보려 한다. 여기서도 합리성은 중요시된다. 칸트는 도덕적 의무나 요건은 그 자체가 합리성의 요건이 된다고 주장한다. 칸트는 도덕적 요건을 어기는 사람을 비이성적인 사람으로 본다. 다른 말로 표현하자면, 우리를 다스리는 도덕적 요건의 권위는 곧 합리성의 요건이 지닌 권위에 해당한다.

칸트의 견해를 설명하자면, 먼저 합리성의 요건이 무엇인지, 그리고 도덕적 요건이 곧 합리성의 요건이라는 주장을 내세워 칸트가 해결

---

19 Christine Korsgaard(1952~): 미국의 철학자.

하려는 문제가 무엇인지를 이해해야 한다. 그런 다음 바로 앞서 검토한 사실들이 칸트 이론의 구성에 어떻게 관련되는지, 특히 보편법칙에 맞게 행동하는 것이 도덕의 기본 원칙을 형성하는 또 하나의 길이 된다는 주장을 이끌어내는 데 어떤 영향을 미치는지 살펴보려 한다.

합리성의 요건은 무엇인가? 간단한 예로, 모순되는 두 개의 신념을 동시에 지니는 경우를 생각해보자. 예컨대, (1) 오늘은 화요일이다. (2) 화요일 저녁에 친구를 만나기로 했다. 오늘 저녁에 시간이 나는데 저녁 시간이 나느냐고 물어온다면 그렇다고 대답해줄 것이다. 이 두 가지를 동시에 생각하고 있다는 건 말이 안 된다. 이 경우를 다시 정리하면, (3) 오늘 저녁 나는 아무것도 하지 않고 있지만, 화요일 저녁에는 시간이 없을 터인데, 오늘이 화요일이라고 생각하고 있다는 것이다. 이것은 불합리하다. 이 생각들이 모두 참일 수는 없다. 뭔가는 잘못되어 있다. 이 일이 실제로 일어난다면 믿을 수 있겠지만, 그러기 전에는 모든 생각을 그대로 믿을 수가 없다. 그런데 이 생각들을 모두 믿을 수 없다고 말할 때 다음과 같은 것을 의미한다. 불일치하고 어긋나는 일들을 한꺼번에 참이라고 믿는 것이 설령 가능하다 하더라도, 깊이 생각해보면, (2)와 (3) 중에서 하나는 버려야 한다. 달리 말하면, 깊이 생각하려면 합리적이어야 한다. 내가 바라는 것이라고 모두 믿어서는 안 된다.

모순되는 생각을 하는 건 불합리하다. 적어도 합리성의 요건 한두 가지를 갖춰야만 합리적 사고가 가능하다는 뜻이다. 이 점을 다음과 같이 말할 수 있다. '증거를 바탕으로 생각하라'는 것과 '모순되는 생각을 하지 말라'는 것이다. 이런 요건은 거부할 수 없는 권위를 지닌다. 이들을 거스르면 안 된다. 우리는 이 요건들을 지켜야 한다.

칸트는 과감하게도 똑같은 내용의 도덕적 요건을 설정한다. 도덕에 대해서도 똑같은 말을 할 수 있다는 것이다. 도덕적 요건이 바로 합리성의 요건이기 때문이다. 비도덕적인 것은 동시에 불합리한 것이다. 표면상으로만 보면 잘못된 말로 들릴지 모른다. 어떤 이들이 공공 서비스 혜택을 받으면서 세금을 한 푼도 내지 않는다면 사악하고 이기적인 짓이다. 이들이 합리적일까? 합리성에 대한 일부의 개념(예컨대, 합리성이란 개인적 효용을 기대하는 것이라는 개념)에서 보면, 탈세하여 빠져나갈 길이 있다면 그렇게 하는 것이 가장 합리적인 길일 듯하다. 그런데 칸트는 왜 이것을 불합리하다고 할까?

● 정언명령

이 물음에 답하여, 칸트는 인간이란 존재에서 떼려야 뗄 수 없는 도덕의 권위를 설명한다. 그는 도덕이 인간과 불가분의 관계에 있다고 말한다. 합리성의 요건 또한 인간과의 불가분성이 있다. 그래서 칸트는 도덕의 요건이 합리성의 요건을 보여주는 예라고 주장한다. 예를 들어보자. 칸트에 의하면, 도덕의 요건이란 우리에게 요구되는 규칙 또는 명령이다. '약속을 지켜라', '도움이 필요한 사람이 있고 돕는 것이 크게 부담스럽지 않다면 그 사람을 도우라', '거짓말하지 마라', '훔치지 마라', '살인하지 마라' 같은 것들이다. 그런데 칸트는 이러한 명령을 가언적假言的인 것과 정언적定言的인 것, 두 종류로 구분한다. 가언명령hypothetical imperatives은 명령을 받는 행위자가 그 이상의 어떤 욕구나 목적이 있고, 그러한 욕구나 목적에 따라 그 명령의 권위가 결정되는 것을 말한다. 조금 기술적인 설명처럼 들리겠지만, 몇 가지 사례를 들어 이 개념을 밝혀보려고 한다. 예를 들어, '옷을 적시고 싶지 않거든 우산을 갖고 나가라', '12시 45분 열차를 타려면 정오까지는 집을 나서라' 또는 '좋은 대접을 받고 싶거든 좋게 대우하라' 같은 것들이다. 각 명령마다 해야 할 것(우산을 가지고 가라, 정오까지는 집을 나서라, 또는 좋게 대우하라 등)이 있는데 이러한 지시는 오직 내가 옷을 적시고 싶지 않거나, 12시 45분 열차를 타고 싶거나, 좋은 대우를 받으려 할 경우에만 적용되는 내용이다. 각각의 경우 지시를 받은 사람은 옷을 적시고 싶지 않은 게 아니라는 식으로 지시를 거부할 수 있다. 그런데 도덕적 요건은 이처럼 가언명령적일 수 없다고 칸트는 추론한다. 누구도 자신이 욕구나 목적을 갖고 있지 않다는 이유로, 자신에게 도덕적 요건이 적용되는 것을 거부할 수 없다는 것이다. 도덕적 요건은 모든 사람에게 적용되며 누구도 이 요건을 벗어날 수 없다. 도덕적 요건은 정언명령일 수밖에 없기 때문이다.

  도덕에 관해 이런 주장을 편 칸트는 영국 경험주의자들과는 반대 관점에 선다. 경험주의자들은 인간이 지닌 정서와 감각에 비추어 도덕을 설명하려 하는데, 여기에는 다시 두 가지 조류가 있다. 첫째, 모든 사람은 예외 없이 더불어 살아가는 다른 사람들에 대하여 공감과 연대의 감정이 있고 이것이 도덕적 사상의 기초가 된다는 점이다. 둘째는 좀 냉소적인 말로 들리기도 하지만, 모든 사람이 좋은 평판을 얻으려는 욕망이 있기에 도덕적일 수 있다는 점이다. 어떻건 간에 칸트는 그러한 인간의 정서와 감성이 도덕적 규칙의 권위나 불가분성에 어떤 영향을 미치는가에 관심을 둔다. 대부분의 인간은 인간 전체의 복지를 향상하려는 어느 정도의 욕구가 있고, 그렇게까지는 아니더라도 자신의 평판을 향상하려는 욕구가 있다. 이런 사람들은 '쓸데없이 고생하지 않으려면 살인하지 마라'거나 '믿을 만한 사람이란 소리를 듣고 싶거든 거짓말하지 마라' 같은 가언명령에 귀를 기울일 것이다. 하지만 이러한 욕구를 지니지 않은 사람들도 있을 것이다. 그들은 도덕적인 존재로 살아가려는 동기가 부족하기 쉽다(철학적 논의에서는 이런 사람들을 무도덕주의자amoralist라 한다). 경험주의자들은 괴로움을 방지하거나 높은 평판을 얻는 따위의 일에 전혀 관심이 없는 사람들에게는 도덕적 규칙이 적용되지 않는다고 주장하지 않을까? 한편, 칸트주의자들은 도덕적 규칙이란 모든 사람에게 고르게 적용되어야 한다고 주장하지 않을까? 그러므로 도덕적 요건은 정언명령일 수밖에 없다. 인간의 행위는 한 묶음의 이러저러한 감정 따위에 바탕을 두어서는 안 된다는 것이다.

칸트가 도덕적 요건은 마땅히 합리성의 요건이어야 한다고 주장하는 것은 인간과 도덕의 불가분성에 대한 강력한 직관을 옹호하려 하기 때문이다. 도덕적 요건이 인간과 불가분의 관계에 있듯이 합리성의 요건 또한 인간과 불가분의 관계에 있다. 그러므로 누구라도 자신은 도덕적 요건이 필요하지 않으므로 그것이 자신의 행위에 적용되지 않는다고 주장할 수는 없다.

● 보편법칙

지금까지 왜 칸트가 도덕적 요건이 곧 합리성의 요건이라고 주장하는지를 살펴보았다. 그는 이 주장을 어떻게 증명할까? 우리는 왜 그의 주장을 믿어야 할까? 도덕을 합리성 일부로 보는 칸트의 추론은 칸트가 내세우는 도덕론의 핵심을 이해하는 데 결정적으로 중요하다. 쉽사리 다가서기 어려운 그의 사상에서 핵심을 이루는 것은 모름지기 보편법칙universal laws에 따라 행동해야 하며, 행위 자체가 보편법칙이 되도록 행동하라는 것이다. 보편법칙의 핵심 논리에 따르면, 합리성의 요건은 무엇이건 보편적이어야 한다. 합리성의 요건은 모든 이성적 존재에 다 같이 고르게 적용되어야 한다. 그러므로 설령 도덕적 요건이 무엇인지 모른다 하더라도, 도덕적 요건들이 모든 이성적 존재에 고르게 적용되는 정언명령이 되려면 그것들은 반드시 보편적이어야 한다. 또한 도덕적 요건들은 개개인이 어떤 욕구를 지니고 있건 간에, 모든 이성적 행위자에게 적용되는 정언명령의 형태를 따라야 한다. 이것이 보편법칙의 전부다. 칸트는 보편법칙의 사상은 실제로 적용될 수 있는 정언명령의 형태를 따른다고 주장했다.

그런데 보편법칙에 대해 제기되는 비평 가운데 하나는 보편법칙이 실제에서는 아무런 지침조차 제공하지 않는다는 점이다. 헤겔과 밀을 거쳐 현대에 이르는 많은 철학자들은 보편법칙을 가리켜서 속이 텅 빈 형식주의라고 공격했다. 보편법칙이 되도록 행동하라는 요구는 도무지 어떻게 행동하라는 말인지 종잡을 수 없다는 것이다. 이런 비평이 정당한 것인지를 가리기 위해 보편법칙이 어떤 절차를 밟아 작동하는지에 관한 칸트주의자들의 설명을 더 들어보아야 한다.

먼저 칸트의 보편법칙이 작동하는 절차를 그와 형식만 비슷한 다른 두 가지 대안과 비교해보자. 하나는 이른바 황금률로 알려진 것이고, 또 하나는 규칙 공리주의다. 황금률이 가르치는 것은 다른 사람이 나에게 대우해주기를 바라는 대로 다른 사람을 대우하라는 것이다. 하지만 황금률은 고작 하나의 단순한 가언명령에 지나지 않는다. 예컨대, 나는 거칠고 야성적인 사람인지라 시합에 나온 모든 선수를 때려눕힐 것이다. 그러지 못하면 때려눕힐 때까지 노력할 것이다. 나는 칼에 살고 칼에 죽는 사람이다. 내가 아는 남자란 바로 그런 것이니까. 황금률을 따르자면, 나는 어떻게 해야 할까? 황금률은 그들이 나를 대하기를 바라는 방식대로 그들을 대하라고 한다. 내 처지에서 보면, 이것은 곧 남들이 온 힘을 다해 나를 사정없이 잔인하게 대해주기를 바란다는 뜻이 된다. 내가 그들에게 해주려는 것처럼 그들도 나를 잔인하게 대해줄 때, 내가 행복할 것이란 뜻이다. 그러므로 황금률은 통상의 도덕적 규칙이 왜 내게 적용될 수 없는지를 말해준다. 여기서 황금률은 우리가 남들에게서 좋은 대우를 받고 싶어 하는 것으로 가정하는데, 문제는 바로 이런 가정에 있다. 자신이 남들을 잔인하게 대하는 방식 그대로 남들이 자신을 잔인하게 대해주기를 바라는 사람조차 왜 다른 사람을 존중하는 마음으로 대해야 하는지, 황금률은 그걸 설명하지 못한다. 이런 사람은 도덕이 자신에게는 적용되지 않는다고 주장할지 모른다.

이번에는 규칙 공리주의의 경우를 보자. 규칙 공리주의는 어느 사회의 모든 사람이 (그 사회에서 공인된 똑같은 규칙에 따라) 같은 방식으로 행동할 때, 어떤 행위가 나쁜 결과를 빚어낸다면 그런 행위는 나쁘다고 주장한다. 예를 들어, 거짓말하는 행위가 나쁜 까닭은 모든 사람이 예사로 거짓말을 하면 사회의 신뢰와 협동이 무너지고, 무정부 상태만도 못한 세상이 되는 나쁜 결과가 나타날 것이기 때문이다. 규칙 공리주의자들이 볼 때, 규칙의 가치를 평가하려면 좋다거나 나쁘다는 식으로 어떤 행위의 효과를 구체적으로 나타낼 수 있어야 한다. 그렇지만 칸트의 의무론적 시각에서 보면, 규칙은 그것이 가져오는 결과에 상관없이 독립적으로 타당성을 지닌다. 앞에서 본 바와 같이 칸트의 견해는 일종의 직관에 바탕을 두고 있기에 강력한 호소력을 지닌다. 예를 들어, 노예제 같은 것을 나쁘다고 말하는 까닭은 그것이 단순히 행복보다는 더 큰 불행을 가져온다는 가시적인 이유에서만이 아니라는 점이다. 설령 노예제가 총체적으로 더 큰 행복을 가져온다고 하더라도, 그와 상관없이 노예제는 나쁜 것이다. 노예로 묶여 있는 사람들의 존엄과 자유를 희생하는 일이기 때문이다. 그러므로 칸트의 보편법칙에 대한 견해는 어떤 제도나 행위를 보편화하는 것이 나쁜 일임을 주장하기 위해 행위의 결과에 의존하지 않는다. 하지만 행위의 결과를 고려하지 않는다면 어떤 결과이건 무슨 의미가 있을까?

보편법칙의 절차에 대한 칸트의 견해는 공리주의자들의 견해보다 훨씬 단순하고 이성적이다. 간단히 말하면, 보편화할 수 없는 것은 이성적일 수 없다는 것이다. 칸트는 어떤 행위를 하기로 한다는 것은 그와 동시에 누구라도 그 행위가 정당하다는 것을 암암리에 주장하는 것과 같다고 보았다. 요컨대, 내가 하나의 자유로운 존재로서 어떤 행위를 할 때, 나는 단순히 그것을 실행하는 것이 아니라 이성을 바탕으로 그것을 실천하는 것이다. 주어진 상황을 고려하여 그 행위를 그런 방식으로 하기로 선택하는 것이다. 예컨대, 탈세행위는 당국을 속여서 돈을 아끼려는 행위다. 그렇지만 이러한 속임수가 자기 이익을 위하는 것이라면, 누구라도 같은 상황에서 그러한 속임수를 쓸 수 있다는 말이 된다. 돈을 아끼려고 탈세한다면, 누구라도 같은 이유로 탈세할 수 있다는 말이다. 결국 자신이 그렇게 행위하는 이유가 같은 상황에서 남이 그렇게 행위하는 이유보다 더 강력할 까닭이 전혀 없다. 그렇다면 자신이 나름의 방식으로 어떤 행위를 할 때, 그것은 곧 남들도 나름의 방식으로 그런 행위를 할 수 있음을 뜻하는 것이 아닐까? 그렇지 않다면 자신의 행위가 문제되지 않을까? 남들이 자신의 행위와 같은 행위를 하는 것을 허용할 수 없다는 말이 되기 때문이다. 누구나 같은 방식으로 행위한다면, 공공 서비스를 납세로 뒷받침하는 것은 불가능할 것이다. 본래의 기대는 자신이 탈세하더라도 남들이 납세하여 공공 서비스의 결손을 메워주리라는 것이다. 그러나 이제 그런 식의 행위를 계속할 수가 없다. 자신이 그런 행위를 하는 것은 곧 누구나 같은 행위를 해도 좋다는 걸 의미하기 때문이다. 이야기가 이렇게 되고 보면, 남들은 그런 행위를 해도 되고 해서는 안 된다는 것을 동시에 의미하는 셈이 된다. 스스로 모순에 빠지고 마는 것이다. 이런 입장은 불합리하다. 칸트에 따르면, 그래서 자신이 그런 식의 행위를 해서는 안 될 요건이 성립한다. 자신은 오직 보편법칙이 되는 방식으로만 행위해야만 한다. 그래야만 완전히 이성적으로 행위하는 것이 되기 때문이다. 그렇지 않으면 모순에 빠지고 만다. 일종의 마술처럼 자신만을 예외의 자리에 올려놓고, 자신만이 세금을 내지 않을 이유가 있고 자신과 같은 상황에 있는 다른 사람은 그럴 이유가 없다고 말하는 꼴이 된다.

● 보편법칙의 절차에 대한 비판

지금까지 보편법칙 절차의 배경에 깔린 사상을 조명해보았는데 (칸트가 이 사상을 제기한 데는 그만한 이유가 있었기에) 여기에도 문제가 적지 않다. 그중 몇 가지 문제들은 그 자체로는 비도덕적이지 않음에도 보편화하기 어려운 행위에 관한 것이다. 예를 들어, 화요일 1시 강의 때마다 꼭 걸상에 앉기로 마음먹었다고 하자. 그렇다면 다른 사람들도 같은 방식으로 그 걸상을 사용할 수 있지 않을까? 많은 사람들이 그렇게 한다면 앉을 자리가 비좁아질 것이다. 그렇다고 그들의 행위를 허락할 수 없다고 말할 수 있을까? 또 다른 사례로, 여러 사람들이 하나의 문을 빠져나가려 할 때, 자신이 기사도를 발휘하여 사람들을 모두 내 앞에 세우려 한다고 하자. 그런데 이때 사람들이 같은 행위를 한다면 그 문을 빠져나가는 사람은 아무도 없을 것이다. 이런 결과는 칸트조차 받아들일 수 없을 것이다. 칸트의 보편법칙에 오류가 없는 한 이런 정도의 문제는 실상 그리 큰 문제가 아니라고 넘겨버릴 수 있다. 그렇더라도 이런 결과 앞에서 마음이 편할 수는 없다.

그런데 이번에는 부도덕한 행위가 명백히 보편화할 수 있는 예를 살펴보려고 한다. 예를 들어, 강의하러 가는 길에 어린아이가 연못에 빠져 허우적거리는 광경을 보게 된다. 나는 어린아이를 건져주지 않은 채 곧장 강의실로 향한다. 칸트는 곤경에 빠진 사람을 돕지 않는 행위를 보편화하는 건 말도 안 되는 소리라고 주장할 법하다. 칸트가 인간은 미약하고 유한한 존재이기에 그가 기획하는 일이 성공하려면 다른 사람들의 도움을 받아야 한다고 인정하는 것 역시 바로 이 때문이다.

누구도 어느 누군가를 도와줘서는 안 된다면, 어떤 기획이나 야망 또한 이뤄지기 어려울 것이다. 칸트는 이것이야말로 자기 모순이고 불합리하다는 점을 지적한다. 모든 사람은 자신의 기획이나 야망이 이뤄지기를 바란다. 그런데 아무런 기획도 이뤄질 수 없다면 이것이야말로 말이 안 된다. 도와줘서는 안 된다는 것을 보편화할 수는 없는 일이다. 따라서 인간은 남을 도울 의무를 지고 있으며, 연못에서 허우적거리는 아이를 건져주어야 한다. 자신의 행위가 '허우적거리는 아이를 건져낼 수 있는데도 그냥 지나쳐 버렸다'는 정도였다 하더라도 칸트는 이에 대하여 허용할 수 없는 행위였다고 말할 것이다. 그런 행위를 다르게 표현할 수 있다. 예컨대, '시간에 늦지 않게 강의실에 들어서기 위해서'였다고 한다면, 보편화하거나 허용할 수 있음 직한 구실이 될지 모른다. 여기서 칸트는 자신의 행위를 참되게 나타내는 표현이 무엇인가를 다시 문제 삼을 것이다. 우리가 볼 때 (우리의 도덕적 상식에 비추어) 명백히 첫 번째 표현이 우리에게 도덕적으로 타당한 표현이었다고 하더라도, 칸트의 이론은 형식주의적이어서 상식에 의존하지 않는다. 여기서 그는 우리의 행위에 관한 어떤 표현이 과연 타당한지를 어떻게 결정할 것인가에 대해 이론적으로 설명해야 한다. 우리의 행위가 보편성을 검증받으려면 어떻게 표현되어야 하는지에 관한 설명이 그의 이론 가운데 포함되지 않는 한, 보편법칙의 절차는 사실상 공허한 것에 머물 것이다. 어떤 행위건 간에 다시 표현하기만 하면 보편성 검토를 통과할 것이기 때문이다.

이 문제를 제쳐 놓더라도, 합리성에 대한 칸트의 주장에 또 다른 논쟁의 여지가 있음을 주목하지 않을 수 없다. 칸트는 어떤 사람이 이성적 행위자로서 어떤 행위를 하기로 선택하는 것은 곧 다른 누군가가 같은 행위를 할 수 있다고 말하는 것과 다름없다고 주장한다. 좀 더 기술적인 표현으로 바꾸면, 칸트주의자들은 인간이 하나하나의 행위를 통해 보편적인 입법을 하는 것으로 생각한다. 즉 우리는 모든 인간 혹은 모든 이성적 존재를 위해 법을 세우는 셈이다. 그러므로 자신이 모든 사람의 법이 될 수 있도록 아니면 모든 사람이 행위해야 할 방식으로 행위하도록 노력하는 것이 이성적인 존재로 사는 길이라고 칸트주의자들은 주장한다. 이 논의를 더 깊이 살펴볼 여유는 없지만, 이러한 합리성의 개념이야말로 몹시 획기적임을 알아두어야 한다. 이 개념은 잘 알려진 다른 개념들과는 무척 대조적이기 때문이다. 예를 들어, 위에서 간단히 언급한 바와 같이 경제학자들이 좋아하는 합리성의 개념에 따르면, 개인의 기대효용을 최대화하는 것이 합리적이다. 개인의 선호나 욕구를 최대한으로 만족하는 것을 말한다. 이 견해는 실제로 적용 가능한 합리성은 다만 도구적 역할을 할 뿐이라는 데이비드 흄의 견해에 바탕을 둔다. 흄에 따르면, 이성은 우리의 욕구를 어떻게 충족하고 욕구충족을 어떻게 최대화하는가에 관련되며, 다른 것일 수 없다. 흄에게 이성은 '감정의 노예'일 뿐이다. 합리성에 관한 흄의 견해는 칸트의 견해보다 훨씬 단순해보인다. 흄의 견해를 비판하는 사람들은 그의 견해가 인간이란 존재에 관해 이미 알려진 일부 사실에 비추어 보더라도 너무 단순하다거나, 인간의 행위에 대한 환원적 견해에 바탕을 둔다고 주장한다. 다른 한편, 자신의 목적을 달성하는 데 필요한 수단을 취하지 못한다는 것은 명백히 불합리한 일이기에 흄의 견해는 적어도 우리가 합리성이라 부르는 것의 일부를 파악하고 있다는 주장에 어느 정도

직관적 근거가 있다고 하겠다. 이와 달리 칸트의 견해를 옹호하는 사람들은 비록 탈세한 돈을 쥐고 달아날 수 있다 하더라도, 탈세는 불합리하다는 획기적인 주장을 하기 위해 설득력을 강화해야만 한다.

칸트의 견해에 대한 마지막 비평은 비단 보편법칙에만 국한되는 것이 아니라 칸트 윤리학의 전반에 관한 것이다. 그 취지는 대체로 칸트의 윤리학이 나쁜 것으로 지목하지 않은 나쁜 행위들이 적지 않으며, 나쁜 것으로 지목한 행위라 하더라도 옳은 이유를 들어 지목하지 않았다는 점이다. 폭력범죄를 예로 들어보자. 사람에게 폭력을 행사하여 고통을 주는 행위는 특히 나쁜 행위다. 그런 행위를 단순히 보편화할 수 없기에 나쁜 행위라고 기술하는 것은 그런 행위가 왜 나쁜지에 대한 설명에서 중요한 측면을 빼놓은 셈이다. 이런 생각이 옳건 그르건 간에 내가 이 침해행위에 속상해하는 건 그 때문이 아니다. 칸트는 차라리 자신이 실제로 주장한 것을 조금 수정하여 사람을 목적 자체로 대우하지 않았기에 나쁘다고 주장하는 것이 나을 뻔했다. 폭력행위는 개인적인 영역에 쳐들어와서 무엇을 강압하는 행위다. 행위의 공격성이 그 행위를 나쁘다고 지목하게 할 뿐 아니라 나에게 고통을 주기 때문에 한층 나쁘다. 그런데도 칸트의 견해에는 공리주의자들이 도덕문제에 접근할 때 가장 중요하고 타당한 기준으로 생각하는 고통과 고생을 타당한 도덕적 기준으로 고려하는 내용의 언급이 전혀 없다. 칸트는 인간을 순전히 이성적인 행위자로 바라보았기에 육체적 괴로움 따위는 하나의 우연으로만 다룬다는 비평을 사기에 충분하다. 이러한 비평이 옳건 그르건 나쁜 행위를 지목하는 데 괴로움이나 고통이라는 중요한 기준을 도외시한 것은 도덕이론으로서 큰 허점을 드러낸 것이다. 그러므로 공정하게 평결하자면, 칸트의 윤리학은 (기만이나 강압 같은) 일부 행위들의 나쁨을 훌륭히 설명하고 있음에도 그것만이 도덕의 전부인 듯 여기는 미흡한 점이 있다. 그 결과 칸트의 윤리학은 공정하게 말해서, 하나의 포괄적인 도덕이론이 될 수 없다는 비평을 샀다.

● 결론

5장에서는 칸트의 윤리학을 살펴보았다. 이 책에서 칸트의 윤리학은 의무론적 윤리관을 대표한다. 의무론적 윤리관의 특징은 행위의 도덕적 부당성, 인간의 독립성, 인간, 권리, 또는 소유 사이의 도덕적 경계 같은 개념들을 핵심적인 문제로 삼고 있다는 점이다. 다른 도덕이론들 역시 이런 개념을 설명하기는 하지만, 다른 근원적인 문제를 다루는 가운데서 이루어질 뿐이다. 예를 들어, 공리주의자들도 이런 개념들을 중시할 뿐만 아니라 정당화할 수 있는 것으로 생각하지만, 오직 전반적인 행복에 더욱 이바지할 것으로 생각할 때에만 그러할 뿐이다. 이와 달리 칸트 성향의 의무론자들은 이성적 인간이 자신의 사고와 행위를 합리적으로 통제할 권리를 행사하는 권위 영역이 존재하며, 그런 권위 영역의 존재가 도덕의 기본 특징을 이룬다고 생각한다. 또한 이런 특징은 다른 말을 덧붙인다 하여 더 설명될 수 있는 일이 아니라고 본다. 어쩌면 이것은 앞서 살펴보았듯이, 인간의 본질을 고유한 심성을 지닌 이성적 행위자로 이해하는 과정에서도 설명될 수 있다. 그러나 칸트는 지금 도덕적으로 중립적인 관점에서 인간의 본질을 설명하는 것이 아니다. 공리주의자들이 하는 것처럼 인간이 지닌 권위와 자율의 특징을 '설명' 속에 쓸어 담는 식의 설명을 깊은 수준의 설명이라고 할 수는 없다. 칸트의 견해에 따르면, 권리와 자율의 개념은 다른 개념 속에 포함하여 다루는 식으로 축소되어서는 안 된다. 많은 사람들이 바로 이 점 때문에 칸트의 윤리학에 매력을 느끼며 깊이 연구할 가치를 느낀다. 우리는 칸트의 견해가 안고 있는 몇 가지 문제점 역시 살펴보았는데, 그 가운데 어떤 것은 걸핏하면 선을 실현하려는 인간의 자발적 행위를 억제하려는 의무론적 접근방식에 관련되어 있는가 하면, 또 어떤 것은 이성의 요구라는 이름으로 도덕적 요건을 강조하려는 칸트의 성향과 관련되어 있기도 했다. 이 문제들은 쉽사리 극복하기 어려울 듯하다. 그러나 이 문제들을 둘러싼 반론을 극복할 수 있느냐 없느냐에 관계없이, 칸트 이론의 기본 동기는 그 자체로서 더 깊이 연구할 가치가 있다. 또한, 현대의 도덕철학에서 의무론을 내세우는 사람은 칸트 혼자만이 아니라는 사실을 알아두어야 한다. 다른 이들의 이론들은 도덕과 관련하여 몇 가지 계약론을 다루는 8장에서 만날 수 있다. 그렇지만 거기서도 다수의 이론적 설명 속에 벌써 칸트의 영향이 스며들어 있음을 볼 것이다. 다른 이론들에 제기할 수 있는 한 가지 재미있는 의문은 칸트의 이론에 대해 이 장에서 제기한 문제들을 그들이라고 회피할 수 있는가 하는 것이다.

● 토의사항

1. 칸트의 보편법칙 정신은 "나의 행위가 보편법칙이 되도록 하라는 금언대로 행동하라"고 말한다. 다음과 같은 상황을 생각해보라. 많은 사람들이 정부의 과세를 불공정하다고 생각한 나머지 납세거부운동을 전개한다. 불공정하다고 생각하는 과세에 대중의 주의를 끌려는 목적에서다. 운동에 참여한 사람들은 다음과 같이 생각한다. '대다수 사람들은 정치적으로 보수적인 성향이어서 세금을 낼 것이고, 관영 서비스는 서비스를 계속할 것이므로 납세거부운동을 계속하더라도 위기를 초래하지는 않을 것이다. 그러나 세금을 낼 것으로 보이던 사람들 가운데 약 4분의 1에 해당하는 사람들이 세금을 내지 않을 때에는 정부가 과세방침을 철회할 것이다.' 이 운동이 모든 납세자 사이에 보편화하지 않더라도 (또는 않을 것이기에) 이 운동을 계속해도 될까?

2. 많은 사람들이 도덕적으로 옳지 않다고 여기는 다음 행위들을 생각해보라. 살인, 강간, 강탈, 절도. 이런 행위들이 도덕적으로 허용될 수 없다고 가정할 때, 행위자가 이런 행위를 할 수 없을 것이므로 보편법칙으로 정해야 할까?

3. 거짓말이 좋은 결과를 가져온다 하더라도 거짓말은 나쁜 일이라는 칸트의 말에 동의하는가? 동의한다면 왜 그런지에 대한 칸트의 설명이 좋은 설명이라고 생각하는가? 문 앞에 와 있는 살인자

에게 한 거짓말은 비록 불가피하게 그리 했다고는 해도 양심의 가책을 느껴야 할 일일까?

■ 주

1) Immanuel Kant, *Critique of Practical Reason* (various editions), § 6, Remarks to Problem II.

■ 더 읽을 책

칸트의 도덕철학은 사뭇 위압적으로 명칭이 붙여진 *Groundwork of the Metaphysics of Morals or Foundations of the Metaphysics of Morals* (various editions)와 *Critique of Practical Reason*에서 만날 수 있다. 이론의 더욱 자세한 전개를 볼 수 있는 것으로 *Metaphysics of Morals*, trans. M. Gregor (Cambridge: Cambridge University Press, 1996)가 있는데, 여기에는 정의론(기본적으로 정치철학에 속함)과 덕론이 들어 있다.

칸트의 윤리학에 관한 좋은 해설서이면서, 특히 이 장에서 제기된 문제와 명백히 관련 있는 내용을 담은 것으로 C. Korsgaard, "The Rights to Lies: Kant on Dealing with Evil," in her collection *Creating the Kingdom of Ends* (Cambridge: Cambridge University Press, 1996)와 Onora O'Neill, "Consistency in Action" and "Universal Laws and Ends-on-Themselves," in her collection *Constructions of Reason* (Cambridge: Cambridge University Press, 1989)을 참조. 더 자세한 논의로는 Korsgaard의 논문 "Kant's Formula of Universal Law," in *Creating the Kingdom of Ends*를 참조.

칸트가 생각한 존경의 종류에 관한 논의로 Stephen Darwall, "Two Kinds of Respect," *Ethics* 88 (1977)의 36~49쪽 참조.

도덕이 정언명령일 수 있다는 사고와 비도덕은 비합리적일 수 있다는 사고에 대한 고전적 비평으로 Philippa Foot, "Morality as a System of Hypothetical Imperatives," in her *Virtues and Vices* (Oxford: Blackwell, 1979)을 참조.

6장

아리스토텔레스의 덕 윤리학

● 덕 윤리학의 동기

덕 윤리학은 플라톤이나 특히 아리스토텔레스 같은 고전 이론가들에 게서 전해진 유산으로 종종 설명된다. 그렇지만 도덕이론 분야에서는 새로운 연구 영역으로 알려졌다. 19세기와 20세기에(아마 훨씬 이전부터) 걸쳐, 영어권에서는 공리주의와 의무론 사이의 논쟁이 도덕철학의 주류를 이루었다. 여기서 의무론을 대변한 것은 기독교 윤리나 칸트주의다. 20세기 후반에 이르면, 일부 철학자들이 이 논쟁에 싫증을 느끼기 시작한다. 그들은 이 논쟁이 도덕적 고려에 마땅히 포함해야 할 커다란 영역을 빼놓았다고 생각했다. 그래서 그들은 멀리 성 토마스 아퀴나스를 거쳐 아리스토텔레스까지 거슬러 올라가는 도덕연구의 전통을 되살리려고 시도한다. 독자들은 도덕철학의 발전과정을 되짚어 올라가는 이 운동에 별로 흥미를 느끼지 않을지 모른다. 여기서 우리의 관심은 덕 윤리학이 오늘의 윤리문제를 조명하는 데 어떤 영향을 미치는가다. 하지만 무엇을 지지하는가보다 무엇에 반대하는가를 설명하기가 훨씬 쉬우므로, 덕 윤리학의 재등장에 관한 논의는 가치가 있다. 덕 윤리학은 공리주의나 칸트주의보다 훨씬 더 많은 청중을 거느린다. 하지만 현대의 덕 윤리학을 가꾸어놓은 가까운 선배들과는 기본적으로 전혀 다른 가정을 지닌 초창기 원조들의 이론을 어떻게 이해할 것인가에 관해서는 어떤 합의가 이루어졌는지 확실하지 않다. 이 장에서는 덕이론의 발전과정에서 나타난 주요 특징들을 두루 살펴보고, 이 폭넓은 이론을 향해 제기된 몇몇 비평을 검토하려고 한다. 먼저 일부의 철학자들을 덕 윤리학으로 돌아서게 한 도덕이론의 결함부터 살펴본다.

    공리주의와 칸트주의 같은 이론에 제기된 한 가지 비평은 우정이나 사랑 같은 고귀한 인간관계를 제대로 다루고 있지 않다는 점이다. 흔히 공리주의와 칸트주의는 모든 사람을 평등하게 보는 공정한 이론이라고 한다. 그렇지만 인간은 일상에서 공정하게 행동하지 않는다. 우리에게는 친구와 가족이 있고, 우리의 시간과 자원을 다른 어느 누구보다 친구, 자녀, 부모처럼 가까운 사람들을 위해 쓴다. 물론 친구를 좋아하는 데도 한계가 있기 마련이고, 가까운 사람들이 아니라 하여 그들을 전적으로 도외시하는 것 또한 아니다. 모든 인간관계가 마피아 스타일의 '우리'만을 중심으로 이루어질 수는 없다. 그렇지만 우리는 친구와 가족을 특별히 배려하며, 사랑과 믿음의 관계를 쌓아가는 것을 삶에서 큰 보람의 하나로 여긴다. 달리 말하면, 개인을 향한 충심에 큰 가치를 부여한다. 이렇게 보면, 공리주의와 칸트주의가 인간의 삶 가운데 매우 가치 있는 것에 대하여, 좋게 말하면 무관심했고 나쁘게 말하면 적대적이었음은 참으로 이상하다고밖에 할 수 없다.

그런데 이 문제는 빙산의 일각일 뿐이다. 흔히 공정한 도덕론은 그 이론을 충실히 따르는 행위자를 버린다고 한다. 그 이론을 따르다 보면 자신의 삶이 곤경에 빠지기 쉽다는 것이다. 어떤 도덕론이라도 그 이론을 충실히 받드는 이상적인 행위자가 존재하기 마련이다. 모범적인 공리주의자나 칸트주의자는 그 이론의 공정성만을 따르고 받들다가 정작 자신의 삶을 살찌워줄 개인적인 계획을 소홀히 다루어, 마침내는 자기희생적인 의무의 노예로 전락하고 만다는 것이다. 공리주의는 모범적인 추종자에게 지나친 부담을 안겨주면서 그들 자신이 기획하는 일을 버리고 오직 전체의 복지를 최대화하는 일에 매달리게 한다. 그런가 하면 칸트주의자는 늘 의무에 매달려 개인적인 계획이 도덕적 원칙에 들어맞는지를 점검하고 감시하기에 여념이 없다고 한다. 어떤 경우를 보더라도 순발력 있고, 활기에 넘치고, 스스로 쾌락을 찾고, 슬기롭게 살아가는 이상적인 행위자를 찾아볼 수가 없다. 자신 또는 자식들이 모름지기 저렇게 살았으면 좋겠다고 생각할 만한 삶의 본보기를 보여주지 못하는 것이다. 공정하다는 이들 도덕론의 어느 것도 이상적인 삶의 방식을 보여주지 못하기에, 이 사상들은 우리의 사고에 대하여, 나아가서는 우리의 행위에 대하여 별다른 영향력을 미치지 못한다.

같은 얘기지만, 특히 칸트주의가 지닌 이론의 협착성은 줄곧 비평의 대상이 되어 왔다. 칸트의 도덕이론은 오직 허용할 수 있는 것만을 다루는 경향이 있다. 우리의 행위를 제약하는 일에만 주력한다는 뜻이다. 하지만 어떤 행위가 허용될 수 있는지를 모두 가려냈다 하더라도, 여전히 삶의 어떤 방식이 가장 가치 있고 귀중한지를 찾아내야 한다는 중요한 문제들이 남아 있다. '냉철하게' 살려고 노력해야만 할까? 할 수 만 있다면 돈을 되도록 많이 벌어야만 할까? 일부일처제를 고수해야만 할까? 이것들은 모두 생각해볼 만한 대안들인데, 각각의 대안에는 장단점이 있다. 오로지 허용할 수 있는 행위의 한계만을 다루는 칸트주의식의 도덕론은 이런 문제들을 해결하는 데 별 도움이 되지 못한다. 그리하여 덕이론가들은 이런 비평들을 바탕으로, 좋은 도덕이론은 모름지기 인간이 어떻게 살아야 하느냐 하는 문제에 초점을 두어야 한다는 최후의 교훈을 얻기에 이른다.

앞에서 살펴본 비평들은 한결 같이 공정하다는 도덕론의 비현실성을 공격한다. 이들 이론들은 모두 인간이란 존재가 놓인 기본 현실을 무시한다(우리는 인간에 대한 공정한 관찰보다는 삶의 의미와 보람을 채우는 데 관심이 있기에 공허한 도덕이론에 공감하기가 어렵다). 공리주의와 칸트주의가 추천해 마지않는 도덕적 사고방법에 대해서도 비슷한 지적을 할 수 있다. 독자들은 도덕적 논쟁이 어떻게 전개되는지 알고 있을 것이다. 도덕철학이나 '윤리학' 같은 것을 공식적으로 접해본 경험이 전혀 없다 해도, 한 번쯤은 정치, 채식주의, 낙태 같은 문제를 놓고 토의해본 일이 있을 것이다. 이 책을 읽기 시작할 무렵, 2장과 3장(생명의 가치와 곤경에 빠진 사람들에게 도움을 주어야 할 범위에 관한)에 나오는 주장과 원리들을 일상의 도덕적 논쟁과 결부하여 이해했을 것이다. 그렇지만 칸트주의와 공리주의에 관한 내용을 읽을 때에는 거기에 나오는 원칙과 방법들이 꽤 기술적이고 생소하다고 느꼈을 것이다. 그리고 학술적 도덕철학이 일상의 도덕적 사고와 매우 동떨어져 있다는 결론을 얻었을 것이다. 물론 칸트주의자와 공리주의자들은 일상의 평범한 사고를 비평하려는 성향이 짙기에, 일상의 도덕적 사고에서 동떨어진 것을 자신들만의 미덕인 양 여길지 모른다. 하지만 또 다른 이론가들은 바로 이 점을 비판하려 한다. 세미나실 밖에서 벌어지는 일상의 도덕적 삶과는 담을 쌓은 채 이론가들끼리 논의하는 도덕원칙들이 과연 무슨 소용이 있을까? 오직 직관적으로, 비학술적인 방식으로 파악할 뿐인 도덕을 뛰어넘어, 효용의 원칙이나 보편법칙에 관한 칸트의 정식 같은 것들을 더 깊이 이해할 수는 없을까?

칸트주의와 공리주의가 인간의 정서에 무관심한 것이 바로 그 예다. 이들 이론들은 인간의 정서를 불합리의 근원으로 보고 있으며 투철한 도덕적 사고를 하는 데 장애물로 여긴다. 그렇지만 아리스토텔레스의 사상에 공감하는 많은 이론가들은 옳은 정서에 바탕을 둔 동기가 때로는 옳은 행위를 이끌어내는 데 필수적이란 사실을 지적한다. 예컨대, 친구를 문병하러 병원에 가는 일은 그 친구에 대한 배려의 표시로 받아들여질 것이다. 순수한 배려의 마음에서가 아니라 단지 의무감에서 문병했다고 여겨지면 감사의 마음이 덜 할 것이다. 친구를 문병하러 병원에 가는 건 물론 좋은 일이다. 그렇지만 순수한 배려에서라면 더 옳은 일이다. 어느 정도 정서적 동기가 바탕이 될 때 그것은 정말로 옳은 일이 된다. 그런데 칸트주의나 공리주의에는 이런 식의 생각이 끼어들 틈이 없다. 이들 이론에서는 하나의 행위가 옳은 것이 되려면 최선의 결과를 가져오거나 그 행위가 도덕원칙에 들어맞아야 한다. 따라서 인간의 행위를 도덕적으로 평가하면서 직관적으로 매우 중요한 어느 한 측면을 빼놓고 있다.

우리는 이 논리를 확대하여 칸트주의와 공리주의 이론에서 느끼는 비현실감이 무엇인지를 집어낼 수 있다. 각각의 이론은 일방통행 식으로 도덕에서 한 가지 중요한 측면만을 끄집어내어 그것만이 도덕의 전부인 양 주장한다. 예컨대, 공리주의는 행복이 가장 중요한 것이라고 말한다. 분명 그것은 중요하다. 하지만 중요한 것이 오직 그것뿐일까? 칸트는 이성적인 행위능력을 가장 중요한 것으로 받들어 마지않는다. 하지만 도덕적 결정을 내리는 데 타당한 것이 오직 그것뿐일까? 아리스토텔레스에 공감하는 사상가들은 칸트주의자와 공리주의자들이 도덕적 의문에 명쾌한 답을 내놓기를 주저한 나머지 중요한 몇몇 문제들을 제쳐놓은 채 도덕적 결정을 부당하게도 단순화해 버린다고 비판한다. 아리스토텔레스를 추종하는 사상가들은 단 하나의 해법만이 최대의 효용을 가져오는 상황도 있을 수 있지만, 그런 해법은 흔히 최대효용을 가져오기 위해 인간의 이성적인 행위능력을 존중하지 않는 경우가 많음을 상기시킨다. 칸트주의자들은 합리적인 행위능력을 존중하는 것만이 유일한 참된 의무라면서 쉬운 결정을 내리려 한다. 공리주의자들도 효용을 키우는 것만이 중요하다면서 쉬운 결정을 내리려 한다. 한편, 아리스토텔레스를 추종하는 사상가들은 이에 대하여 그런 식의 쉬운 해법들은 세상사를 너무 쉽게 다룬 나머지 비현실성만 담을 뿐이라고 주장할 것이다. 실상을 들여다보면, 상황들이 이처럼 복잡하고 난해한 까닭에 다양한 방향들로 뻗어 나가려는 사고의 갈래들이 경합하는 것 아닐까? 생존의 현실을 일방통행 식으로 정의하는 것이 승리의 방법이 될지는 모르지만, 인간의 윤리문제를 지나치게 단순화하여 얻어내는 승리는 공허하기만 할 뿐이다.

    이 쟁점에서는 표준적인 도덕이론에 대한 불만이 무엇이었는지 살펴보았다. 그 불만에 대한 비평들은 덕이론이 다시 등장하는 계기를 마련했다. 이들 비평들과 생각을 같이 한다면, 더 나은 도덕이론은 마땅히 (가) 의미 있는 삶의 방식이 어떤 것인지를 주로 다루어야 할 것이고, (나) 일상의 도덕적 사고에 더 상통하면서 인간의 정서를 도덕적 추론에서 배제하지 않고, (다) 다양한 도덕적 고려와 도덕적 문제에 깃들어 있는 다양한 측면들을 고르게 검토해야 할 것이며, 그러한 다양한 측면들을 하나의 정식이나 원칙으로 환원하려 해서는 안 될 것이다. 이제 덕 윤리학이 이러한 기준들을 어떻게 수용하는지 살펴보도록 한다.

● 덕 윤리학: 기본 개념들

필자는 아리스토텔레스의 덕 윤리학이 도덕이론의 '현실화'를 위한 노력에서 나왔다고 설명했는데, 그럼에도 덕 윤리학은 여러 면에서 우리에게 아직 낯선 짐승일 뿐이다. 이 이론은 누구라도 당연히 거부할 만큼 꽤 당혹스러운 가정에 바탕을 두고 형성되었기 때문이다. 이것이 무슨 말인지는 조금 뒤에 나오는 설명에서 알 수 있을 것이다. 하지만 먼저 알아야 할 것이 아리스토텔레스의 이론은 윤리를 행위자 자신의 행복, 즉 잘 살고 번영하는 것에 결부하면서 출발한다는 사실이다. 현대인의 귀에는 이 말이 좀 이기적으로 들릴지 모른다. 도덕은 기본적으로 자신의 행복보다는 다른 사람들의 이익을 우선하는 것이 아닐까? 아리스토텔레스 사상이 이 기본적인 문제를 어떻게 다루는지는 앞으로 더 살펴볼 일이다. 하지만 우리가 관심을 두는 문제는 아리스토텔레스가

하는 말을 믿어야 할 것인가가 아니라, 그가 대변하는 이 사상에 과연 어떤 가치 있는 내용이 들어 있는가 하는 것이다. 아리스토텔레스 사상은 이 부분에서 살펴보던 다른 사상들과는 분명히 크게 구별된다.

덕 윤리학의 배경을 이루는 기본 개념들 가운데 하나는 분명 덕에 관한 사상이다. 덕은 전통적으로 용기, 기질, 정의, 정직, 자비 등을 일컫는 말로 여겨져 왔다. 이런 자질을 갖춘 사람은 규칙적으로, 그리고 늘 일정한 방식으로 행동한다. 이러한 덕은 그 사람이 지닌 개성의 일부이며 또 그 사람이 가장 관심을 두는 바의 일면이기도 하다. 용감한 사람은 어떤 상황에서 자신의 복지보다 남들의 복지를 앞세우고, 위험을 무릅쓰고라도 다른 사람이나 사물을 구하려는 마음가짐을 갖추고 있다. 정직한 사람은 진실을 귀히 여기고 다른 사람이나 자기 자신과의 거래에서 투명성과 개방성을 지키려고 한다. 정의로운 사람은 모든 사람이 공정하게 대우받고 아무도 다른 사람 마음대로 불리한 대우를 받는 일이 없도록 하는 일에 마음을 쓴다. 다른 덕들 또한 이런 식이다. 덕 윤리학은 어떤 행위건 간에 덕을 바탕으로 해야 옳은 행위가 된다고 주장한다. 그리 낯선 말은 아니다. 살다 보면 용기, 정직함, 공정함 같은 것들이 요구될 때가 있다. 이런 상황들에 적절히 대응하려면 용기 있게, 정직하게, 아니면 공정하게 행동해야만 한다. 따라서 어떤 상황에 어떻게 행동해야 할지 알려면 그 상황에 타당한 덕이 무엇인지를 알아야 한다. 상황에 알맞은 덕을 나타내는 행위가 옳은 행위다. 그리하여 공리주의는 최선의 결과를 가져오는 행위를 옳다 하고, 칸트의 의무론은 선험적인 도덕 원칙에 들어맞는 행위를 옳다고 하며, 덕 윤리학은 최상의 성격을 나타내는 행위가 옳다고 한다. 덕 윤리학에서 보면,

덕을 드러내는 행위나 덕을 갖춘 사람이 하는 행위가 옳은 행위다. 여기서 덕 윤리학과 그 밖의 다른 이론들 사이에 존재하는 중요한 차이점 하나가 드러난다. 덕 윤리학에서는 동기가 중요하다. 옳은 동기는 옳은 행위를 하는 데 필수적이다. 덕행은 덕 있는 사람이 하는 것과 똑같은 행위라기보다는 그 상황에서 덕 있는 사람이 마음 쓰는 것과 같이 마음을 쓰는 행위다. 바로 이것이 덕 윤리학에서 말하는 옳은 행위다.

덕이란 무엇일까? 덕이란 상황의 특정한 국면에서 항시 다름없이 반응하는 성향의 일부다. 예를 들어, 친절한 사람은 어떤 사람에게 도움이 필요한 상황에서 늘 똑같이 반응한다. 또한, 친절의 미덕을 갖춘 사람은 옳은 이유로 하여 이런 방식으로 반응한다. 도와주어야 할 사람이 있다는 데 마음을 쓰기 때문이다. 도우려는 사람이 도움을 받는 사람에게서 도움을 되돌려 받을 조건으로 친절을 베푼다면 참된 친절이라 할 수 없다. 나아가 덕 윤리학의 특징은 덕이 좋은 삶을 살기 위해 갖춰야 할 자질이나 특성이라고 주장한다는 점이다. 바로 다음에('중용의 사상과 정념의 합리성'에서) 살펴보겠지만, 살아가는 가운데 부딪히는 상황에 잘 대응하려면 특정 자질을 갖춰야 한다. 용기가 부족하면 도전에 직면하여 머리를 숙일 수 있고, 정직함이 부족하면 의미 있는 인간관계와 거래관계를 유지하는 데 필요한 신뢰를 얻을 수 없다. 하지만 덕 윤리학과 우리가 살펴보는 다른 윤리학이론들 사이에는 더 중요한 차이가 있다. 다른 윤리학이론들은 모든 사람에게 고르게 적용할 규칙이나 가치의 공정한 체계를 수립하는 데 관심이 있지만, 덕 윤리학은 행위자 자신의 행복이나 이를테면, 좋은 삶을 살아갈 때 필요한 지혜를 추구하는 데 초점을 맞춘다. 아리스토텔레스는 도덕의 원점 혹은 인간 존재의 정점은 '행복 eudaemonia'에 있다고 주장했는데, 여기서 행복이 란 말은 '번영'이란 뜻으로 이해하는 것이 더 나을 수 있다.

이 견해에 따르면, 인간의 삶은 몇 가지 중요한 측면들에서 다른 생물, 즉 동물이나 식물의 삶에 비유할 수 있다. 두 가지 경우에 다 같이 삶의 흥망성쇠가 있어서 시들기도 하고 번성하기도 한다. 또 이런 흥망성쇠는 두 가지 경우에 모두 이미 정해진 표준적 형태에 얼마나 잘 일치하는가에 따라서 결정된다. 달리 말하면, 나의 장미는 장미답게 자랄 때 좋은 모양으로 자란다. 줄기와 가시가 강하고, 향기로운 꽃잎이 제대로 모양을 잡는다. 이와 비슷하게 사람도 사람답게 커야만 번영한다고 아리스토텔레스는 말한다. 그렇지만 아리스토텔레스의 번영한다는 말은 단순히 신체의 건강함만을 뜻하는 것이 아니라 올바른 가치 우선순위와 취향과 욕구와 계획을 가지고 살아감을 뜻한다. 우리는 인간적 존재에 합당한 삶을 이끌어갈 때에 이를테면, 인간적 존재로 반드시 가치 있게 여기는 것들을 희구하고, 추구하고, 누릴 때 번영한다. 따라서 아리스토텔레스 사상은 인간이 삶을 통해 실현하려는 인간의 본질이나 인간의 잠재력에 대한 깊은 고려에 뿌리박고 있다. 그의 사상은 인간이 도달하려는 '높은' 수준의 삶에 대한 열망 같은 것들을 심각하게 다룬다. 예를 들어, 친절이 하나의 덕이라면, 그것은 친절함이 더 '높은' 수준의 삶에 이르는 데 필요한 자질이기 때문이다.

따라서 덕 윤리학의 견해에서 보면, 옳은 행위는 옳은 동기를 바탕으로 행해지는 행동이고, 옳은 동기는 주어진 상황에 알맞은 덕을 말하며, 덕이란 인간다운 삶을 영위하는 데 필요한 자질을 말한다. 인간에게 적절하고 자연스러운 삶의 방식이 존재한다는 생각은 많은 비평을 샀다. 아리스토텔레스의 견해를 더 자세히 설명하기에 앞서 문제점들을 몇 가지 들여다보자. 하나는 아리스토텔레스의 견해가 엘리트주의에 바탕을 둔다는 점이다. 어떤 사람의 삶은 다른 사람의 삶에 비해 더 낫거나 더 가치 있거나 더 의미 있다고 보기 때문이다. 다른 하나는 인간이 어떻게 살아가야 하는지 지시하거나 가치의 기준으로 삼을 만한 삶의 본보기란 있을 수 없다는 주장이다. 실존주의자들은 인간이 기본적으로 자유로운 존재라고 주장한다. 인간은 목표를 스스로 설정할 수 있기에, 무엇을 해야 하는지 '찾아내기 위해' 머나먼 별 위에 쓰인 것을 읽으려고 애쓸 필요가 없다는 것이다. 마지막 문제점은 인간에게 '자연스러운' 것은 반드시 옳고 '부자연스러운' 것은 반드시 그르다고 단정하기가 어렵다는 점이다. 예를 들어, 흔히 동성애 관계는 생식이 불가능하기에 부자연스럽고, 인간이 생식기능을 지닌 것은 생식을 목적으로 하는 것이라고 말한다. 하지만 아리스토텔레스를 비평하는 사람들은 이러한 통설에 반대하면서, 어떤 사물이 지닌 자연적인 기능을 이용하는 데 대해 옳다거나 그르다고 할 것이 없다고 주장한다. 사람의 이는 음식을 씹어서 소화를 돕지만, 다른 목적 예를 들어, 친절한 웃음을 강조하기 위해 쓴다고 해서 '부자연스럽다'거나 나쁘다고 할 건 아니라는 것이다. 그러니 도덕에 관련되는 어떤 것을 '자연'에 비추어 평가할 수 있는지는 단정하기 어렵다.

  이런 주장을 접할 때 유의할 점은 아리스토텔레스를 추종하는 사상가들이 말하는 인간의 본질이나 인간의 삶을 반드시 진화의 목적에 부합하는 삶을 가리키는 것으로 해석할 일은 아니라는 것이다. 인간의 본성에 부합하는 삶은 이미 하나의 윤리적 이상으로 되어 있다. 아리스토텔레스 이론의 특징은 인간 본성에 대한 환원적 개념을 모색하는 데 관심을 두는 것이 아니라, 윤리적으로 이상적인 인간의 삶에 관한 진리가 존재한다는 사실을 주장한다는 점이다. 그뿐 아니라 아리스토텔레스 이론이 내세우는 이 주장은 단순히 모호한 사고에서 나오는 것이 아님을 알아두어야 한다. 자신의 생애가 가치 있는 활동으로 이어지는, 보람 있는 삶의 과정이었는지(노년에 이르러 자신이 걸어온 삶을 되돌아보며), 반드시 이루어야 할 유익한 일들을 놓치거나 빼놓은 건 없는지, 귀중한 시간을 헛되이 보내지는 않았는지 반성하는 것이 의미 없는 일은 아닐 것이다. 이러한 의문을 앞에 놓고, 우리는 지난 시절에 떠올린 똑같은 의문에 대하여 그릇된 답을 지니고 있었다는 사실을 뒤늦게 자각하면서, 과연 무엇이 인간의 삶을 의미 있고 가치 있게 하는가에 대한 진리가 있음을 깨달을 수 있다는 것이다. 그렇다고 다른 사람들의 계획에 대한 제 나름의 가치판단에 따라, 그들의 선택을 비판하거나 그들을 차별해도 된다는 뜻은 아니다. 하지만 여기서 알 수 있는 것은 (1) 우리가 살면서 추구할 가치 있는 일들을 스스로 판단할 수 있다는 사실, 그리고 (2) 이러한 판단이 옳을 수도 그를 수도 있다는 사실이다.

- ● 인간의 기능과 신한 인간

아리스토텔레스는 어떤 종류의 삶이 인간에게 의미가 있는지에 관한 진리가 존재한다고 가정했는데, 이런 가정에 대한 그의 확신이 좀 지나쳐 보이기도 한다. 이 절에서는 그가 왜 그렇게 생각했는지 살펴보려고 한다. 먼저 말해둘 점은 칸트주의자나 공리주의자들과 달리, 아리스토텔레스는 윤리를 볼 때 공정한 관점에서 추려낼 수 있는 원칙이나 규칙으로 이루어진 하나의 체계로 보지 않는다는 것이다. 차라리 윤리는 개인적 발전과 관계되는 것이요, 살아가는 데 필요한 지혜나 기술과 관련된 것으로 본다. 사람이라면 누구나 의미 있는 삶을 살려고 할 터인데, 윤리는 어찌하면 그리할 수 있는지를 연구하는 것이다. 윤리는 좋은 삶을 살아가는 기술이, 물리학이나 수학이나 건축학처럼, 하나의 응집성 있는 학문적 주제가 될 수 있다고 가정한다.

아리스토텔레스 윤리학의 이런 측면을 설명하기 위해, 먼저 칼이나 걸상 같은 일상의 도구에 관해 생각해보자. 이 물건들에는 특별한 기능이 있다. 물건들의 기능이 얼마나 좋은지 나쁜지를 평가하려면, 그 물건들이 제 기능을 얼마나 잘 수행하는지를 보아야 한다. 좋은 칼은 물체를 잘 자르고, 날카로운 날과 쥐기 편한 손잡이가 있으며, 칼날과 손잡이 사이에 무게가 잘 분포되어 있다. 이것이 좋은 칼이 지녀야 할 덕이다. 걸상도 마찬가지다. 나아가, 이러한 평가기준이 있기에 걸상이나 칼이 좋은 것인지를 주관적으로 평가할 수 없다. 걸상이 무엇 하는 것인지를 아는 사람이라면, 저 구석에 있는 다리가 세 개뿐인 걸상을 좋은 걸상이라고 하지는 않을 것이다. 여기서 기본적인 생각은 하나의 사물이 제 기능을 잘 수행하기 위해 어떠해야 하는지를 알고 나면, 그 사물이 제구실을 할 수 있으려면 어떤 특성을 갖춰야 하는지 말할 수 있다는 것이다. 이런 특성을 갖춘 사물은 그 형태의 물건들 가운데서 좋은 물건이라 할 수 있다.

이것은 대단히 뛰어난 윤리이론이 아니다. 그러나 사람에 대해서도 똑같은 얘기를 할 수 있는데, 특히 사람들이 어떤 특별한 역할을 담당하거나 어떤 특별한 기술을 지니고 있다면 더욱 그러하다. 아리스토텔레스에게는 실로 덕 있는 사람과 숙련된 기술자 사이의 비유가 매우 중요한데, 이 점에 관해서는 바로 뒤에서 살펴볼 것이다. 예를 들어, 우리는 교사가 무엇을 하는 사람인지 알고 있기에 좋은 교사가 되려면 어떤 특징들을 갖춰야 하는지 알 수 있다(그 특징들은 사물을 잘 설명하고, 열성적이며, 적극적이어야 한다는 것과 또 학생들의 주의를 끌어모으고, 남의 말을 잘 들을 줄 알아야 한다는 것 등일 것이다). 아니면 좋은 의사, 좋은 음악가, 좋은 부모처럼 이들 각각의 역할을 잘 수행하는 데 필요한 덕의 목록을 제시할 수 있다. 어떤 사물이나 어떤 역할을 담당하는 사람을 놓고 이와 같은 얘기를 할 때, 아리스토텔레스는 다음과 같이 묻는다. 같은 얘기를 인간 전반에 적용해도 되지 않을까? 그럴 수 있다면, 우리는 획기적인 결론을 내릴 수 있다. 좋은 사람이란 단순히 사람이 해야 할 일을 잘하는 사람이다.

아리스토텔레스의 이론은 바로 이 대목에서 많은 비판을 받았다. 그의 이론은 모든 사물이 나름의 기능이나 목적인 telos을 지닌다는 근거 없는 (현대인이 우주를 이해하는 방식과도 매우 동떨어진) 가정을 전제한다는 것이다. 아리스토텔레스는 자연이 인간을 아무런 기능조차 수행하지 못하는 존재로 남겨두었을 리가 있겠느냐고 묻는데, 이러한 수사로 미루어 볼 때, 자신의 청중들이 그 가능성을 매우 낮게 보고 있으리라고 생각한 것 같다. 하지만 오늘날에는 보편적이진 않더라도, 인간을 적대적이면서 공허한 우주에 우연히 내던져진 하나의 생물에 지나지 않는다고 보는 견해가 상당한 설득력을 얻고 있다. 그런 터에 인간이 하나의 거대하고 전반적인 계획의 일부로 한 자리를 차지한다는 아리스토텔레스의 가정을 정녕 믿어야 할까? 그게 아니라면, 인간은 다만 하나의 유기체를 자라게 하는 조건들의 우연한 조합에서 출현하여, 자기 성찰의 능력을 발전시킨 어떤 동물에게서 태어난 우연한 부산물일까?

이 문제에 관하여, 아리스토텔레스를 비판하는 사람들 가운데 일부는 아리스토텔레스가 인간의 기능에 관해 아무런 이론조차 갖지 않았다고 주장한다. 이들은 아리스토텔레스가 몇 가지 삶의 방식을 다른 방식에 비해 더 낫고, 더 만족스럽다고 여겼음을 인정하면서도, 그것을 뒷받침하기 위해 인간의 기능에 관한 형이상학적 주장을 내세울 필요까지는 없었을 것이라고 주장한다. 따라서 그들은 덕에 대한 최선의 이해를 떠나서는 인간적인 선이 무엇인지 밝힐 길은 없다고 주장한다. 이런 견해는 덕이 개별적이고 특수한 방식으로 개인을 번영으로 이끈다는 이유만으로 덕이 단지 덕일 뿐이라고 생각하는 것은 옳지 않다고 주장한다. 오히려 덕은 인간이 다양한 삶의 도전에 맞서는 데 필요한 태도에 관해 가장 잘 이해하는 내용의 일부이기에 덕이다(이 점에 관해서는 다음 절에서 더 자세히 살펴볼 것이다). 그럼에도 다른 한편에는 아리스토텔레스가 인간의 기능에 관한 실질적인 형이상학 이론을 가졌다는 식으로 해석하는 이론 역시 존재한다. 여기서는 이 두 가지 견해의 절충을 시도하기보다는 되도록 중립적인 입장에 서려고 한다. 독자들은 다만 해석하는 사람들 사이에 의견의 불일치가 있다는 사실을 알아두면 될 것이다. 그렇지만 두 가지 해석은 모두 우주 만물이 번영해가는 성향을 띠듯 인간 역시 마땅히 번영을 계속해가야 한다는 아리스토텔레스의 명백한 사상노선을 설명해야 할 것이다. 표면상으로 보더라도 아리스토텔레스는 각각의 종이 제 나름의 기능이 있음에 비추어, 모름지기 인간이 아니고서는 이루어질 수 없는 고유한 활동이 무엇인지 찾아내야 한다고 생각했기 때문이다. 그러므로 가장 직설적인 해석에 따르면, 아리스토텔레스는 강력한 목적론적 가정을 지녔기에, 인간의 가장 뚜렷한 기능은 합리성을 사용하는 데서 찾을 수 있다는 결론을 내렸다는 것이다. 인간은 이성적인 삶을 살아갈 때 번영하는데, 덕은 인간이 이성적으로 살아가는 데 필요한 자질이라고 주장했다.

독자들은 이런 결론에 압도당하는 느낌을 받을지도 모른다. 결국 이성적으로 산다는 것이 무슨 뜻인지를 알 때까지, 이 결론은 공허한 것으로 남을 것이다. 그뿐 아니라, 덕 윤리학이 약속한 도덕철학을 마련하기까지는 아직도 갈 길이 멀어 보인다. 이 장의 첫 절에서는 아리스토텔레스의 도덕철학이 (1) 어떻게 살아야 하는가에 대한 이상을 제시하고, (2) 직관에 따른 도덕적 추론을 더 가까이에서 이해할 수 있게 하고, (3) 도덕적 상황의 다양한 본질을 고르게 다루는 것을 지향한다고 설명했다. 그리고 합리성에 관한 아리스토텔레스의 독특한 개념이 이러한 문제들에 어떤 답을 제시하려 했는지 살펴본다.

● 중용의 사상과 정념의 합리성

아리스토텔레스의 합리성에 대한 개념에서 특이한 것은 이성이 인간의 정념과 감정을 깨우치고 가르칠 수 있다고 생각했다는 점이다. 철학이론 대부분은 감정이 인간을 사로잡아 위험하고 불합리한 방향으로 이끌며 합리적인 행위의 방향에서 빗나가게 하는 힘이라고 보면서 이에 휩쓸리지 말아야 한다고 주장했다. 이와 달리 아리스토텔레스는 진실로 합리적이고 덕 있는 행동은 '옳은 상황에서, 옳은 정도로, 옳은 일을 지향하는 옳은 느낌'에서 나온다고 생각했다. 달리 말하면, 아리스토텔레스는 인간의 이성은 무엇이 적절하거나 부적절한지, 또 무엇이 합리적이거나 비합리적인지를 알려준다고 말했다. 그뿐 아니라 이성은 인간의 감정이 옳은 일에 옳은 비율로 대응하도록 해주는데, 완전한 합리성에서 빼놓을 수 없는 부분이라고 했다. 바로 이것이 많은 사람들에게 찬양받는 중용설의 핵심이다.

    중용설을 자세히 들여다보기에 앞서, 합리성이 어떻게 이성을 깨우치는지, 완전한 합리성이 어떻게 이성을 포괄하는지 더 생각해보아야 한다. 이 견해는 중요한 두 가지 내용을 담고 있다. 하나는 정서에 대한 인지론적 설명인데, 여기서 정서는 맹목적으로 인간의 심리를 움직이는 힘이 아니라 가치를 판단하고 인식하는 기능을 한다고 보았다. 또 다른 내용은 인간이 다른 분야에서 기술을 습득하듯이 주어진 상황에서 어떻게 적절한 감정을 지녀야 하는지 학습할 수 있다는 사상이다. 감정의 인지론적 설명에 따르면, 우리가 어떤 일에 어떤 감정을 느낀다는 사실은 곧 그 일이 어떤 식으로건 상당히 문제가 있다는 자각을 나타내는 것이다. 말하자면, 감정은 일의 중요성을 매기는 매우 독특한 인간적인 방식이다. 어떤 일에 아무런 감정을 느끼지 못하는 사람은 스스로 그 일에 어떤 이해조차 지니고 있지 않음을 드러내는 것이다. 그들이 세상사의 어느 부분에 관하여 (우리가 추정하건대) 아는 바가 없다는 것을 의미한다. 그러므로 적절한 수준의 감정을 느끼는 사람은 그런 감정을 전혀 느끼지 않은 사람과 달리, 세상사의 그 부분에 관해 어느 정도 파악하거나 이해한다는 말이 된다. 이것이 첫 번째 요점이다. 그뿐 아니라 감정은 복합적인 인지 상태와 관련되기에 인간의 본성에서 저절로 우러나는 것이 아니라 문화적으로 전파된 관점을 통해 세상사를 보는 데서 나오는 것이다. 어떤 특정한 정서적 성향(특정 상황에 특정 종류의 정서를 지니고 반응하는 성향)을 지닌다는 것은 단순히 본능에 의존해서 되는 일이 아니라 주어진 특정 상황에서 특정 종류의 분발심을 일으켜 특정 반응을 나타내는 일이 거듭되는 가운데 얻어지는 성향이다. 감정은 자연적이고 자발적인 현상처럼 보이지만, 아리스토텔레스의 관점에서 보면, 그것은 다만 제2의 본성에 지나지 않는다. 이를 제1의 본성으로, 다시 말해서 단지 자연적인 것으로 오해해서는 안 된다. 마치 한 숙련 기술자가 특별한 지식을 연마하여 마침내 거의 본능에 따라 일하게 되듯이, 적절한 감정적 반응의 기법을 익힌 사람 역시 어떤 상태에 반응하는 특별한 기술을 배워나가면서 그런 반응이 자발적이고 즉각적인 것처럼 보이도록 하는 경지에 이른 것이다. 이 견해를 요약하자면, 감정은 기술자의 직관적 행위가 그러하듯이 합리성 속에 있다는 것이다.

이제 중용설로 돌아가자. 중용설에 따르면, 각각의 덕은 두 해악 사이의 중간지점에 존재한다. 하나의 해악은 지나침에서 오고, 다른 하나는 모자람이나 못 미침에서 온다. 그런데 무엇이 지나치거나 모자란다는 말일까? 그것은 곧 타당한 감정이 그러하다는 말이다. 덕 있는 사람은 주어진 상황이 요구하는 감정을 필요한 만큼만 느끼지만, 다른 사람은 부적절하거나 해로운 두 가지 극단적인 방식으로 감정을 느낀다는 뜻이다. 그중 하나는 요구되는 감정을 너무 강렬하게 느끼거나 주어진 상황이 요구하지 않는 감정을 체험하는 경우고, 다른 하나는 요구되는 감정을 덜 체험하거나 전혀 체험하지 않는 경우다. 하나의 좋은 예로, 두려움의 감정을 들 수 있다. 진실로 위험에 부딪힌 상황에서는 두려움의 감정이 발생한다. 두려움에 대응하는 덕은 용기다. 용기는 위험에 대응하는 옳은 태도다. 여기에 또 두 가지 해악이 존재할 수 있다. 두려움 앞에 지나치게 민감하면 비겁한 태도를 나타내고, 두려움에 둔감하면 만용이나 신중하지 못한 반응을 나타낸다. 비겁한 사람은 위험 앞에서 지나치게 민감하고, 신중하지 못한 사람은 두려움 앞에서 필요한 수준 이하로 둔감하다. 따라서 비겁한 사람은 실상 그만큼 위험하지 않거나 약간 위험한 상황에서조차 필요 이상의 두려움을 느낄 것이다. 신중하지 못한 사람은 실상 매우 위험한 상황인데도 아무런 두려움을 전혀 체험하지 않거나 너무 적게 체험할 것이다. 두 가지 경우 모두 적절한 대응을 하는 데 장애가 되거나 적절한 대응을 그르치게 할 수 있다. 비겁한 사람은 버텨나갈 때 초래될 모험을 과대평가한 나머지 많은 귀중한 기회들을 놓칠 수 있지만, 경솔한 사람은 과대한 위험 앞에 자신을 끊임없이 노출한다. 한편 용기 있는 사람은 위험을 느끼기는 하지만, 그럴 필요가 있는 상황에서 필요한 만큼만 느낀다. 이들은 자신의 안전을 지킬 만큼 두려움을 경험하면서도 그 두려움 때문에 주어진 상황의 위험성을 과대평가하지도 않는다.

 아리스토텔레스의 견해는 인간의 삶에서는 어쩔 수 없이 위험에 부딪히는 상황이 있기 마련이어서 누구나 두려움의 감정을 체험할 수 있음을 인정한다. 감정에 관한 인지론적 설명에 따르면, 적절한 두려움은 특히 주어진 상황에서 문제가 되는 것의 중요성에 비추어, 위험을 올바르게 평가하게 한다. 물론 인간의 삶 속에서 인간에게 주어지는 조건들은 다양한 측면들이 있기 때문에 각각의 측면에 따라 다양한 감정이 요구되는 건 사실이다. 인간은 사회적 동물이기에 다른 사람들을 배려할 필요가 있고(자비, 공감, 우정 같은 감정이 요구되는 예도 있고), 다른 이들에게서 존중받아야 할 자신의 위상 또한 고려해야 한다(자랑스러움, 부러움, 겸손 같은 감정이 필요하기도 하다). 인간은 덕과 더불어 관대함이나 비열함, 방탕 같은 것들처럼 소유물과 관련되는 악덕을 함께 지닐 수 있다. 각각 삶의 영역이나 인간적인 조건의 다양한 국면들은 그에 대응할 감정적 태도를 요구한다. 가장 중요한 윤리적 문제는 주어진 특정 상황에서 문제가 되는 것을 (그리고 두려움의 경우에서처럼, 그 상황에서 달리 문제가 되는 것이 무엇인지를) 올바르게 평가하는 데서부터 해결의 실마리를 찾는 일이다.

어찌 보면 중용설은 우리가 삶에 관한 생각을 어떻게 구성해야 하는지를 잘 설명한다. 중용설은 인간의 감정을 연구실에 가둬두는 대신, 실제의 삶에 끌어들여 사실적으로 설명한다. 그러나 다른 한편으로 중용설은 실제 지침이 되기에는 너무 공허한 느낌이 있다. 어떤 특정한 경우에 중용이 어디에 놓여 있는지를 어떻게 알 수 있을까? 내가 용기있게 행동하는지, 비겁하게 행동하는지 어떻게 알 수 있을까? 나는 관대하게 살고 있을까, 아니면 구두쇠로 살고 있을까? 내가 아리스토텔레스의 견해를 받아들인다면, 나는 중용이란 것이 상황을 바르게 평가하는 감정적 태도를 말하는 것임을 알고 있는 셈이다. 그렇지만 그게 실제로 무엇인지 어떻게 알 수 있을까? 그뿐 아니라 이와 관련하여, 어떤 특정한 덕은 때에 따라 악덕이 된다는 문제가 있다. 예컨대, 도둑은 나쁜 목적을 위해 용기라는 덕을 발휘할 수 있다. 그러니 용기를 갖고 있다 해서 그 사람이 반드시 좋은 사람인 건 아니다. 이와 비슷하게, 정직은 대개 덕으로 알려졌지만, 자신의 생각을 낱낱이 투명하게 밝힌다면 친구를 잃거나 아둔한 행동을 할 수도 있다("오호, 저런, 그 옷 안 어울려요!", "그 글 써내고 대가를 톡톡히 치르시네요!").

아리스토텔레스의 이론은 일찍이 이에 대한 답으로 덕의 통일성 the unity of virtue이라는 개념을 제시했다. 누구든 모든 덕을 갖추기 전까지는 하나의 덕조차 제대로 갖출 수 없다는 것이었다. 이런 주장을 내세운 근거를 살펴볼 때, 정직이라는 덕이 무엇을 요구하는지, 용기는 언제 하나의 덕으로 기능하는지를 알려면, 하나의 덕을 따로 떼어내어 그것만 들여다보아서는 답을 얻을 수 없다는 것이다. 용기 있음과 정직함은 그중 어느 하나가 다른 것의 기능을 방해할 때 둘 다 덕으로서 그 기능이 정지된다. 정직함이라는 덕이 적절한 연민이나 겸허나 존중과 같은 덕을 방해한다면, 정직함은 악덕이 될 수도 있다. 용기라는 덕이 다른 덕들의 요구를 침해한다면, 용기는 악덕이 되고 만다. 그러므로 아리스토텔레스를 추종하는 사상가들은 모든 덕은 다 함께 기능할 수 있는바, 모든 덕이 요구하는 것을 알지 못하면 하나의 덕이 요구하는 것을 제대로 알 수 없으며, 그리하여 다른 덕들의 기능을 방해하는 한, 그 어느 덕도 기능할 수 없다고 주장한다. 이로써, 하나의 덕이 어찌하여 악덕으로 보일 수 있는지의 문제에 대한 해답이 제시된 셈이다(달리 말하자면, 용기라는 덕은 다른 모든 덕을 통합하는 덕으로 나타날 때에만 참으로 덕일 수 있다). 그렇지만 중용설이 더욱 강력한 영향력을 지니려면, 무엇을 어찌해야 하는가에 대해 더 많은 지침을 제시할 수 있어야 한다. 중용은 하나의 상황에 대한 다각적 평가들을 해야 한다. 말하자면, 하나의 상황을 모든 덕의 관점에서 보면서 하나의 덕이 어떻게 다른 덕들을 깨우치거나 제약하거나 다른 덕에 영향을 미치는지를 이해해야 할 것이다. 예컨대, 적절한 세기의 연민이라는 덕은 적절한 세기의 정직이라는 덕에 대하여 깨우치거나 제약하거나 영향을 미칠 수 있고, 이런 원리는 다른 모든 덕에도 적용된다.

각각의 덕이 무엇을 요구하는지 모두 알기란 이룰 수 없는 이상처럼 들린다. 그런데 문제는 여기서 끝나지 않는다. 각각의 덕이 서로 어떻게 깨우치고, 제약하며, 영향을 미치는지 정확히 파악하는 능력이 요구되는 것이다. 다른 덕들이 어떻게 조화하여 기능할 수 있는가를 이해하는 능력이 아리스토텔레스의 견해에서 가장 중시되는 능력이라 할 수 있다. 실로 이런 능력은 그 자체가 하나의 덕이다. 이를 집행적 덕 executive virtue이라 하는데, 모든 덕 가운데 가장 기본이 되는 덕이다. 이 덕은 본래 프로네시스phronesis로 불리었는데, '실천적 지혜practical wisdom' 또는 '판단judegement'으로 번역할 수 있다. 아리스토텔레스는 판단하는 능력을 얻으려면 삶의 경험이 필요하다고 주장한다. 이러한 능력은 단순히 규칙 모음집을 읽어서 얻어지는 것이 아니다. 삶에서 부딪히는 상황들이 너무 다양하고 다년적인 까닭에, 정확히 이러저러한 환경조건에서 어떤 사람이 어떤 덕을 우선으로 고려해야 하는지를 미리 확정하는 건 어려운 일이다. 환경조건이 어떻게 구성되었는가에 따라 어떻게 대응해야 할지, 그리고 어떤 덕의 조합을 발휘해야 할지가 크게 달라진다. 가령 미술품 수집가인 내 친구가 죽어가고 있다고 하

자. 그는 자신의 모든 안락함을 추구하는 대신, 푼돈을 긁어모아 매우 아름답고 가치 있는 작품들을 수집했다. 그는 자신의 수집품을 생애의 보람으로 내세울 만큼 아주 자랑스럽게 여기는데, 자신이 죽은 다음에는 아이들에게 물려주려 한다. 그렇지만 그의 가족은 너무 고생한 나머지, 생계를 위해 수집품을 그의 생전에 그도 모르게 팔아버린다. 이제 물려줄 것이라고는 전혀 없다. 가족은 내 친구가 행복한 마음으로 죽을 수 있도록 이 사실을 비밀에 부치려 애쓰고 있다. 나는 친구에게 사실대로 말해줘야 할까?[2] 정직함과 연민, 두 가지 덕 가운데 어느 것이 더 중요할까? 아리스토텔레스의 대답은 간접적이고도 이중적이다. 먼저, 모든 것이 그 경우의 자세한 정황에 따라 달라질 수 있다는 것이다(예컨대, 내 친구가 그걸 알고 싶어 할까? 그가 사실을 알고 나면 스스로 무엇을 어떻게 할 수 있을까? 이번의 속임수가 지금까지 그 가족 안에서 유지되어온 투명성과 개방성을 깨뜨리는 건 아닐까? 그러한 투명성과 개방성이 그 가족 사이에 존재하고 있었을까?). 다음으로는 좋은 삶의 지혜를 가다듬어온, 경험 많고 예리한 감각을 지닌 사람만이 이 문제를 현명하게 판단할 수 있다는 것이다.

그렇지만 독자들은 이런 답에 여전히 불만을 품을 것이다. 도덕적 의문에 대한 답을 찾아낼 분명한 방법을 보여주지 못하기 때문이다. 사실대로 말하면, 덕 윤리학이 도덕적 의문에 답을 주지 못한다는 주장은 도덕철학자 로절린드 허스트하우스가 이름 붙인 대로 덕 윤리학에 대한 '근원적 반대'라 부를 만하다.[3] 그녀는 윤리가 답을 줄 수는 있지만, 그 답은 복잡하면서도 문맥 의존적contexst-dependent이라는 견해를 드러낸다. 또한, 덕 윤리학에 대한 이런 반대는 오직 다음과 같이 생각할 때에만 타당성이 있을 것임을 주장한다. 즉 잘 연구된 도덕이론은 모름지기 '총명한 열두 살짜리'가 이해할 만한 답을 보여줘야 한다고 말이다. 이렇듯 도덕적 상황의 복합성과 난해성을 부정하는 태도에 반대하는 자세는 일부 덕 윤리이론가들이 왜 도덕철학에서 최고의 역작들은 상상문학에서나 볼 수 있을 정도로 상세한 상황연구에서 나온다고 생각하는지를 잘 설명해준다.

● 덕 윤리학과 이기주의

이제 덕 윤리학이 공정하기보다 이기적이어서 도덕이론이 되기에는 결함이 있다는 주장을 살펴보려 한다. 덕 윤리학은 개인의 번영에 관한 관심에서 출발하는 이론이기에, 본래부터 이기적인 이론일 수밖에 없다는 점이다. 왜 인간이 도덕적으로 선한 행위를 해야 하는가, 예를 들어, 왜 넘어진 어린이를 도와주어야 하는가에 대한 덕 윤리이론가들의 설명에서 그런 특징이 잘 드러난다고 한다. 어린이는 지금 도움이 필요하다. 이 상황에서 (특히, 주변에 도와줄 만한 사람이 아무도 없다면) 그를 돕고 안심하도록 해준다면 친절한 일이다. 그러나 아리스토텔레스 이론에 의하면, 친절함이 덕일 수 있는 것은 그것이 어떤 식으로건 친절을 베푼 사람에게 혜택을 주기 때문이라고 한다. 친절은 그것을 베푼 사람이 좋은 삶을 사는 데 필요한 덕이라는 것이다. 따라서 돕는 까닭을 묻는다면, 아리스토텔레스는 이 상황에서 도움을 주려 하는 심성이 도움을 주는 사람에게도 이익이 된다는 사실을 내세우려 할 것이다.

그런데 이런 답은 듣는 이를 당혹하게 만든다. 돕는 행위는 순수한 친절을 나타내는 행위여야 하는데, 사실은 그 동기가 이타적altruistic이기 때문이다. 친절함을 베푸는 것은 도움을 받는 사람들을 위해서다. 그런데 그것이 돕는 사람 자신을 위한 행위라면, 그 행위는 순수한 친절이 아니다. 이런 이유라면, 아리스토텔레스를 추종하는 사상가들은 친절함을 덕으로 내세워서는 안 된다. 그럼에도 아리스토텔레스는 여전히 친절함을 하나의 덕으로 생각하고, 이것은 역설이 아닐 수 없다. 한편으로, 순수한 친절은 베푸는 사람 자신이 아니라 그 친절의 혜택을 받게 될 사람을 위한 것이어야 한다. 다른 한편으로, 친절이 덕이 되는 까닭은 그것을 베푸는 사람이 혜택을 받고 좋은 삶을 살아갈 수 있기 때문이라고 한다.

그런데 좋은 삶을 사는 방법에 관한 아리스토텔레스의 견해를 다시 살펴보면, 이러한 역설은 어렵지 않게 해소된다. 아리스토텔레스는 협소한 이기주의는 좋은 삶을 사는 길이 아니라고 말했다. 그가 말하는 좋은 삶이란, 가치 있고 보람 있는 일과 인간관계를 포괄하는 의미 있는 삶을 뜻한다. 누구나 의미 있는 우정관계를 형성하고 유지할 수 있어야 하며, 가족관계에 충실해야 하며, 사업적 기획, 정치적 기획, 여가 활동 같은 일에서 남들과 협력해야 하며, 그렇지 않고서는 아무것도 이룰 수 없다는 것이다. 친절한 성격을 지니지 않고서는 이 모든 일에 결코 성공할 수 없다는 건 두말할 나위가 없다. 적어도 어느 정도의 친절함을 남들에게 베풀지 않는 한, 그들의 신뢰와 협력을 얻을 수 없기 때문이다.

그렇지만 이런 설명조차 친절을 베풀어야 하는 까닭을 너무 자기

본위self-interested의 동기에서 찾고 있다. 좋은 삶을 살기 위한 친절함이 목적달성을 위한 수단에 지나지 않기에, 친절이라는 덕의 중요성을 너무 도구적으로 강조하는 것이다. 지금까지 우리가 살펴본 논리에 비추어, 친절을 베풀어야 할 유일한 이유는 그것이 신뢰를 가져오고, 신뢰는 다시 의미 있는 삶을 가꾸는 데 필요한 여러 가지 활동들이나 인간관계에 발을 들여놓게 해주기 때문이다. 남들에게서 참된 신뢰를 얻으려면 진실로 친절해야 하며, 이익이 될 때에만 친절해서는 안 될 것이다. 따라서 친절함을 베푸는 궁극의 이유가 자신이 의미 있는 삶으로 이끌어가고 싶기 때문이라는 생각에는 재고의 여지가 있다.

이 문제를 해결하기 위해 일부 덕이론가들은 덕을 지닌 사람이 혜택받는 길에는 여러 가지가 있는데 이들을 잘 구별해야 한다고 주장한다. 먼저 덕을 지닌 사람은 다른 일에 상관없이 독립적으로 혜택을 누릴 수 있다. 예를 들어, 용기나 참을성을 적절한 정도로 지닌 사람은 비겁한 사람이 견뎌낼 수 없는 도전을 능히 극복할 수 있다. 그리고 이런 도전을 극복하는 능력은 삶의 중요한 국면에서 성공을 이끌어내는 열쇠가 된다. 즉 어떤 복잡한 일을 수행하면서 좋은 성과를 낼 수 있다는 뜻이다. 덕을 지닌 사람이 혜택을 받는 또 하나의 길은 다른 길에 비해 더 구성적이다. 무슨 말이냐 하면, 이 경우 덕은 독립적인 혜택을 가져오는 것이 아니라, 어찌 보면 그 자체가 혜택이 된다. 친절함을 예로 들어 설명할 수 있다. 친절함은 다른 사람들의 행복이나 불행에 대한 특정한 종류의 감응성과 개방성을 포함한다. 친절할 줄 모르는 사람은 대체로 다른 사람과 벽을 쌓기 쉽다. 그리고 이런 상태는 어떤 중요한 것을 놓치고 있음을 의미한다. 다른 사람들이 필요로 하는 것에 대한 친절함과 감응성이 다른 독립적인 목적을 달성하는 데 유용하다는 점을 말하는 것이 아니다. 다른 사람들에게 친절을 베풀 수 있을 만큼 개방성을 지닌다는 것은 곧 자신을 둘러싼 세상과 올바른 관계를 형성하거나 유지하는 데 매우 중요한 부분이 된다는, 한마디로 그 자체가 좋은 삶의 일부라는 말이다.

이런 생각이 타당하다면, 세 번째 절인 '인간의 기능과 선한 인간'에서 다룬 논쟁으로 돌아가보자. 이 논쟁의 한편에는 아리스토텔레스가 인간의 기능에 관하여 하나의 완전한 이론을 지녔다고 보는 견해가 있었고, 다른 한편에는 인간의 기능이란 덕이 요구하는 것을 가장 잘 이해하는 능력에 지나지 않는다는 견해가 있었다. 인간이 덕과 상관없이 독립적으로 존재하는 기능을 지녔다고 본다면, 덕은 바로 이런 기능을 다하는 데 필요한 자질이라고 보아야 옳을 것이다. 하지만 이런 견해는 앞에서 설명한 대로, 덕에 관한 도구적인 개념을 그대로 드러내는 것이 아닐 수 없다. 다른 한편에서는 존 맥도웰 같은 이론가들이, 덕은 곧 인간의 번영을 가져오는 요인이어서 덕을 빼놓고서는 번영을 이해할 수 없다고 주장한다. 맥도웰의 견해에 따르면, '번영'이란 것은 그 자체가 본질적인 개념이 아니다. 그것은 단순히 덕이 요구하는 바에 대하여, 그리고 한 인간의 삶에서 그러한 덕을 어떻게 발휘해야 할 것인지에 대하여, 우리가 지닌 최선의 이해를 나타내는 방식으로 세상사에 대응하는 것을 말한다. 그리하여 친절함이, 주어진 상황에 대응하는 가장 적절한 방식에 대해 우리가 가장 잘 이해하는 내용의 일부분이라면, 그것은 곧 덕이 될 수 있다는 것이다. 친절함이 어떻게 덕일 수 있는지에 대한 맥도웰의 설명이 충분하다면, 그리고 아리스토텔레스가 독립적인 번영의 개념을 지녔다고 인정한다면, 덕이 이기적이라는 비평은 더는 달아날 길을 찾기 어려울 것이다.

앞선 두 문단에서 우리는 (1) 덕 사이의 도구적인 관계와 (2) 덕이 곧 좋은 삶의 일부가 되는 구성적인 관계를 구별했다. 구성적인 관계에서 오는 좋은 삶이란, 덕을 떠나서는 좋은 삶이 무엇인지 밝힐 수 없다는 뜻이다. 그렇지만 덕에 관한 두 번째 생각은 별 도움이 되지 않거나 고작 순환적인 것에 지나지 않는 것처럼 보일 것이다. 다시 말하면, 덕을 지닌 사람이 어떻게 혜택 받는지 설명하고자, 혜택은 덕을 지닌 사람에게 돌아가는 보상이라고 설명하는 건 설명이 될 수 없다. 그것은 단순히 친절함과 같은 자질이 왜 덕인지를 설명하는 것이 아니라, 친절함과 같은 자질은 덕이라고 그냥 가정하고 넘어가는 것과 마찬가지다. 하지만 용기나 정의감이나 친절함 같은 자질이 어째서 덕이 되는지 덕 이론가들은 전혀 설명할 수 없다는 말은 맞지 않다. 차라리, 덕이 어째서 그 밖의 다른, 좁은 의미의, 혜택을 얻어내는 수단이 되는지를 보여주는 설명이 하나도 없다고 말해야 옳다. 이에 관한 간략한 설명을 앨러스데어 매킨타이어[20]가 제시하는 덕의 개념에서 찾아볼 수 있다.[4]

매킨타이어는 스스로 실천이라고 부르는 사회활동의 여러 형태들을 고려하는 데서 출발한다. 그의 말대로 실천이란 '실천자들에게 좋은 내실'을 지닌 사회활동이다. 달리 말하면, 실천은 사람들이 비도구적인 이유에서 참여하는 활동이다. 어떤 사회이건 수많은 실천들이 있기 마

---

20 Alasdair Chalmers MacIntyre(1929~): 스코틀랜드 철학자로 미국 예술과학학술원 회원.

련이고, 그에 참여하는 사람들은 다양한 활동들을 하며 살아간다. 예를 들어, 나는 단순히 철학에 종사하면서 돈과 지위를 받고 대학이 주는 자리에 앉아 권력을 행사하기도 하는데, 이것만으로는 내가 왜 같은 혜택을 누릴 수 있었던 다른 분야를 멀리하고 하필이면 철학을 하기로 선택했는지를 설명하지 못한다. 내가 철학을 선택한 건 다른 이유 때문이기도 하다. 그 이유는 철학이란 학문을 연구하고 철학이 허용하는 방식으로 시야를 넓혀가는 데서 얻을 수 있는 특별한 종류의 만족과 관련이 있다. 철학을 하면서 나는 특정한 혜택을 받는데, 그것은 내가 철학이라는 실천을 통해 특별히 얻어내는 혜택이며, 나의 비좁은 이기심과는 아무런 상관이 없다. 이렇듯 어떤 실천의 내재적 선은 그 실천에 완전히 몰입하는 사람이 누릴 수 있는 선이다. 매킨타이어는 실천이란 사회생활 속에 녹아들어 보편화한 것으로 생각한다. 예컨대 우정은 그에 참여하는 사람들에게 어떤 혜택을 가져오는 하나의 실천이다. 그런데 이런 혜택은 두 가지로 나눠 볼 수 있다. 하나는 좁은 의미의 이기적 혜택이고, 다른 하나는 친구들과 썩 잘 지내면서 좋은 관계를 유지하는 사람이 누리는 선이라고 할 수 있다. 예를 들어, 친구들과 좋은 관계를 유지하는 사람은 우정이 자신의 삶에 의미를 더해준다고 생각할 것이다. 그렇지만 우정이 그 같은 혜택을 가져오는 까닭은 그 사람이 우정에서 무엇을 얻어낼지 생각하기보다는 친구들과의 우정에 열린 태도로 접근하기 때문이다.

 실천에 참여하면 혜택을 받는다. 그중에서 가장 중요한 혜택은 삶의 의미를 풍부하게 하는 가치 있는 것들을 얻을 수 있다는 점이다. 그렇지만 그 혜택을 얻으려면, 실천에 참여하는 이유가 비도구적이어야 한다. 매킨타이어는 실천에 완전히 몰입할 수 있게 하는 자질이 덕이라고 말한다. 그는 우리가 어떤 종류의 실천에 참여하건 간에 정의, 용기, 인내, 결단 같은 자질이 필요하리라 생각한다. 매킨타이어식의 덕이론은 실천에 참여하는 사람들이 덕을 지님으로써 어떻게 혜택을 받는지를 설명한다. 참여하는 사람들은 자신이 지닌 여러 가지 덕에 힘입어, 번영에 관한 개념을 스스로 넓히고 다른 사람들과 더불어 참여하는 다양한 활동들에서 의미와 보람을 느끼는 방식으로 혜택을 받는다. 따라서 덕을 지님으로써 얻는 혜택은 실천에 완전히 몰입하는 사람(말하자면, 이미 덕을 갖춘 사람)만이 누리는 혜택이다. 매킨타이어는 덕이 그것을 지닌 사람에게 어떻게 혜택을 가져오는지를 설명할 뿐 아니라, 덕이 번영으로 가기 위한 수단이기보다는 그 자체로서 번영을 구성한다고 주장한다.

아리스토텔레스의 이론에 대한 매킨타이어와 맥도웰의 해석은 논쟁의 여지가 있어서, 이 책에서 제시한 범위를 뛰어넘어 더 깊이 살펴볼 필요가 있다. 이들의 연구 성과에 바탕을 두어 말한다면, 우리는 덕이론을 반드시 이기적인 것으로 생각할 필요가 없다는 결론을 얻을 수 있다. 그렇긴 하지만, 이들의 해석에 따르더라도, 덕 윤리학은 공정한 도덕이론에서 한참 떨어져 있다. 개인이 마땅히 해야 할 일은 자신의 우정, 기획, 인간관계, 공동체 같은 것들에서 출발해야 한다는 생각에 대하여, 덕이론가는 칸트주의자나 공리주의자들보다 훨씬 동정적이다. 덕 윤리학은 다른 이론들과 달리 먼저 공정함의 영역에서 출발하여 개별적인 관계나 개별적인 기획으로 내려와야 한다고 주장하는 것이 아니라, 오히려 의미 있는 삶을 살려고 애쓰는 개인에서 출발할 것을 권고한다. 물론 덕 윤리학도 개인이 어느 정도 공정한 고려(예컨대, 필요로 하는 것보다는 고생하는 길손이 필요로 하는 것에 대한 고려)의 여지를 지녀야 한다는 점에 동의하긴 하지만, 이러한 고려마저 좋은 삶을 살기 위한 전반적 계획에 들어맞도록 해야 하며, 그 어떤 한 묶음의 고려가 다른 고려들을 완전히 압도해서는 안 된다고 주장한다.

이 장을 닫기 전에 지적해야 할 또 하나의 문제가 남아 있다. 이 문제는 아리스토텔레스가 제시한 것처럼, '어떻게 살아야 할 것인가'라는 의문을 바탕에 깐 이론에 적용되는 문제다. 이러한 의문에 대한 해답이 오직 한 가지만은 아닐 것이다. 나는 철학자로 살아가야 할까, 아니면 언론인으로 살아가야 할까? 아이를 가져야 할까? 대학에 진학해야 할까? 이런 문제들을 놓고 아무리 오랫동안 생각해보아도, 이 답은 옳고 저 답은 그르다는 식의 결론에 이르기는 어려울 것이다. 사실 철학자와 언론인, 두 역할을 모두 하면서 잘 살아갈 수 있으며, 아이를 가지거나 가지지 않고서도, 대학을 가거나 가지 않고서도 잘 살아갈 수 있을 것이다. 어떻게 살 것인가의 의문에 단 하나의 답이 존재하지 않는다면, 특정 상황에서 무엇을 해야 옳을지에 관한 의문들이 꼬리를 물고 제기될 것이다. 그러나 이들 문제에 대해서도, 덕 윤리학의 방법에 비추어 볼 때, 단 하나의 답을 찾기는 어려울 것이다. 가령, 내가 어떤 친구의 말을 듣고 마음이 심히 상했는데, 정작 그 말을 한 친구는 내 속을 미처 모르고 있다고 하자. 그 말을 놓고 친구와 따져야 할까, 아니면 그냥 넘겨야 할까? 나는 덕 윤리학의 관점에 비추어 어찌해야 할까를 저울질한다. 아무 말도 않는다면 난 정직하지 않은 셈이 되고, 친구와 맞서 따지면 우정이 깨질 수 있다. 이에 대해 덕 윤리이론가는 어찌할 것인지는 내가 과연 무엇을 귀하게 여기는지, 어떤 가치를 중히 여기는지, 어떻게 살아야겠다고 생각하는지와 같은 것들에 따라 달라질 것이라고 말하리라. 좋은 삶을 살아가는 데 여러 가지 방법들이 있다면, 어려운 상황에 대응하는 방법 또한 여러 가지 있을 것이고, 그중 어느 하나가 옳고 다른 것이 그르다고 말하기 또한 어려울 것이다.

도덕이론이 무엇을 해야 한다고 말하는가에 따라서 이 문제에 대한 반응은 천양지차로 달라진다. 어떤 이는 완전무결한 좋은 해답이라고 생각하지만, 다른 이는 위험스러울 만큼 상대적이고 주관적인 문제라고 생각할 수 있다는 말이다. 그렇지만 한 가지 확실히 해둘 점은 옳은 해답이 여러 가지일 수 있다는 생각이 곧 나쁘거나 불충분한 해답이 있을 수 있음을 아주 배제하는 건 아니라는 사실이다. 철학자가 되는 대신 언론인이 되기로 결정한다면(아니면, 이와 반대로 결정한다면), 그럴 만한 좋은 이유가 얼마든지 있겠지만, 또한 거기에는 그래서는 안 된다는 나쁜 이유 역시 얼마든지 있을 수 있다. 친구와 시시비비를 가리는 데는 그럴 만한 이유가 얼마든지 있을 수 있고, 따지지 않고 그냥 넘기는 데도 그럴 만한 이유가 얼마든지 있을 수 있다. 그러나 이와 반대로, 따지지 않고 그냥 넘겨버린다면 비겁한 사람이 된다고 생각할 만한 이유 또한 있을 수 있고, 시시비비를 가리기로 한다면 친구에게 적대적이거나 공격적인 사람으로 비칠 만한 이유 또한 있을 수 있다. 그러므로 덕 윤리학은 어떤 사람의 결정이 '옳은 일'임을 명백하게 가려줄 만한 처지에 있지 않다. 많은 다양한 상황들에서 여러 가지 장단점들을 고려하여 최선의 선택을 하는 것만이 우리가 할 수 있는 모든 것이다. 사람마다 선택하는 바가 다르더라도, 그 가운데 나쁜 선택이 반드시 존재하는 건 아니다. 군말을 덧붙일 일이 전혀 없을 수도 있다. 앞서 설명한 바와 같이, 이것을 덕 윤리학의 천재성이라고 찬양할 수도 있고 덕 윤리학의 결함으로 지적할 수도 있겠지만, 이런 평가는 덕 윤리학이 무엇이어야 한다고 생각하는가에 따라서 얼마든지 달라지게 된다.

● 결론

6장에서는 아리스토텔레스의 도덕이론을 살펴보았다. 아리스토텔레스의 이론은 어떻게 살아야 할 것인가 하는 질문에 오직 하나의 해답만이 존재하지 않는다 해도, 이 질문에 대한 답을 찾아가는 가운데 어떻게 살아야 하는가에 대해 더 많이 배우게 될 것이라고 주장한다. 아리스토텔레스를 추종하는 사상가들은 이런 연구를 위한 기본 소재는 인간의 정서와 그것이 언제, 어떻게 타당한지에 관한 인간의 사고, 그리고 덕과 악에 관한 인간의 이해에서 찾을 수 있다고 생각한다. 아리스토텔레스의 이론을 연구하는 사람의 처지에서, 도덕이론은 다만 섣사리 풀기 어려운 도덕적 문제들의 복합성을 조명하는 데 그치는 것이 아니라 실제로 그러한 문제들을 해결하는 데 중요성을 띤다고 생각하는지, 아니면 달리 생각하는지에 따라 아리스토텔레스의 이론은 어처구니없이 공허한 것이 될 수도 있고, 실제로 다양하고 풍성한 것이 될 수도 있다.

● 토의사항

1. 중용설은 우리에게 유익하고도 지침이 될 만한 윤리이론을 제시할 수 있을까?

2. 덕은 덕을 지닌 사람에게 혜택을 줄까?

3. 덕이론가가 복잡한 도덕적 상황의 단순화를 거부할 때, 그것은 그의 이론적 접근에서 강점이 될까, 아니면 약점이 될까?

4. 아리스토텔레스의 윤리학은 인간의 기능에 대한 독립적이고도 형이상학적인 개념이 있어야 할까? 그렇다면 그의 윤리이론은 그 때문에 설득력을 잃게 될까?

5. 감정은 적절한 것일까, 부적절한 것일까? 완전한 합리성은 적절한 감정적 대응이 필요하다고 말할 수 있을까?

■ 주

1) J. McDowell, "The Role of Eudaimonia in Aristotle's Ethics," and D. Wiggins, "Deliberation and Practical Reason," in A. O. Rorty (ed.), Essays on *Aristotle's Ethics* (Cambridge: Cambridge University Press, 1980)를 참조.
2) 이 사례는 슈테판 츠바이크Stephan Zweig의 이야기에서 끌어왔는데, 츠바이크는 1920

년대 독일을 배경으로 설정했다. 이 가족은 고인플레로 가계가 파탄에 직면하면서 어려움에 빠졌다. 이렇듯 가치 있는 수집품을 팔아서 손에 넣은 돈은 이내 얼마 안 되는 금액이 되고 만다.

3) Hursthouse, 'Virtue Theory and Abortion,' in in R. Crisp and M. Slote (eds), *Virtue Ethics* (Oxford: Oxford University Press, 1997)에 나옴.
4) 이 설명은 A. MacIntyre, *After Virtue* (London: Duckworth, 1981), Ch. 15에 나옴.

■ 더 읽을 책

아리스토텔레스의 저작 가운데 덕이론을 연구하는 이론가들에게 가장 큰 영향을 준 것으로 *Nicomachean Ethics* (various editions)가 있음.

이 문제에 관한 자세한 소개서로 G. Hughes, *Aristotle on Ethics* (London: Routledge, 2001)과 D. Bostock, *Aristotle's Ethics* (Oxford: Oxford University Press, 2000)가 있음.

덕 윤리학의 현대판을 모색하게 한 몇 가지 비평으로 G. E. M. Anscombe, 'Modern Moral Philosophy,' and Michael Stocker, 'The Schizophrenia of Modern Ethical Theories,' in R. Crisp and M. Slote (eds), *Virtue Ethics* (Oxford: Oxford University Press, 1997); and Stuart Hampshire, 'Morality and Pessimism', in Hampshire (ed.), *Public and Private Morality* (Cambridge: Cambridge University Press, 1978)를 참조.

중용설에 관하여는 J. Urmson, 'Aristotle's Doctrine of the Mean,' in A. O. Rorty (ed.), *Essays on Aristotle's Ethics* (Cambridge: Cambridge University Press, 1980) 참조. 이 윤리 방법론을 옹호한 것으로는 Martha Nussbaum, 'Non-Relative Virtues: An Aristotelian Approach,' in Peter French, Theodore E. Uehling and Howard K. Wettstein (eds), *Ethical Theory: Character and Virtue*, Midwest ⟨108⟩ *Studies in Philosophy 13* (Notre Dame, IN: University of Notre Dame Press, 1988)을 참조.

현대의 덕 윤리학에 관한 상세한 고찰을 위하여는 R. Hursthouse, *On Virtue Ethics* (Oxford: Oxford University Press, 1999)를 참조.

도덕철학의 연구에서 상상적 문학의 사용에 관심 있는 독자는 Martha Nussbaum의 다음 논문에서 시작하는 것이 바람직함. 'The Discernment of Perception: An Aristotelian Conception of Private and Public Rationality," in her *Love's Knowledge: Essays on Philosophy and Literature* (Cambridge: Cambridge University Press, 1992).

제3부

도덕적 사고의
또 다른 방향

Further Directions
For Moral Thinking

7장

윤리학과 종교

많은 사람들이 종교와 윤리학은 떼려야 뗄 수 없는 관계이므로, 질서를 주관하는 초월적인 존재를 믿지 않고서는 도덕적 질서(인간과 상관없이 존재하는 옳고 그름에 관련된 사실들)를 논할 수 없다고 말한다. 이 장에서는 이런 주장이 제기되는 여러 방식들과 더불어 이들 주장이 성립하는지를 살펴보고자 한다. 각 장에서 그랬듯이, 필자는 다만 이들 문제들을 소개할 뿐, 그 어떤 문제에도 궁극적인 답을 제시하지는 않을 것이다. 그렇지만 비록 하나 또는 여러 신의 존재가 뒷받침해주지 않더라도, 윤리학은 존재할 수 있다는 몇 가지 주장들을 살펴보려 한다.

유신론자나 무신론자나 하나같이 종교와 도덕 사이에는 밀접한 관련이 있다고 주장해왔다. 흔히 유신론자들은 신을 믿어야만 도덕을 생각할 수 있다고 주장한다. 이 주장의 논리를 들여다보자. (1) 도덕은 단순한 환각이 아니며 우리의 사고와 행위를 설명하는 순수한 기준이라는 사실을 믿어야 한다. (2) 도덕이 단순한 환각이 아니려면, 신이 존재해야 한다. (3) 그러므로 우리는 신의 존재를 믿어야 한다. 이와 달리, 급진적 무신론자들은 신이 존재하지 않기에, (또는 어쨌건 우리는 신이 존재함을 믿지 않기에) 도덕이 환각이 아니라고 믿을 까닭이 없다고 주장한다. 이 주장을 다시 정리하면 다음과 같은 논리가 된다. (1) 신은 존재하지 않는다. (2) 도덕이 단순한 환각이 아니려면 신이 존재해야 한다. (3) 그러므로 도덕은 환각일 뿐이다. 하지만 일부 유신론자와 무신론자들은 신이 존재하건 존재하지 않건, 도덕은 중요하며 인간은 그것이 왜 중요한지를 이해할 수 있다고 한다. 필자는 마지막 입장을 인본주의 humanism라 부르고자 한다. 그러므로 도덕이 의미가 있으려면 신을 믿어야 한다고 생각하는 유신론자, 신은 존재하지 않으므로 도덕이란 아무 의미가 없다고 생각하는 허무주의자나 급진적 무신론자, 도덕을 뒷받침하는 신이 존재하지 않더라도 도덕은 인간의 삶에 타당하다고 생각하는 인본주의자 사이에 벌어지는 삼자 간 논쟁을 살펴보려 한다.

먼저, 인본주의자들의 견해를 간략히 살펴보자. 인본주의자는 도덕이라는 것이 도덕에 관한 진리가 존재함을 의미한다면, 또한 그것이 좋은 일과 나쁜 일, 옳은 일과 그른 일, 더 가치 있는 일과 덜 가치 있는 일 따위가 존재함을 의미한다면 도덕적 질서가 존재하는 것이라고 말한다. 나아가 인간의 이성이 이런 진리를 발견해낼 수 있다고 말한다. 달리 말하면, 인간은 주장하고, 연구하고, 상상력을 발휘하고, 감정적 지혜를 이용하고, 남의 주장을 인용하고, 다른 사람의 견해를 비판함으로써 윤리학에 관한 진리를 찾아낼 수 있다. 인본주의자는 저마다의 도덕이론에 따라 도덕적 지식을 쌓아가는 방법을 달리한다. 앞선 몇몇 장에서 이미 도덕철학에서의 공리주의, 칸트주의, 아리스토텔레스 사상을 다루면서 인본주의의 사례들을 살펴본 바 있다. 이들은 다 같이, 개인적 양심의 작용을 통해서건, 집단적인 도덕연구의 과정을 통해서건, 인간이 도덕적 진리를 찾으려 한다면 이를 찾아낼 수 있다고 말한다. 윤리학에 종교가 필요한가 하는 문제는 곧 이런 인본주의의 입장이 타당한가 하는 문제에 해당한다.

● 윤리학은 종교를 필요로 할까

잘 알려졌듯이 니체는 '신은 죽었다'고 선언했다. 그가 보기에, 서방세계에서는 현대 과학의 발전에 따라 종교적 신념의 퇴조라는 현상이 돌이킬 수 없는 추세가 되었으며, 그에 따라 종교적 주장은 합리적 근거가 없는 단순한 환각이 되었다. 인간이 '신을 죽인' 셈이었다. 니체는 인간의 사고와 행위를 인도하거나 평가할 방향도 기준도 목적도 없는 허무주의nihilism가 종교적 신념을 대신하지 않을까 염려했다. "우리의 지평을 송두리째 깨뜨리고 나서, 이제 무엇을 해야 한단 말인가?" '신이 죽고 나면' 중요한 게 아무것도 남아 있지 않을 것이다. 우주는 목적도 없고 목표도 없는 그저 자연의 우연스런 작품에 지나지 않는다. 신이 죽는 순간, 우리의 존재에서 의미를 찾아낼 가능성 역시 사라졌다는 것이다. 『자라투스트라는 이렇게 말했다*Thus Spoke Zarathustra*』에서 니체는 '신이 죽었다면 모든 것이 허용되'는 현상이 벌어질 가능성을 염려했다. 니체는 자신이 명명한 모든 가치의 재평가를 통해(9장에서 더 자세히 살펴보겠지만, 가치를 부정하는 것이 아니라 급진적으로 재해석함으로써)

허무주의의 공허한 방향 상실증을 거부했다. 그는 신이 없어도 가치가 존재할 수 있다고는 믿을 수 없었던 것으로 보인다.

필자가 허무주의라고 부르는 것에 관한 니체의 주장은 유신론자들한테도 공감을 얻을 수 있다. 유신론자는 신의 존재를 의심하는 사람들을 다시 교회로 불러들이려고 한다. 신이 없고는 아무런 의미도, 가치도, 한계도 존재할 수 없다고 생각하기 때문이다. 그런 곳에서는 무엇이건 허용될 것이다(아니, 그 어떤 것도 신이 우리에게 금하는 방식으로 금지되지 않을 것이다). 이 장에서는 이런 견해가 얼마나 설득력이 있는지 살펴보려고 한다. 그러므로 먼저 할 일은 왜 어떤 사람들은 신이 없고서는 그 어떤 가치와 도덕, 목적이 있을 수 없다고 생각하는지를 더 정확하게 이해하는 일이다. 그런 다음에라야 이들의 주장이 과연 그런 결론을 내릴 만한 좋은 이유가 될 수 있는지 드러날 것이다.

윌리엄 레인 크레이그[21]는 신의 존재와 필요성에 관한 월터 시노트 암스트롱의 저술에 붙인 기고에서, 신이 존재하지 않는다고 가정할 때 인간이 도덕의 본질을 어찌 생각할 것인지를 예시하고자 생물철학자인 마이클 루스[22]의 설명을 인용한다.

> 도덕은 손, 다리, 치아와 같이 생물학적 적응의 결과다. ……어떤 객체를 합리적으로 설명하는 일련의 주장처럼 보이기도 하지만,

---

21 William Lane Craig(1949~): 미국의 분석철학자.
22 Michael Ruse(1940~): 영국의 과학철학자로 다윈주의 무신론자.

윤리학이란 것은 사실상 빈 그림자에 지나지 않는다. 어떤 사람들이 '그대의 이웃을 그대 자신처럼 사랑하라'고 말할 때, 나는 그들이 주제넘은 말을 한다는 걸 안다. ……그렇지만 ……이런 말은 정말 근거 없는 말이다. 도덕은 생존과 생식에 도움을 줄 뿐이다. ……더 깊은 의미란 허구일 뿐이다.[1]

신의 존재를 전제로 하는 도덕의 유일한 대안으로, 크레이그는 루스의 견해를 인용한다. 하지만 이 대목에 이르러 다음과 같은 의문을 품게 된다. 지금까지 신과 연관되지 않는 세 가지 도덕이론을 살펴보았다. 그중 어느 하나도 성공적이라고 하긴 어렵다. 그러나 생각을 달리하여 관대하게 해석하자면, 이들 중 어느 하나도 실패했다고 돌려세우기는 이르다고 할 수 있다. 이 장에서는 유신론자와 허무주의자들이 신이 없는 도덕이란 있을 수 없다고 말할 만한 이유에는 어떤 것이 있는지 살펴보려고 한다. 이들이 내세우는 견해부터 알아보자.

먼저, 신이 존재하지 않는다면, 그리하여 과학이 아니고서는 세상에서 우리를 깨우쳐줄 만한 것이 아무것도 없다면, 오직 물질적 세계만이 존재한다는 것이 문제일 것이다. 그런데 물질세계 자체는 의미나 가치가 없는 텅 빈 세상이다. 뉴턴의 비유를 빌리자면, 하나의 거대한 시계처럼, 하나의 일이 다른 일을 일으키면서 돌고 또 돌아갈 뿐이다. 자연은 시인 엘리엇T. S. Eliot의 말처럼 '태어나고, 낳고, 죽는' 끝없는 순환과정 속으로 모든 존재물을 밀어넣는다. 그 결과는 무엇인가? 물질과학은 존재의 의미와 목적에 관해 우리에게 아무것도 말해주지 않는다. 현대 과학이 그려내는 세계에는 의미랄 것이 전혀 없고, 오직 거대한 우주 공간에 무수한 천체들이 떠돌고 있을 뿐이다. 우리가 사는 천체에는 우연히 생명체가 존재한다. 어쩌다가 의식을 발전시켰고, 그 덕분에 우리를 감싸는 세상을 인지하고, 우리가 놓인 상황과 그 근원을 생각해 볼 능력을 갖추게 되었을 뿐이다. 인간은 생물학적 우연의 결과일 뿐이다. 우리가 따라야 할 길이 그어져 있는 것도 아니다. 오직 본능과 충동에 따라 어쩔 수 없이 움직일 뿐, 아무 의미 없이 다람쥐 쳇바퀴를 돌려야 하는 고달픈 존재다. 1장에서 살펴본 바와 같이, 알베르 카뮈는 시시포스의 예를 들었다. 쉴 새 없이 바위를 굴려 산꼭대기에 오르지만, 바위는 다시 굴러 내린다. 이렇다 할 목적 없이, 끊임없이 같은 일을 되풀이하던 그 정경은 과학의 관점에 바라본 인간의 삶 그대로다.

오로지 과학만이 세상 지식의 원천이라면 옳은 행위를 해야 한다는 생각이 희박해질 것이다. 그런 까닭에 유신론자는 우리가 하는 모든 일을 궁극적으로 확신하려면 신의 존재를 믿어야 한다고 주장한다. 그런 존재가 있는지는 증명할 길이 없다 해도, 정녕 그런 존재가 없다면 모든 일이 덧없는 것이 되기에, 우리는 믿음을 지녀야 한다는 것이다.

두 번째 주장은 신이 존재하지 않는다면 누구든지 그 어떤 잘못을 저질러도 그만이라는 것이다. 최후의 심판에서 인간에게 벌을 내릴 신이 없다면, 인간이 굳이 도덕적으로 살아야 할 까닭이 없다. 신이 없다면 인간의 행위는 어느 누구에게도, 어느 것에 대해서도 책임질 일이 없어진다. 신이 존재해야만, 인간은 자신이 한 일에 답변해야 할 자리에 설 것이다. 그렇지 않으면 그냥 달아나도 그만이다. 잡히면, 인간이 한 일에 인간이 벌을 줄 것이다. 인간이 주는 벌은 불완전한 장치일 뿐이어서, 인간이 저지른 행위가 얼마나 좋은 것인지, 아니면 얼마나 나쁜 것인지를 제대로 가릴 수가 없다. 어쩌면 잘못을 저지른 인간이 잡히지 않을 수도 있다. 신이 없다면, 마지막 변론조차 없을 것이고, 부정하려야 부정할 수 없는 죄를 짓더라도 빠져나갈 길을 얼마든지 찾을 수 있다. 인간이란 본래, 궁극적 보상이나 형벌 같은 동기가 아니고서는 도덕적인 존재가 될 만큼 강건한 존재가 아니라는 말이다. 두 번째 주장의 문제는 인간이 도덕적일 수 있는 이유를 신에 대한 두려움, 곧 신이 내리는 형벌에 대한 두려움과 결부하려 한다는 점이다. 이는 인간을 다소 어둡게 바라본 견해라 할 수 있다. 이와 달리 종교적 관점에서 인간의 가장 선한 측면을 들여다보면, 인간은 친구를 사랑하는 존재가 될 수 있다. 인본주의자는 인간을 다만 두려움 탓에 신에게 복종하는 존재가 아니라 그 이상의 것으로 보아야 옳다고 주장한다.

세 번째 주장에 따르면, 신이 존재하지 않는 상황에서 도덕은 인간의 창작물에 지나지 않으며, 인간이 옳고 그름을 판단한다. 그러나 도덕이 인간의 창작물이라면, 인간은 도덕을 심각하게 받아들이려 하지 않을 것이다. 신께서 그것을 신중히 다루도록 명하셨기에, 나는 그것을 신중히 다루어야 한다. 그런데 신이 존재하지 않는다면, 도덕이란 고작 사람이 사람에게 무엇을 하라고 말하는 것 이상이 될 수 없으며, 사람들이 그것을 심각하게 받아들여 그대로 따를 까닭도 없을 것이다. 물론 어린아이라면 부모의 말을 따라야 할 것이다. 그러나 인간은 자라면서 자신이 따라야 할 권위의 대상을 바꾼다. 그것만이 도덕적인 삶의 전부일까? 그저 권위의 대상에게서 허락을 받기만 하면 될까? 그 권위란 것이 제아무리 확실한 역할과 목적의식을 우리에게 제시한다 해도, 인간이 성장하면서 문득 그것이 한갓 허상에 지나지 않음을 깨닫는 순간이 오지 않을까? 허무주의자는 이렇게 말할 것이다. 한편 유신론자는 이런 식의 이야기를 하나의 악몽 같은 시나리오로 여기면서, 인간이 신을 의심하고 신이 마련한 도덕적 질서를 의심한다면, 반드시 그런 악몽에 직면할 수밖에 없을 것이라고 주장할 것이다. 신이 존재하지 않는다면 도덕의 권위는 기껏해야 덧없는 인간의 권위와 다름없을 것이다(이 대목에 이르면, 니체는 다시금 '인간적인, 너무도 인간적인'을 되뇔지 모른다).

이 주장에 따르면, 인간이 따라야 할 법을 정하는 신이 존재하지 않는 한, 인간은 금지된 행위나 허용될 수 없는 행위를 옳게 자각할 수 없다. 이 주장에는 하고는 싶지만 차마 할 수 없는 일들이 있기 마련이라는 의미가 담겨 있다. 그렇지만 이 말은 너무나 심리적인 수사로 들린다. 마치 어지럼증 환자가 높은 곳에 오르기를 꺼리듯이, 나를 괴롭히는 고통의 근원을 제거하는 일만은 하고 싶지 않다는 식이다. 이런 경우라면, 친구에게라도 부탁하여 이런 무력증에서 벗어나도록 깨우쳐 달라고 하는 게 차라리 나을 것이다. "넌 그러면 안 돼" 하고 말할 때, 우리가 의미하는 건 그 이상이다. 심리적으로 그 이상을 말하고 싶지는 않기 때문이다. 우리가 말하려는 것은 비록 그렇게 하기를 원하거나 그렇게 하는 게 편리하다 해도, 그렇게 하는 건 나쁜 일이고 허용될 수 없는 일이라는 것이다. 따라서 유신론자와 허무주의자들은 법을 세우는 존재가 없다면 법이 있을 수 없다는 결론을 내세우겠지만, 사실상 아무것도 금지되는 것이 없음을 의미할 것이다. 어떤 논자는 그렇다고 이것으로 도덕이 전혀 존재하지 않음을 뜻하는 건 아니라고 말할 것이다. 설령 법이 없더라도 도덕을 생각하는 다른 방법이 더 있을 것이기 때문이다. 하지만 이렇게 되면, 기본적으로 어떤 행위가 허용되는지를 가장 중요한 도덕적 문제로 삼는 의무론적 도덕의 견해는 설 자리를 잃고 말 것이다.

이 절에서는 유신론자들이나 허무주의자가, 신이 없다면 아무런 목적도, 가치도, 도덕도 있을 수 없다고 주장하는 몇 가지 이유를 살펴보았다. 다음으로는 이에 대한 인본주의자들의 반론을 살펴보고자 한다. 신의 존재에 기대는 윤리이론이 그렇지 않은 윤리이론에 비해 더 나은 처지에 있는지를 살펴보는 데 초점을 맞추려 한다.

● 신의 존재를 증명할 수 있을까?

앞서, 신이 존재하지 않는다면, 인간의 삶에 의미를 부여하는 모든 것이 사라질 것이므로 인간은 마땅히 신의 존재를 믿어야 한다고 주장하는 유신론의 한 사례를 살펴보았다. 그런데 이 주장은 신을 믿는 사람들의 기를 살려줄지는 모르지만, 신을 따르지 않는 사람들을 설득하기는 어려울 것이다. 요컨대, 신을 믿는다는 건 우리가 할 수 있는 행위에 어떤 한계가 있음을 인정하는 것이다. 신을 믿는 사람의 삶은 더 큰 의미가 있을 수 있겠지만, 어떤 사람은 자신의 삶이 의미가 있건 없건 그게 뭐 그리 대수로운 일이냐고 물을지 모른다. '내가 바라는 건 재미있게 사는 것뿐이거든. 신이 있다면 죄를 지어서는 안 되겠지. 내가 잘못할 때 벌주는 신이 있다고 생각하면서 주눅이 들어 살기보다는 아예 신이 없다고 생각하는 게 더 속 편해.' 도덕적 질서를 유지하기 위해 신이 필요하다는 주장은 어떤 질서이건 간에 질서가 존재하기를 바라는 사람에게는 신의 존재를 믿어야 할 이유를 마련해줄 것이다. 그렇지만 어떤 질서든지 전혀 존재하지 않기를 바라는 사람들은 이런 주장 앞에 서조차 마음을 바꾸려 하지 않을 것이다. 설령 그에게 신이 존재한다는 증거를 보여주더라도, 그는 여전히 팔짱을 끼고 앉아서 듣기만 할 것이다. 그런데 그나마 우리가 할 수 있는 일일까?

니체는 신의 존재에 관한 믿음은 신이 존재한다는 진정한 증거를 봐야만 생기는 것이 아니라, 더 따져 묻기 전에 신이 존재함을 믿어 의심치 않는 습관에서 나오는 것이라고 주장하고 싶었을 것이다. 신을 향한 믿음에 의문을 던지기 시작하면 신의 존재를 설명하기가 매우 어려워진다. 사실 유신론자들이 신의 존재를 증명하려 한 방식을 보면, 그 성과란 것이 거의 결론 없는 일방적 주장에 지나지 않음을 알 수 있다. 그들이 내세운 주장 가운데 한 가지 중요한 점은 모든 피조물이 환경에 적응하도록 설계되었다는 이른바 설계논증design argument이다(수없이 많은 설명들 가운데 하나를 예로 들자면, 카멜레온은 주변 환경에 맞추어 자신의 색깔을 바꾼다는 것이다). 피조물과 환경의 이렇듯 놀라운 상응은 곧 의식적인 계획이 있었기에 가능했다는 것이다. 설계가 있다면 당연히 설계자가 있었으리라. 신을 본 적은 없지만, 그가 만들어 놓은 것들에서 그의 존재와 그의 지혜를 추리할 수 있다. 예컨대, 무인도에서 시계 하나를 발견했다고 하자. 다른 어떤 사람의 눈에도 띄지 않지만, 어떤 지능 있는 존재가 그곳에 와 있었음을 짐작하기는 어렵지 않다. 어쩌면 그는 이 정교한 시계를 설계하고 만든 자일지 모른다. 그러나 이러한 목적론적 증명에서 문제되는 것은 신의 존재를 짐작하게 하는 추리만 있을 뿐 모든 피조물이 환경에 적응하도록 설계되었다는 사실을 더 잘 설명할 길이 보이지 않는다는 점이다. 더구나 현대에는 이러한 사실들에 관한 대안적인 설명으로 진화론이 등장했다. 초월적 존재에 기대어 사실을 설명하는 대신, 시행착오를 거쳐 종이 발전한다는 다윈의 위대한 생각을 바탕으로 훨씬 알기 쉽게 같은 설명을 할 수 있게 된 것이다.

유신론자는 진화론에 도전하고자 할지 모르지만, 여기서는 이 문제를 논의하지 않으려 한다. 그 대신 유신론자가 진화론을 받아들인다고 가정해보기로 하자. 유신론자는 만물이 진화한 것을 설명하기 위해 신의 존재를 들추어내는 대신, 한 걸음 뒤로 물러서서 그런 진화과정이 애초에 시작될 수 있었던 것은 아무래도 신이 있었기 때문이라고 주장할 수 있다. 이와 관련하여 과학자들은 대폭발에서 화학적으로 생성된 기초물질을 토대로 진화과정이 시작됐다고 설명할 것이다. 하지만 대폭발은 과학의 지식으로조차 추적하기 어려울 만큼 아주 오래전에 일어난 일이다. 과학계의 일반적인 합의에 따르면, 대폭발 이전에 일어난 일에 관하여는 (설령 어떤 일이 일어났다고 하더라도) 아무것도 알려진 게 없다는 것이다. 그렇지만 유신론자는 바로 여기에 커다란 의문의 여지가 있음을 주장하고 나설 것이다. 대폭발을 시작한 것이 무엇일까? 이 점을 확실히 설명하려면, 우주의 발전과정에 시동을 걸어준 권능 있는 존재를 이야기해야 마땅하지 않을까? 이것은 사실 대폭발에 관한 지식보다 더 오래된 별개의 신학적 주장으로 보통 제1원인론the first cause argument이라고 부른다. 이 이론에 의하면, 우주의 발전에 관해 그럴싸해보이는 이론이 무엇이건 간에, 우주의 기원을 설명할 때 언제나 모든 일을 일어나게 할 수 있지만 언제나 반드시 그렇게 하지는 않는 존재를 생각할 필요가 있다. 말하자면, 이런 존재는 반드시 원인으로 작용하지 않는 원인이거나 반드시 움직이게 하지 않는 동인이라 할 수 있다. 완전히 자유롭고 전능한 존재를 전제로 하는 우주의 생성을 더 자세히 논해보자.

이런 주장이 매우 심오하고 중요한 문제를 제기한다는 건 사실이지만, 그렇다고 유신론자의 주장이 그것만으로 완전히 통하는 건 아니다. 이런 주장이 다른 작용을 전혀 받지 않고서도 우주를 처음 열어놓은 권능 있는 존재가 있다는 사실을 인간이 인지하고 있음을 보여주는 건 사실이다. 또한, 인간은 대체로 도덕을 뒷받침하는 신이 있다고 생각하면서 우주가 태어난 기원을 절대자의 사랑과 정의에 결부하려고 한다. 그렇더라도 절대자가 사랑이나 정의가 아닌 원한이나 앙심에서 우연히 우주를 만들었을 수 있다는 또 다른 가능성을 아주 배제할 수도 없다. 유신론자의 주장이 완전히 통할 수 없는 것은 이러한 가능성을 무시할 수 없기 때문이다. 그뿐 아니라 완전히 선한 신이 있다는 생각은 이 세상의 현실과도 잘 들어맞지 않는다. 세상에는 끔찍한 불행과 수난이 그치지 않고 있다. 수난을 겪어야 할 까닭이 없는 어린이가 실제로 고통을 받고 있음을 볼 때 더욱 그러하다. 신의 존재를 부정하는 이런 주장은 기독교 세계에서 싹터 나온 것으로, 말하자면 그것은 존경받을 만한 '악의 문제'라 할 수 있다. 전통적으로 기독교 세계가 받들어 온 신은 전지전능하고 완전한 선이었다. 도덕이 성립하려면 신이 필요하다고 주장하는 유신론자와 무도덕론자가 귀의하려던 신은 바로 이런 관점에서 바라본 신이었다. 그렇지만 신이 과연 이런 대접을 받을 만한 자질을 모두 갖추고 있다면, 죄를 지은 적이 없는 어린이들의 고통과 수난을 어떻게 설명할까? 신이 과연 모든 것을 아신다면, 그들이 저기

제3부 도덕적 사고의 또 다른 방향

있음을 모르실 리가 없으리라. 신이 과연 모든 것을 할 수 있다면, 저들을 구할 수도 있었으리라. 신이 과연 완전한 선이라면, 어찌하여 저들이 까닭을 모르는 채 고생하도록 내버려 둘까? 이런 걸 눈 감고 모른 체하시는 신이 완전히 선한 분이란 말인가? 그리하여 회의론자들은 인간이 제1원인론에서 건져낼 만한 최선의 내용은 한편으로는 어쩌면 사악하고 도덕적으로 무관심하면서 다른 한편으로는 전능한 제1원인에서 우주가 생성되었다는 결론일 뿐이라고 주장한다.

● 『에우튀프론』 딜레마

앞서 우리는 신의 존재를 증명하기가 어려울 수 있다는 점을 살펴보았다. 하지만 신이 존재한다는 사실을 안다 해도, 아니면 적어도 신이 존재함을 굳게 믿어 의심치 않는다 해도, 우리가 무엇을 어찌해야 할지 알 수 있을까? 유신론자의 핵심적 주장은 신이 없다면 도덕적 진리가 있을 수 없다거나, 신의 도움이 없고서는 인간이 이러한 진리를 찾아낼 수 없다거나 중의 하나일 것이다. 따라서 유신론자는 다음 중 하나를 주장하고 나올 것이다. (1) 법과 도덕질서를 세우는 존재는 신이다. (2) 신이 존재함을 믿지 않는 인간은 법을 이해하거나 법에 따를 능력이 없다. 3절에서는 (1)이 설득력 있는 논리인지를 살펴볼 것이다. 이어 4절에서는 (2)를 살펴볼 것이다.

이 절에서 우리는 신이 존재하지 않는다면 도덕적 질서는 있을 수 없다는 주장을 살펴보려 한다. 이 주장의 문제는 이미 잘 알려졌다. 윤리학과 종교의 관계에서 이것은 새삼스러운 문제가 아니다. 이 문제는 이미 플라톤의 대화편 『에우튀프론Euthyphro』에 처음 나타나는데, 지금까지 같은 이름이 쓰인다. 문제의 요지는 이렇다. 신이 존재하지 않는다면 도덕적 질서가 있을 수 없다고 주장하는 사람들은 법이나 명령과 같은 도덕의 기본 요소가 이미 존재한다고 생각한다. 신이 이미 세워놓았다는 것이다. 잘 알려졌듯이, 신명론the divine command theory은 도덕을 기독교적 관점에서 풀이한 철학적 설명을 일컫는 말이다. 이 견해에 의하면, 우리에게 이것을 하라거나 저것을 해서는 안 된다고 명령하는 신이 존재하기 이전에는 도덕적 질서가 아무것도 존재하지 않았다. 신은 처음부터 무엇이 옳고 무엇이 그른지를 자신의 뜻대로 결정했다. 그렇지만 신명론은 신이 자신의 뜻대로 도덕을 창조할 수 있었다면, 그리고 이러저러한 금지사항들을 선택할 수 있었다면, 다른 행위들 또한 금지할 수 있지 않았겠느냐는 의문에 부딪힐 수밖에 없다. 예컨대, 신은 훔치고, 살인하고, 강간하는 것들을 금하는 대신에 이런 행위들을 하도록 명령할 수 있지 않았겠느냐는 것이다. 이에 대하여, 신은 완전히 선하므로 이런 일을 했을 리가 없다는 대답이 자연스럽게 나올 법하다. 신은 결국 사랑이다. 그렇다면 신은 애초부터 어떤 행위를 금지하고 어떤 행위를 요구해야 할지를 선택하는 데 자유롭지 않았을지도 모른다. 신은 이전부터 존재하던 도덕적 질서의 요구에 맞추어 어떤 특정 일들을 제외하지 않을 수 없었고, 오직 다른 일들과는 상관없이 그 자체로서 좋은 일들만 선택할 수 있었던 것으로 보인다.

    여기서 『에우튀프론』의 문제는 하나의 딜레마 형식으로 등장한다. 플라톤은 이렇게 묻는다. 신이 어떤 일을 금하는 것은 그 일이 본래 나쁘기 때문인가, 아니면 신이 금지했기에 그 일이 나쁜 것일까? 이 물음은 신명론자에겐 하나의 딜레마가 아닐 수 없다. 어떤 대답을 하더라도 모두 불만스럽기 때문이다. 신이 금했기에 그 일이 나쁜 일이라 한다면, 신은 다른 일들을 금했을 수도 있지 않았겠느냐는 의문이 성립한다. 그뿐 아니라, 우리가 도덕법에 복종하는 것이 그 일의 옳고 그름에 관한 자신의 이해에서 그러는 것이 아니라, 신에 대한 두려움이나 존경에서 그러는 것으로 보일 것이다. 이러한 정경은 우리가 그리는 덕 있는 인간의 모습에서 어긋난다. 도덕적으로 성인이라는 분이 알고 보니 가장 두려움이 많고, 복종적이고, 시키는 대로 따라가기만 하는 사람에 지나지 않는다면, 왜 그를 존중하고 찬양하랴? 신명론자가 이 딜레마에서 하나의 뿔을 밀쳐내고 나면, 이번에는 또 다른 뿔을 붙들지 않을 수 없다. 신이 이전부터 존재하던 도덕질서에 정말로 얽매였다면, 그리하여 꼭 그렇게밖에는 달리 명령할 길이 없었다면, 그리고 덕 있는 사람이 신에게 단지 복종하는 것이 아니라 신이 도덕을 이해하는 것과 같은 방식으로 도덕을 이해하면서 행위하는 것이라면, 신의 존재와 상관없는 도덕질서가 이미 존재했다고 말할 수 있다. 그리고 이 말은 신의 부재가 반드시 도덕적 질서의 부재를 의미하는 것이 아님을 뜻한다.

우리는 이 문제를 좀 더 자세히 살펴보아야 한다. 이 문제에는 많은 측면들이 있다. 먼저, 신이 명령하는 것으로만 도덕의 내용이 채워진다면 전혀 다른 도덕이 될 수도 있었으리라고 말하는 것에는 문제가 있다. 어린이를 혹사하는 행위는 신이 자신의 뜻에 따라 그렇게 만들어 놓기만 했더라면, 금지된 행위가 아니라 오히려 신이 요구한 행위가 될 수 있었으리라. 하지만 이는 상상조차 할 수 없는 일이다. 이런 주장에 관하여 신명론자는 유한한 존재에 지나지 않는 인간이 이런 행위를 상상하는 건 너무 벅찬 일이며 신은 인간이 이해하는 범위를 초월하는 측면이 있다고 말할 것이다. 그렇지만 어린이를 학대하는 행위가 옳다는 것은 생각할 수 없는 일이라고 말할 때, 이 말이 곧 우리로서는 상상도 할 수 없는 일로 되어 있다는 걸 의미하는 것은 아니다. 우리는 오히려 이런 행위가 옳다는 것은 도덕적으로 상상조차 할 수 없는 일이라는 식의 도덕적 주장을 내세울 것이다. 이런 행위가 도덕적으로 허용되는 세상이 있을 수 있다는 것은 말도 안 된다고 생각하기 때문이다.

딜레마의 뿔(진퇴양난)

논쟁에서 상대에게 딜레마를 안겨주는 것은 좋은 전략이 될 수 있다. 딜레마에 빠진 상대는 어떤 대안을 선택해도 만족스럽지 않을 것이다. 논쟁을 유리하게 이끌려면 '배타적인' 두 가지 대안을 제시해주어야 한다. 그래야만 상대는 딜레마에서 빠져나올 그 밖의 대안을 찾지 못할 것이다. 다음으로 중요한 것은 두 가지 대안 모두 상대의 처지에서 받아들일 수 없어야 한다는 점이다. 상대는 벗어날 길을 찾지 못하다가 결국 자신의 견해를 포기할 것이다. 상대가 받아들일 수 없는 대안을 '뿔horns'이라고 하는데, 황소의 뿔에 비유한 것이다. 궁지에 몰린 상대는 투우사처럼 딜레마의 어느 쪽 뿔에건 받히고 말 것이다.

『에우튀프론』이 제기하는 또 하나의 문제는 신이 자신의 명령으로 도덕을 창시했다면, 그에게는 어떤 행위가 다른 행위들보다 더 나쁘다고 지정하지 못할 도덕적 이유가 없었으리라는 점이다. 그렇게 하지 못할 이유가 있었다면, 이미 독립적으로 존재하던 어떤 도덕질서가 신의 명령에 제약을 주었다고밖에 말할 수 없다. 그렇지 않고 신이 완전히 자유로웠다면, 그의 결정에 어떤 영향을 미칠 만한 것이 전혀 없는 상태에서 자신의 뜻대로 도덕법을 선택했을 것이다. 그런데 이것은 도덕의 중요함에 관하여 우리가 이해하는 것과 또다시 일치하지 않는다. 이는 또한 신명론이 안고 있는 또 하나의 심각한 문제와 연관된다. 말하자면, 어떤 일을 도덕적으로 나쁘다고 하는 이유에 관하여 우리가 이해하는 바에 들어맞지 않는 것이다. 끔찍스러운 얘기지만, 어린이를 학대하는 사례를 다시 들어보자. 이 일을 나쁘다고 하는 것은 신이 그것을 하지 말도록 명령했기 때문이 아니다. 오히려 그 일 자체가 너무 끔찍스럽고 무의미한 고통을 연출하기 때문이다. 바로 이런 끔찍스러움과 무의미한 괴로움 때문에 신이 우리에게 그런 일을 하지 말도록 명령했을 것이다. 그렇지만 그런 행위를 하지 말아야 할 기본적인 이유는 그 일 자체의 끔찍스러운 고통 때문이지 신의 명령 때문이 아니다.

마지막으로, 유신론자가 왜 신명론을 따르는지도 분명하지 않다. 유신론자는 신을 완전무결하게 선한 존재로 생각한다. 그러기에 그들은 신을 사랑, 찬미, 외경의 마땅한 대상으로 받들어 모신다. 하지만 신이 도덕을 창시했다면, 신은 어떤 독립적인 선의 기준을 실행하므로 선한 것이 아니라 오히려 그가 도덕을 창시하고 거기서 벗어나는 행위에 벌주는 권능을 지니고 있기에 선하다고 해야 한다. 이런 식으로 생각한다면, 신이 아주 다른 내용의 도덕을 창시했다 하더라도 신은 그저 '선하다'고 할 것이다. 그러므로 유신론자의 신에 대한 태도는 거대한 권능에 대한 굴종의 태도에 지나지 않으며, 완전한 선의 구현 앞에서 지니는 외경의 태도는 아니다. 신이 없으면 객관적인 가치조차 있을 수 없다고 주장하는 유신론자는 이에 이르면 처지가 조금 불편해질 것이다. 그는 한편으로 신이 선하다고 말하고 싶을 것이다. 하지만 유신론자의 주장이 인본주의자들을 설득하려면, 그 어떤 의미가 있는 설명이나 주장에서도 '선하다'란 수사를 쓰지 말아야만 한다.

유신론자는 이런 식의 도덕질서보다는 차라리 도덕법에 관하여 할 말이 더 많을 것이다. 이 견해는 도덕에 다양한 측면들이 있음을 가정한다. 예컨대, 도덕법, 금지사항, 인간의 선 같은 것에 관한 생각이 그것이다. 엘리자베스 앤스콤[23]은 논문 「현대 도덕철학」[2)]에서, 설령 신의 존재를 믿지 않더라도 도덕철학을 연구하거나 도덕을 논할 수는 있겠지만, 의무나 '금지사항'들을 논할 수는 없을 것이란 생각에 관하여 논한다. 어떤 행위가 금지됐다거나 의무적이라거나 아니면 도덕적으로 요구된다는 식으로 말하는 것은 다시 말해서, 법으로서의 도덕(의무론적 도덕 개념)을 논의하는 것은 그런 말을 하는 사람이 스스로 신이 존재함을 믿지 않는 한, 무의미한 말이 된다. 그러므로 어떤 행위가 다른 행위보다 더 좋다거나 더 나쁘다거나 더 사려 깊다거나 더 친절하다거나 더 잔인하다거나 더 동정적이라고 가려낼 도덕질서가 먼저 존재해야

---

23 Elizabeth Anscombe(1919~2001): 영국의 분석철학자.

한다는 것이다. 그렇지 않고는 의무라는 개념은 의미가 없다. 이런 견해는 많은 사람들의 지지를 받고 있으며, 일부 도덕이론가들이 의무론에서 덕 윤리학으로 돌아서게 한 이유 중 하나가 되기도 했다. 앤스콤의 주장은 신명설의 윤리이론을 따르는 듯하며 그리하여『에우튀프론』의 문제를 안고 있는 것으로 보인다. 그녀가 신명론이 아닌 그 밖의 다른 관점에서 도덕적 의무라는 개념을 어떻게 이해하는지는 여전히 의문스럽다. 인본주의자는 신의 명령이라는 개념이 도덕적 의무를 이해하는 데 아무런 도움을 주지 않는다고 주장하는 듯하다. 그렇지만 인본주의자는 의무라는 개념이 의미 있다고 생각한다. 바로 이 대목에서 앤스콤은 도전장을 내미는 것처럼 보인다. 신명론은 도덕적 의무이론으로서 별다른 성공을 거두지 못했음에도 많은 사람들은 성공을 거뒀다고 생각하는데, 그리하여 도덕적 의무라는 개념이 우리 문화에서 보편화된 것이다. 바로 이 때문에, 많은 사람들은 이제 신성론을 버려야 한다고 생각하는데(앤스콤은 그렇게 생각하지 않지만), 그럼에도 왜 어떤 행위들이 금지되어야 하는지를 잘 이해하는 것 같지는 않다. 인본주의자는 이제 신이 없는 도덕질서가 있을 수 있는지가 아니라 특별히 도덕적 요구나 금지라는 개념을 설명해야 하는 도전에 직면하고 있다.

● 정통, 계시, 해석

유신론이나 허무주의는 또 다른 국면에서 인본주의에 맞서고자, 신이 없다면 인간은 도덕을 이해하거나 그에 따를 수 없다는 주장을 내세운다. 일부 유신론자들은 『에우튀프론』의 문제 때문에 신을 도덕의 창시자라고 말할 수 없다는 논리를 받아들인다. 그러나 이들은 신이 인간에게 도덕을 전해주는 반드시 필요한 하나의 전령으로서 기능한다고 생각한다. 전령이 없고서는 인간이 도덕을 이해할 수 없다는 것이다. 이들은 신이 성서나 직접적인 계시를 통해 우리에게 도덕적 지식을 마련해주는바, 인간은 신의 개입이 없고서는 도덕적 지식을 얻을 수 없다고 말한다. 이런 식의 주장에 인본주의자들은 성서나 직접적인 계시를 해석할 수 있으려면, 사실상 도덕적 사전지식이 필요하다고 주장할 것이다. 이들은 유신론자들과 달리, 신 혼자만이 모든 도덕적 지식의 근원일 수 없다고 주장한다.

성서를 읽을 때는 무엇보다도 좋은 해석이 필요하다. 여러 사람들이 다른 시기에 써 놓은 성서는 매우 복잡한 문서다. 직설적 문체라기보다는 비유적이고 시적인 대목이 많다. 또한, 성서가 추구하는 하나의 총체적 관점 아래 어떻게 여러 부분들을 통합했을까 하는(법의 문구와 그 기본 정신 사이의 차이를 어떻게 극복했을까 하는) 의문 역시 존재한다. 이러한 여러 가지 요인들을 생각할 때, 어떻게 이런 문서가 인간이 무엇을 해야 하는지에 관한 명백하고 직접적인 지침서가 될 수 있었는지 이해하기 어렵다. 때로는 다양한 부분에서, 이를테면 신약과 구약에서 어느 특정한 문제에서 엇갈리는 내용의 가르침을 제시했을 수도 있다. 어떤 신도가 어떤 특정 문제를 앞에 놓고 교리에 비추어 어떻게 행위해야 할지 알려고 할 때, 그는 나름의 종교적 견해를 바탕으로 되도록 건설적으로 해석하지 않을 수 없을 것이다. 예를 들어, 동성애문제를 생각해보면, 신약과 구약을 막론하고 명백히 동성애를 부정하는 내용을 적지 않게 찾아볼 수 있다. 그러므로 한편에서는 이런 근거를 내보이며 동성애가 교리에서 벗어남을 주장할 것이다. 그렇지만 다른 한편에서는 신은 곧 사랑이라는 교리상의 문맥에 비추어 동성애문제에 관한 이러한 근거들을 해석해야 한다고 주장할 수 있다. 이러한 관점에서는 신이 우리를 가장 어여삐 여기시는 것은 신이 우리 한 사람 한 사람을 사랑하시듯 우리가 남을 사랑할 능력이 있기 때문이라고 주장하면서 동성애를 옹호하려 할 것이다. 이들은 동성애자인지 아닌지 가릴 것 없이 누구나 신과 같은 사랑을 실천할 수 있어야 한다고 주장할 것이다.

　기독교 신자라면 이 논쟁을 어떻게 풀까? 첫 번째 견해는 성서에서 이미 근거를 찾아냈다. 하지만 두 번째 견해 또한 좋은 근거를 마련했다. 그뿐 아니라 이 두 가지 견해는 타협할 가망이 없어 보인다. 여기서 두 가지 문제가 발생한다. 그 하나는 이 둘 중에서 어느 한 견해만이 성서 말씀의 참 해석임을 입증할 수 있을까? 두 번째 문제는 두 가지를 독립적으로 고려할 때, 어느 것이 도덕적으로 더 옳아 보일까? 이 장에서 살펴보는 유신론자들은 성서 같은 종교서에서 도덕적 견해를 이끌어낼 수 있다는 견해를 내세운다. 그러나 두 번째 문제가 성서의 해석과 관련 있다면, 이미 자신의 도덕적 지식에 의존해서 성서를 해석하는 셈이 된다. 따라서 신에게서 받은 지식이 우리 인간의 도덕적 지식을 대신할 수 없다는 말이 된다. 한편 유신론자는 인간이 독립적으로 지닌 도덕적 견해와 상관없이 다만 성서에 쓰인 데 의존하여, 예를 들어, 동성애를 허용하는 것으로 해석할 것인가를 결정해야 한다고 생각할 것이다. 하지만 이것이 좋은 방법일까? 한 가지 문제는 종교서는 늘 한 가지 목소리로 말하지 않는다는 점이다. 가장 충직한 정통 유신론자도 어떤 부분은 다른 부분보다 더 중요하거나 덜 중요하다는 점을 인정할 것이다. 요컨대 종교서들은 비록 신의 영향을 받아 저술된 것이긴 하지만, 많은 사람들이 제 나름의 문화적, 시기적 제약 속에서 저술한 것을 엮어낸, 사회와 역사에 관한 책이라 할 수 있다. 정통 종교사상가들은 인간이 허점이 있는 존재임을 인정한다. 실수는 얼마든지 있을 수 있다는 것이다. 그들은 성서를 쓴 사람들이 오직 신의 말씀을 충실히 기록한 것만이 아니라 (예컨대, 그들의 메시지를 청중이 더 쉽게 받아들이도록 하려고) 자신의 편견이나 그 시대의 공통적인 편견을 끼워 넣었을 수 있음을 서슴없이 인정한다. 이처럼 대부분의 정통 종교사상가들조차 종교서의 모든 내용을 그대로 받아들이지는 않는다. 종교서의 내용은 되도록 좋은 쪽으로 구성하지 않을 수 없다. 최선의 이해를 바탕으로 할 때, 종교서의 내용은 더 일관성 있게 구성될 것이고 더욱 강한 설득력을 가질 것이다(신이 '우리에게 말씀하시도록' 해야 한다는 것이다). 그런데 설득력 있게 메시지를 전달하는 일을 해석하는 사람에게 맡기고 나면, 다음으로 중요한 것은 도덕을 그 상황에 맞도록 이해하는 일이다. 해석이 원문에 충실하게 잘 이루어졌더라도, 내용이 부도덕하다면 사람들이 성서의 말씀을 받들려 하지 않을 것이기 때문이다. 성서는 도덕적 지혜를 집약한 것으로 비쳐야 한다. 그렇게 되려면 매우 설득력 있는 메시지를 전달하는 방식으로 해석되어야 한다. 그리고 강력한 설득력을 가지려면 그 내용이 우리의 도덕적 이해를 만족하게 해야 할 것이다. 그리하여 인본주의자는 종교서를 읽는 것이 우리의 도덕적 이해를 대신할 수 없다는 결론을 내릴 것이다. 우리의 도덕적 이해는 종교서를 읽을 때건, 해석할 때건, 언제나 필요한 것이다.

계시 같은 것을 통해 신에게서 인간에게로 지식이 전달되는 두 번째 방식을 생각할 때에도 비슷한 문제가 제기된다. 이건 놀랄 만한 일이다. 종교서를 읽는 사람이 복잡한 내용에서 의미를 건지려 할 때에는 틀림없이 해석의 문제에 부딪힐 것이다. 하지만 신을 직접 경험한다 하여 의심의 여지가 완전히 없어질까? 바로 이 대목에서 인본주의자는 종교적이고, 신비스럽고, 계시적인 경험은 일상에서 너무나 먼 거리에 있으므로, 거기서 어떤 가르침을 얻으려면 상당한 해석이 필요하다는 점을 강조할 것이다.

때때로 사람들은 신을 직접 경험했다고 주장한다. 예언자들은 직접 신의 말씀을 들었다는 사실을 남들이 믿게 하려고 어떤 전망, 꿈, 강림 같은 경험을 했다고 주장했다. 모세는 시내 산에서 이스라엘 사람들을 인도하라는 하느님의 계명을 받았다고 했다. 그렇지만 이 책에 나온 유신론의 대변자가 생각하듯이, 이것이 우리가 지닌 도덕적 지식의 원천이라면 그것은 좋은 원천일까? 여기서 제기되는 일반적인 문제는 그런 경험만으로 신이 내려주는 가르침을 가장 잘 설명할 수 있는가 하는 점이다. 물론 그런 가르침이 정녕 신에게서 내려온 것이라면, 그것을 믿어야 옳을 일이다. 또한, 우리가 완전무결하게 합리적이려면, 그런 가르침이 신에게서 내려오는 것으로 보이는 만큼 그것을 믿어야 옳을 것이다. 그런데 이를테면, 신의 말씀을 온 세상에 전하라고 직접 계시를 받았다는 어떤 사람을 만났다고 하자. 처음에는 이 사람을 의심하지 않을까? 이 사람은 틀림없이 (1) 완전히 미쳤거나, (2) 자신의 얼굴을 세상에 드러내어 명성을 얻으려 하거나, 아니면 (3) 돈이나 그 밖의 물질적 혜택을 구하려는 사람이 아닐까? 하고 생각할 것이다. 신을 직접 만났다는 사람의 말을 곧이곧대로 믿는 건 바보짓이란 생각이 들 것이다. 적어도 과연 믿을 만한 사람인지 알아보려고 몇 가지 중요한 질문들을 던지며 그의 동기와 의식 상태를 떠보려고 할 것이다.

그런데 이런 설명의 문제는 계시를 체험했다고 주장하는 모든 사람에게 똑같이 제기된다. 신을 직접 만났다는 그 어떤 체험도 자기 보증을 하지 못한다는 데 문제가 있다. 달리 말하면, 그런 체험에 관한 다른 방식의 설명이 얼마든지 있을 수 있다는 말이다. 그건 하나의 백일몽이었다거나, 허상이었다거나, 어느 한순간 미치광이 상태였다거나, 그걸 체험했다는 사람의 눈이 자신을 속인 것에 지나지 않았다거나 하는 식의 반론이 얼마든지 제기될 수 있다. 내가 본 것이 정녕 신이었는지, 단순한 헛것이었는지를 딱히 증명할 길이 없다. 물론 내가 보기에는 신은 늘 내게 말씀을 하시려는 것으로 보인다. 그렇지만 어떤 조건을 갖춰야만 그가 정녕 그러하다는 걸 충분히 입증할 수 있을까? '그분이 정말 신일까?'란 의문이 항상 고개를 쳐들 것이다. 계시의 체험은 거의 예외 없이 개인에게만 나타났다. 그러나 그런 체험이 다른 사람이 아닌 나에게만 일어난 것이라면, 가장 기본적으로 거쳐야 할 '진실성 검증'이 불가능해진다. '내가 지금 보는 것을 정말로 보는 것일까?'란 의문에 확실한 답을 내놓을 수가 없는 것이다. 우리가 본다고 생각하는 것을 누구라도 독립적으로 검증할 길이 마련되지 않는다면, 그런 체험을 한 사람이 무엇을 체험했는지를 (계시였건, 허상이었건) 확실하게 보여줄 수가 없다. 물론 이 모든 의문에 답이 제시되거나, 내가 꿈을 꾼 것이 아니라 정녕 신과 의사소통을 했다는 사실을 입증할 수 있다면, 계시의 체험으로 얻어지는 신에 관한 지식이 전혀 있을 수 없다고 말할 수는 없다. 그렇지만 확실히 해둘 것은 피상적인 계시의 체험을 이런 식으로 해석해서는 안 된다는 점이다.

이제 하나의 계시를 체험한다고 가정해보자. 나는 정녕 신을 만난 것인지, 환각이란 생각에 밤늦게 블랙커피를 마시다 늦게 잠드는 버릇을 버려야 할지를 놓고 고민할 것이다. 그런데 얘기는 한층 복잡해진다. 신이 나에게 이웃에 사는 이민자 가족의 아이들을 죽이라고 계시하면서, 같은 메시지를 거듭 강조한다. 나는 말을 더듬으며, 사람을 잘못 짚으셨다고, 난 그런 짓을 할 줄 모르는 사람이라고 대답한다. 하지만 명령하는 자는 그 일을 할 사람이 나밖에 없기에 나를 선택했다고 말한다. 나는 그 일을 할까? 이것이 순수한 계시인지 확실히 알 길이 없으므로 난감하지 않을 수 없을 것이다. 이 일을 해서는 안 될 강력한 이유가 떠오를 것이다. 실로 우리가 아는 신이라면 이런 종류의 일을 시키지는 않을 것이다. 여기서 체험한 것은 계시가 아니라 환각에 지나지 않을 가능성이 크다. 요컨대, 자신이 이런 종류의 체험을 했다면, 살인하려고 곧장 이웃집으로 달려가기보다는 자신이 미쳐가고 있는 건 아닌지 의심하지 않을까? 정녕 신을 만난 것인지, 헛것을 본 것인지를 분간하는 한 가지 방법은 신이 했다는 명령이 합리적인 것으로 들리는가를 살펴보는 일이다. 그렇지만 이것은 유신론자에게 해당하는 문제일 뿐이다. 유신론자는 신에게서 받았다는 계시를 내세워, 인간의 독립적인 추론에서 얻어지는 도덕적 지식의 근원으로 삼거나 아예 그것을 대신하도록 하려고 한다. 여기서 우리는 신이 말하려는 것으로 보이는 것을 자신의 양심이나 도덕적 이해에 비추어, 우리가 진정한 계시를 체험하고 있는지, 헛것에 현혹되고 있는지를 판단해야 할 것이다. 그러므로

7장 윤리학과 종교

계시를 받았다 하여, 그런 계시가 곧장 우리의 도덕적 지식을 대신하도록 할 것이 아니라 우리의 지식에 비추어 계시의 진위를 가려야 한다.

마지막 절에서, 우리는 신이 존재하지 않는 한, 인간에게는 도덕적 지식이란 있을 수 없다는 유신론자의 주장을 평가해보았다. 첫머리에서는 신이 존재하지 않는다면, 인간은 도덕적 미아에 지나지 않을 것이며 방향을 옳게 잡지 못할 것이라는 내용의 다양한 주장들을 살펴보았다. 그러나 이러한 주장들이 타당해지려면, 유신론자는 어떻게 도덕적 지식이 신에게서 내려올 수 있는지를 설명해야 하고, 어떻게 이런 도덕적 지식이 인간의 추론을 개입하게 하지 않고서도 신에게서 곧장 내려올 수 있는지를 증명해야 한다. 인간적 추론의 역할이 커지면 커질수록, 신이 존재하지 않을 때 인간이 길을 잃고 표류할 것이라는 주장은 그만큼 설득력을 잃을 것이다.

● 결론

7장에서는 윤리학과 종교에 관해 논의했는데, 유신론과 니체주의적 무도덕론이라는 두 가지 견해를 살펴보았다. 이들은 다 같이 신의 존재를 인정하지 않는 한 도덕은 무의미하다고 말한다. 우리는 이러한 견해에 관한 다양한 주장을 살펴보는 가운데 특히 두 개의 주요문제를 검토했다. 그 하나는 신이 존재하지 않으면 도덕적 질서 역시 존재할 수 없다는 유신론의 주장이 과연 옳은가 하는 것이었다. 한편 인본주의자는 신이 도덕적 질서를 창시했다는 생각을 받아들이기 어려워한다. 신이 도덕적 질서를 창시했다면, 신은 또 다른 질서를 만들었을지도 모르고, 그 질서란 좋거나 나쁘거나 옳거나 그를 수도 있으리란 것이다. 또한 인간이 도덕적 질서를 따르는 것은 완전한 도덕적 이해에서 그러는 것이 아니라, 오직 전능한 신에 대한 두려움에서 그러는 것뿐이라고 말한다. 그러므로 인본주의자는 유신론자와 무도덕주의자들이 도덕에 관한 인간의 사고능력을 과소평가한다고 결론짓는다. 설령 신이 존재하지 않는다 해도, 그리고 인간이 신의 뜻이 무엇인지 잘 모른다 해도, 인간은 도덕적으로 행동하려고 마음먹을 때 자신의 행위를 이끌어갈 수 있다는 것이다. 우리가 살펴본 두 번째 문제는 신의 존재를 인정하지 않는다면, 인간은 도덕을 이해할 수 없다는 주장이었다. 이 견해는 신이 계시나 성서를 통해 인간에게 직접 도덕적 지식을 내려준다고 가정한다. 우리는 이 주장을 인본주의 관점에서 검토했다. 인본주의 관점은 계시이건 성서이건, 도덕적 지식의 근원은 자신의 양심에 비추어 해석해야 한다는 것이다. 인본주의자는 인간이 도덕적 지식을 받아들이기만 하고 의문을 제기해서는 안 된다고 할 경우, 그 도덕적 지식은 기껏해야 독단적이거나 불충분할 뿐이고, 나쁘게 말하면 인간을 완전히 오도하는 것이라고 주장한다.

- **토의사항**

1. 신이 존재하지 않는다면 도덕이 존재할 수 없다고 생각할 만한 이유를 분명하게 제시할 수 있을까?

2. 윤리가 성립하려면 신이 존재해야 한다는 주장에 대한 반례 counter-examples로서 공리주의, 칸트주의 그리고 덕 윤리학은 성공적이라 할 수 있을까?

3. 2절 '윤리학은 종교를 필요로 할까?'에서 살펴본 주장들은 신의 존재를 믿는 것이 합리적이라거나 비합리적이라는 확신을 나에게 줄 수 있을까?

4. 『에우튀프론』 딜레마에 관한 논의에서 제기된 여러 문제들에서 신명론을 옹호할 길이 있을까? 아니면 그 문제들을 다루면서 신명론은 여지없이 결함을 드러냈을까?

5. 구약성서에는 신이 아브라함에게 그의 자식 이삭을 죽이라는 계시를 내렸다는 이야기가 나온다. 아브라함은 자신이 정녕 신으로부터 계시를 받았다는 것을 어떻게 알 수 있었을까? 나쁜 일을 하라는 신의 계시를 받았다고 생각하기보다는 환각에 빠졌다고 생각하는 것이 더 합리적이지 않을까?

■ 주

1) M. Ruse, quoted in William Lane Craig and Walter Sinnott-Armstrong, *God? A Debate between a Christian and an Atheist* (Oxford: Oxford University Press, 2004), 17.
2) G. E. M. Anscombe, "Modern Moral Philosophy," in R. Crisp and M. Slote (eds), *Virtue Ethics* (Oxford: Oxford University Press, 1997); Anscombe의 논문은 1958년에 출판되었음.

■ 더 읽을 책

'신은 죽었다'는 프리드리히 니체Friedrich Nietzsche의 선언에 관해서는 그의 *The Gay Science* (various editions), §125을 참조. 같은 관점으로 더 긍정적인 선언으로는 §343을 참조.
『에우튀프론』 문제에 관한 고전적 설명으로는 당연히 플라톤의 *Euthyphro* (various editions)를 참조.
유신론자와 인본주의자 사이의 계몽적인 토의로는 William Lane Craig and Walter Sinnott-Armstrong, *God? A Debate between a Christian and an Atheist* (Oxford: Oxford University Press, 2004)를 참조.
신의 존재에 관한 이성적 믿음을 둘러싸고 제기된 찬반 주장에 관하여는 J. L. Mackie, *The Miracle of Theism* (Oxford: Clarendon Press, 1982)과 R. Swinburne, *The Existence of God* (Oxford: Oxford University Press, 2004)을 참조.
Fear and Trembling (various editions)에서 키에르케고르Søren Kierkegaard는 성서에 나오는 아브라함과 이삭의 이야기를 논하면서(앞의 토의사항 참조), 순수한 신자는 신의 뜻을 나타내는 계시로 생각되는 것에 귀를 기울여야 한다고 주장한다.

8장

계약으로서의 도덕

이 책에서 살펴본 도덕이론들이 사회학적으로나 심리학적으로 현실의 도덕 관념에 잘 들어맞지 않는다고 느꼈을지 모른다. 세상의 도덕규칙에 관한 진리들은 우리가 미세물질이나 대폭발에 관한 진리를 찾아낼 때처럼 '거기 그 자리에' 마련되어 있어서 찾아내기만 하면 되는 것이 아니라, 대개는 인간이 만들어내기에 달렸다는 뜻이다. 누군가는 사회가 없다면 도덕도 필요가 없을 것이라고 말할지 모른다. 이렇듯 도덕을 사회학적 관점에서 보는 견해의 문제점은 도덕을 특정 사회에서 통용되는 규칙에 불과한 것으로 본다는 점이다. 이 견해는 다양한 사회들에 적용되는 다양한 도덕을 평가할 기준이 존재할 수 있음을 인정하지 않는다. 이 견해는 이 책의 주제처럼 '무엇이어야 한다'고 말하는 이론이 아니라, 단순히 '무엇이다'를 말하는 이론이다. 그리하여 우리는 도덕의 개념에 반드시 내포되어야 할 당위성(마땅히 '해야 하는 것')의 요소를 지니고 있으면서도, 인간이 만들어내는 도덕이론이 있을 수는 없을까 생각하게 된다. 이 장에서 살펴보려는 이론들은 단순히 찾아내는 도덕이 아니라 인간이 세우거나 만들어내는 도덕이 있을 수 있다고 주장한다. 이 이론들은 도덕이란 단순히 옛날식의 교본이 아니라 특정한 합의에 참여하는 인간이 당위성이나 평가적 요소를 도입하여 만들어내는 인간의 창작물이라고 주장하는데, 이것들을 사회계약론이라 한다.

● 홉스: 이성적 자기 이익으로서의 도덕

홉스는 이 논의에 좋은 출발점이 될 것이다. 홉스 이론의 핵심은 도덕적 규칙을 단순히 사회에서 오랫동안 적용되어온 규칙이라기보다는 사회적 협력을 가능하게 만드는 규칙으로 생각하는 데 있다. 도덕은 존재하는 것에 관한 것이 아니라, 마땅히 해야 할 일에 관한 것이다. 그 밖의 다양한 사회규칙들과 달리, 도덕적 규칙은 개인이 자기 이익을 위해 스스로 복종해야 할 규칙이다. 홉스가 볼 때, 모든 인간에게는 사회적 협력이 필요하다. 그것이 없다면 너무나 두려운 결과가 초래될 것이다. 홉스는 인간이 사회가 아닌 '자연의 상태'에서 산다고 할 때 그 삶이 어떨지 내다보고 있었다. 그곳에서는 도덕의 규칙이 전혀 적용되지 않기에 '모든 사람의 모든 사람에 대한 싸움'이 벌어질 터이고, 따라서 누구도 자신의 안전을 보장받지 못할 것이며, 삶의 모습은 '외롭고, 비천하고, 야비하고, 잔인하고, 오래 살기가 어려울' 것이다. 그리하여 홉스의 이론은 일종의 계약 같은 형식의 도덕을 내놓는다. 이 계약에 따라, 사회 이전 상태의 외롭고 허약한 상태에서 살아오던 개인이 스스로 정한 일정한 규칙을 지키며 사회적 협력의 혜택을 누리게 된다. 이것이 사회계약론의 본질이다.

홉스는 자연 상태의 인간에 관한 지극히 비관적인 관점을 출발점으로 삼았다. 그가 볼 때 인간은 자기 이익으로 움직이기에 좀처럼 협력하기 어려운 존재였지만, 마침내 전능한 국가가 시행하는 법의 보호 아래에서 완전한 사회 구성원이 되어 남들과 협력하기에 이른다. 이 점에서 홉스는 존 로크와 다르다. 로크는 홉스보다 조금 늦게 나타나 홉스처럼 사회계약론을 제시한 이론가였다. 로크는 인간이 자연 상태에서 작은 규모의 협력체를 구성할 것이며, 대체로 그런 곳에서 인간이 무난히 살아갈 수 있으리라 생각했다. 그러나 홉스가 볼 때, 자연 상태는 분명 인간이 견뎌낼 수 없는 상태다. 부분적으로는 바로 이 때문에 자연 상태의 사람들, 궁극적으로는 지금의 우리와 똑같은 사람들이지만 국가권력의 보호를 받을 수 없는 상태에서 살아가는 데 익숙해졌다는 점만이 다를 뿐인 사람들은 더 안전하게 살아갈 수 있는 대안을 찾아 나선다는 것이다. 이렇듯 비관적인 견해에서 출발한 홉스는 여러 가정들을 바탕으로 추론을 거듭한 끝에, 마침내 인간은 더욱더 인간다운 삶을 살아가기 위한 전제로서 사회적 협력이 필요하며, 나아가 이를 뒷받침하는 도덕도 필요하다는 결론에 이른다.

먼저, 홉스는 인간은 무한한 욕망이 있는바, 이를 충족하고자 끝없이 권력을 갈구한다고 말한다. 한마디로 인간은 늘 불만스러워하는 성향이 있어서 한 가지를 얻자마자 또 다른 욕구를 채우려고 나선다는 것이다. 홉스가 볼 때, 인간이란 조금만 갖고도 마냥 행복해하며 제자리에 머물러 있을 존재가 아니다. 둘째, 자원은 지극히 한정되어 있으므로 모든 인간의 무한정한 욕구를 다 채워줄 수는 없다고 가정한다. 이 두 가정에 비추어 볼 때, 한정된 자원을 한없이 추구하려는 인간이 서로 충돌하는 건 불가피하다. 이런 가정을 바탕으로 홉스는 자신의 마지막 가정을 내놓는데, 바로 여기서 자연 상태에서는 누구도 안전을 보장받을 수 없기에 인간다운 삶을 살기 위한 전제조건으로 사회와 도덕이 필요하다는 결론을 이끌어냈다. 그의 세 번째 가정에 따르면, 인간의 능력은 대체로 엇비슷하여 그 누구도 공격을 받을 위험성에서 벗어날 수 없다는 것이다. 그 결과 모든 사람의 모든 사람에 대한 싸움이 벌어지는 상태에서는 아무도 안전할 수 없다. 그러므로 개인이 자신의 신체와 이익을 지키려면 뭉쳐서 협력하는 수밖에 없다는 것이다.

그런데 사회에 발을 들여놓으려면 일정한 규칙을 정해놓고 그것에 따라야 한다. 이런 규칙은 최소한의 것으로, 서로 해치지 않기로 한다거나 다른 사람의 소유물을 빼앗거나 부수지 않는다는 정도의 규칙이면 될 것이다. 여기서 홉스는 사회생활을 가능하게 하는 최소한의 규칙을 제시하려 한다. 바로 도덕법으로, 그 사회에서 발전되어온 다른 규칙들과는 구별된다. 이런 도덕적 규칙은 그 사회의 모든 구성원에게 다 같이 중요하다. 한 번 무시되기 시작하면 사회 전체가 무너질 것이고, 사람들은 다시 상호투쟁과 불화가 계속되는 위험한 상태로 되돌아갈 것이며, 그 결과 다시금 그 상태에서 벗어나기를 희구할 것이다. 자연 상태에 빠진 사람들은 자유롭긴 하지만, 불안전한 무법천지를 벗어나려고 다시 한 번 공동의 합의를 이끌어낼 것이다. 그들은 다시 뭉쳐서 법의 구속 아래로 들어가려 할 것이다. 일종의 사회계약 아래에서 규칙을 존중할 의무를 지고 살아가기를 선택하려 할 것이다.

그렇지만 홉스는 규칙을 지켜나가는 인간의 능력을 의심한다. 인간은 오직 이기적인 행위만을 하려 하는데, 순전히 이기적인 행위자는 약속을 깨려 할 것이기 때문이다. 어쨌건 인간에게 순수한 약속을 기대할 수는 없다. 약속은 앞으로도 그것을 지키고자 자신을 묶어 놓음을 뜻한다. 그런데 오로지 이기적인 동기에서만 행동하는 사람(홉스는 모든 사람이 그렇다고 생각하는데)은 오로지 자기에게 이익이 될 때에만 약속을 지키려 할 것이다. 약속 그 자체는 무엇을 하려는 사람이건 간에 다 같이 지켜야 한다. 그런데도 사람들은 자기에게 이익이 되기만 하면 약속을 무시하려 할 것이다. 이기주의자는 오로지 앞으로 이익이 될 일만을 생각할 것이다. 이기적인 사람의 생각이 이처럼 전망적인 것에 반하여, 약속을 지키려는 사람의 생각은 회고적이라 할 수 있다. 약속을 지켜야 할 까닭은 과거 어느 시점에서 그 약속을 했기 때문이다. 자신을 묶어놓으려 한 일을 회고하기 때문이다. 장래의 이익만을 생각하며 행동하는 사람은 약속을 철석같이 지켜야 할 까닭이 없다. 홉스는 자연상태에서 살아가는 사람들이 이런 식으로 생각하리라는 가정 위에, 이들이 어떤 규칙을 지키기로 합의했음에도 기회만 있으면 그 합의의 가치를 거들떠보려 하지 않으리라고 추론한다. 지키도록 강제하지 않는 한, 아무도 지키지 않을 것이다. 그러므로 이기주의자들의 세상에서 계약이 효력을 유지해나가는 유일한 대안은 이들을 공적 권위로 지배하는 것이다. 공적 권위는 개개인의 힘과는 달리 공격을 받아 위험에 빠질 일이 없을 만큼, 그리고 이에 저항하는 사람들에게 규칙을 준수하도록 강제할 수 있을 만큼 충분히 강력해야 한다. 홉스는 이 강력한 공적 권위를 리바이어던²⁴이라고 명명한다. 절대권력이 사회의 모든 사람을 지배할 때 계약의 효력을 유지할 것으로 생각한 것이다.

도덕은 원자적 개인이 다른 사람들의 삶에 아랑곳하지 않고 자신만의 이익을 거침없이 추구하는 무법천지의 자연 상태를 배경으로 등장한다. 홉스가 내놓은 급진적 대안은 말하자면, 자연 상태에 있는 사람들의 생명과 재산을 기본적으로 안전하게 보호하기 위해 법이 지배하는 공동체를 구성하자는 것이다. 그렇지만 이를 우리가 법이 지배하는 사회에 살게 된 경위를 바르게 설명하는 역사의 기록으로 받아들이지는 말기 바란다. 이런 이야기는 역사에 관한 좋은 설명이거나 나쁜 설명일 수 있지만, 데이비드 흄은 본래의 계약은 실제로 일어나지 않았을지 모른다고 지적했다.¹⁾ 우리의 관점에서는 이것이 기본 관심사가 아니다. 말하자면, 홉스는 도덕의 권위와 더불어 왜 인간이 그에 따라야 하는지를 설명하려 한 것이다. 그는 '도덕이 없었다면, 발명이라도 해야 할까?' 하고 자문한 뒤, 그렇다고 대답한다. 이 물음을 생각하는 가운데, 도덕이 존재하지 않을 때 과연 인간의 삶이 어떤 모양일지 생각할 필요가 있다고 했다.²⁾ 홉스는 자연 상태의 인간이 왜 스스로 사회적, 도덕적 규칙으로 자신을 묶어놓으려 했는지를 설명했다. 이 설명에 비추어, 지금의 우리가 홉스의 시나리오에 나오는 사람들과 거의 다를 바 없다고 한다면, 왜 도덕에 순응해야 하는지를 이해하기란 어렵지 않다. 대체로 "X가 없었다면, 우리는 그걸 발명이라도 해야만 할까?" 하

---

24   Leviathan: 구약성서 욥기에 나오는 바다 속 괴물이며, 홉스의 주요저서(1651)명이다.

고 묻는 것은 법, 형벌, 조세, 가족 아니면 그 밖의 여러 가지들에 대해 비판적 사고를 이끌어내는 데 매우 좋은 방법이다.

이 장의 설명을 위해 홉스는 좋은 출발점을 마련해주었다. 그는 개명한 인간의 이성적 자기 이익을 바탕으로 세워진 도덕이론에서 중심적 위치에 서게 되었다. 그의 이론은 인간 본성에 관한 최소한의 가정에서 인간 사회의 도덕을 이끌어내려 했다는 점에서 주목받을 만하다. 홉스의 주장이 옳다면, 인간이 본래 선한 존재이기에 도덕을 중히 여긴다는 식으로 생각할 필요가 없다. 설령 내가 아무리 내 이익만 추구하는 사람이라 할지라도, 내게는 (적어도 어떤 조건 아래서는) 도덕을 받들어야 할 이유가 있다는 것이다. 도덕의 권위에는 우주를 배경으로 거창하게 설명해야 할 만큼 신비로울 것이 전혀 없다. 도덕은 인간이 자신의 이기적 동기에서 받들어야 할 대상이다. 다른 일반 사회규칙들과는 다르게, 도덕은 특별히 중요하다. 도덕이 없다면 다른 사회규칙들과 달리 발명이라도 해야 한다.

● 심리학적 이기주의

홉스의 견해에는 꽤 심각한 반론들이 제기되었다. 첫 번째 반론은 홉스의 설명이 인간의 상황에서 과연 얼마나 타당한가에 관한 것이다. 요컨대 그는 사회가 나타나기 이전 상태에서 살던 사람들, 그러니까 아무런 사회화 과정이나 사회의 기본 규칙에 관한 학습과정을 거치지 않은 사람들만 상상했다는 것이다. 따라서 언뜻 보면, 홉스의 설명은 사회학적으로 사회화 과정을 밟는 도중 도덕적 규범을 내면화하면서 성인으로 성장해가는 어린 사람들에게나 들어맞을 얘기라는 것이다. 말하자면, 그의 설명은 사람들이 고상하게 행동하거나 도덕적으로 행동하는 것은 다만 목적을 이루기 위한 수단으로 그렇게 한다(그렇게 하는 것이 이익이 되기에)는 말로 들린다. 하지만 인간은 그런 존재만은 아니다. 반론에 의하면, 인간에게는 본래 양심과 도덕적 지향이 있기에 옳은 길을 찾아 도덕적으로 행위하는 존재로 설명해야 옳다. 역사적, 사회적으로, 벌써 이만한 발전단계에 이른 오늘날의 인간은 우리 모두가 아는 바와 같이, 자연 상태의 무법자가 아니라 타고난 협력자다. 그런데도 홉스는 사람들이 협력해야 할 직접적인 동기를 지니지 않은 채 오직 자기 이익을 추구하는 방편으로서만 도덕을 내세운다고 주장한다. 홉스는 인간이 타고난 이기주의자여서 이타적 행위를 할 줄 모른다고 가정한다. 이것은 흔히 심리학적 이기주의설psychological egoism이라고 일컫는 것의 주제이기도 하다. 요컨대, 많은 이론가들은 다음 논리를 내세워 홉스의 이론을 거부한다. (1) 홉스의 이론은 심리학적 이기주의가 참일 경우에만 타당하다. (2) 심리학적 이기주의는 참이 아니다. (3) 따라서 홉스의 이론이 무엇을 목적으로 하는지가 확실치 않다. 그렇지만 이런 식으로 홉스 이론의 출발점을 부정하기에는 때가 너무 이르지 않을까?

    심리학적 이기주의는 하나의 경험적 이론이다(이 이론은 차라리 하나의 격언에 가까워서, 홉스의 이론 같은 이론이 되기에는 경험적 검증이 부족하거나 아예 불가능하다고 할 수 있다). 심리학적 이기주의에 따르면, 인간은 오직 자기 이익을 지키거나 증진하려고 움직이는 존재다. 남을 위하는 것처럼 보이는 행위라도, 그것이 행위자에게 어떤 이익을 가져올지를 살펴보면 그 행위의 본질을 쉽게 이해할 수 있다. 때로는 우리가 사랑하는 사람을 위하는 것처럼, 의무감에서 그러는 것처럼, 어떤 이상을 추구하는 것처럼 보일 수 있지만, 기본 동기는 자기의 이익을 위하는 것일 뿐이라고 주장한다.

심리학적 이기주의는 오랜 역사에 걸쳐 철학 및 심리학 분야에 영향을 미쳐온 이론이다. 이 이론은 상당한 설득력이 있는데, 인간의 행위를 다른 생명체들의 행위에 비유하여 설명하기 때문이다. 모든 생명체는 자신을 위해 움직이는 능력이 있다. 주변 환경에 맞추어 자기 안전을 지키고(나무가 영양을 얻기 위해 뿌리 내리는 것을 생각해보라), 다쳤을 때에는 스스로 낫는 방법을 안다(다치면 스스로 고치는 생명체를 생각해보라). 이를 가리켜 생명체의 항상성homeostasis을 유지하는 능력과 동기라고 한다. 생존을 유지하고 생명을 연장해나갈 안정적인 조건을 스스로 찾는 것이다. 인간도 마찬가지다. 우리 몸도 다치면 절로 낫는 능력이 있다. 재충전이 필요할 때에는 갈증과 허기를 느낀다. 이런 감각을 충족하려면 무엇을 어찌해야 하는지 스스로 안다. 그러므로 적어도 인간적 행위의 일부는 항상성을 모형으로 설명할 수 있다. 문제는 모든 인간의 행위를 인간이 아닌 다른 생명체의 행위에 비추어 무난히 설명할 수 있는가다. 일부 이론가는 인간은 특별한 존재이므로 인간의 일부 행위는 자연세계의 행위에 비추어 설명할 수 없다고 주장했다. 예컨대, 인간은 자연의 일부이긴 하지만 특별히 이성적인 행위자요, 도덕적인 행위자요, 자유로운 행위자이므로, 인간 행위의 완전한 의미를 고작 일반 생명체에 적용하는 이론으로만 파악하기에는 무리가 있다는 것이다. 홉스는 이들과 마찬가지로, 인간의 행위와 인간이 아닌 생명체들의 행위 사이에 어떤 연속성이 있다고 했다. 인간의 목적, 욕구, 계획은 궁극적으로 자신을 이롭게 하는 데 목적이 있다는 것이다. 인간을 자연 이상의 존재로서가 아니라 자연의 일부로 보려는 사람들은 적어도 어떤 수준에서는 심리학적 이기주의가 인간을 옳게 설명한다고 본다. 홉스의 저술은 물리학의 발전이 눈부시게 진행되던 때에 출간되었다. 물리학의 발전은 우주를 하나의 거대한 기계장치로 이해하게 했다. 홉스는 이런 모형을 인간과 인간의 행위에 적용할 수 있다고 생각한 초기 이론가들 가운데 하나였다.

그렇지만 심리학적 이기주의를 즉각적으로 부정하려는 듯한 행위들이 이내 눈에 띈다. 예컨대 도덕적으로 찬양할 만하다고 여기는 자기희생 같은 몇몇 행위들을 생각해보자. 때때로 부모는 자녀를 위해 자기 이익을 희생한다. 극단의 상황에서는 목숨까지 던진다. 이런 일은 적어도 표면상으로는 인간이 언제나 자기 이익만을 위해 행동한다는 견해를 흔드는 하나의 반례라 할 수 있다. 그렇지만 심리학적 이기주의를 주장하는 사람들은 최근에 더욱더 발전한 진화론을 인용하여, 이렇듯 뚜렷한 이타적 행위가 어째서 사실상 이기적 행위가 되는지를 설명하려 한다. 전통적으로 이기주의는 특정 사람의 이익에만(위에서 설명했듯이, 자신이 생존하고 번영하기 위해서 또 안정적인 생활을 영위하기 위해서만) 집착하는 것으로 여겨져왔다. 그러나 최근의 심리학적 이기주의에 따르면, 리처드 도킨스가 『이기적 유전자 *The Selfish Gene*』에서 설명한 것처럼, 이기주의는 개인의 차원에서가 아니라 유전자의 차원에서도 작동한다. 그는 '복제인자replicantors'로서의 유전자, 곧 혈통의 생존을 가장 효과적으로 보증하는 생체조직에 관해 다음과 같이 설명한다.

세상에서 유전자의 혈통을 잇는 기술이 발전하는 과정에 과연 끝이란 게 있을까? 발전할 시간은 무한하다. 백만 년쯤 지났을 때, 얼마나 기막힌 자기 보존용 엔진이 나타날까? 수십억 년 뒤에는 고대의 유전자들이 어떤 운명을 맞이할까? 그들은 일찍부터 생존술이 뛰어났기에 죽어 없어지지 않았다. 하지만 바다에 둥실 떠다니는 그들을 더는 찾을 필요가 없다. 그들이 기사처럼 누리던 자유는 사라진 지 이미 오래다. 이제 그들은 거대한 식민지에 떼로 몰려들어, 거대한 로봇의 어슬렁거리는 몸체 안에 안전하게 머문다. 바깥세상과 차단되어 밀봉되어 있지만, 그지없이 고통스러운 간접 루트로 교신하면서 원격조종으로 움직인다. 그들은 여러분의 몸체 안에도, 그리고 내 몸체 안에도 있다. 그들은 우리의 몸과 마음을 만든다. 우리가 생존하는 궁극의 목적은 그들을 보전하기 위함이라. 저 유전자들은 아주 먼 길을 돌아서 여기에 왔고, 이제 그들은 유전자란 이름으로 움직인다. 우리는 그들의 생존을 돕는 기계일 뿐이다.[3]

이 진화 이야기에서 기본적인 사실은 개인이 자신만의 번영을 위해서가 아니라 자신의 유전자를 증식하려고 움직인다는 점이다. 말하자면 자신의 유전자를 끊임없이 복제하여 미래 세대로 길이 이어지게 하는 것이다. 따라서 이 유전자 이야기는 인간의 생존본능뿐 아니라, 때로는 자신을 희생하여 자손의 생존을 지키려는 동기를 깊이 있게 설명해준다. 두 가지 모두 자신의 유전자가 생존할 기회를 극대화하려는 심리적 동인으로 설명할 수 있다.

진화론의 등장으로 주목할 것은 심리학적 이기주의가 인간의 행위와 그 목적을 스스로 어떻게 생각하는지 애써 설명하려 하지 않는다는 사실이다. 사람들이 유전자 계승이라는 최종 목적을 내세워 자신의 모든 행위를 설명하는 건 물론 아니다. 그러나 사람들의 모든 행위를 더 잘 이해하려면 '이기적 유전자'라는 동기에 비추어볼 필요가 있다.

인간 행위에 관한 진화론적 설명은 매우 강력한 힘이 있다. 또한 일부 인간 행위의 기본 형태가 유전자의 번성을 위해 진화해왔음을 부인할 수 없다. 그렇지만 우리가 진화론자에게 제기할 한 가지 의문은 그의 이론이 인간 행위를 완전하게 설명하는 것인지, 아니면 그의 이론에서 다루지 않은 중요한 부분이 따로 있는가 하는 것이다. 특히 지적할 점은 많은 사람들이 심리학적 이기주의는 인간 행위의 이면에 존재하는 것을 왜곡하거나 축약하여 그려낸 데 지나지 않으며, 그 결과 윤리적으로 매우 중요한 개별 특성들을 깔아뭉갰다고 생각한다는 점이다. 이런 까닭에 많은 사람들은 이런 이론이 과연 인간의 삶을 완전하게 설명할 수 있을까 하는 의문을 품어왔다. 부모가 몸을 던져 자식을 구하는 사례를 다시 보자. 보통 이런 행동은 의문의 여지 없이 사랑의 표현이라 할 것이다('사람이 친구를 위하여 자기 목숨을 버리면 이보다 더 큰 사랑이 없나니'-요한복음 15장 13절). 이렇듯 순수한 사랑은 인간적 존재의 가장 고귀하고 아름다운 부분이 아닐 수 없다. 물론 어떤 잠재적인 수준에서는 부모가 자신의 생명을 연장해줄 유전자를 보호하려는 동기에서 움직였다고 볼 수 있을지 모른다. 그렇지만 다른 목숨을 살리려고 자신이 지닌 모든 것과 앞으로 누릴 모든 것을 내던진다는 것이, 놀라운 행위라는 사실만은 지울 수 없으며 지워져서도 안 될 것이다. 이렇듯 거룩한 자기 희생과 희망과 두려움을 안고 살아가는 사람들을 향한 연민은 곧 인간에게만 있는 특질이며 인간의 고유한 측면이어서, 진화론자들이 이를 이해하려면 한참이 걸릴 것이다. 또한 진화론의 한 측면을 빌려 자기 희생의 사례를 설명하려는 홉스 이론은 그 자체가 도덕이론이 될 수 있을까 하는 더 큰 문제에 부딪힐 것이다. 도덕이론은 느끼고 생각하며 살아가는 인간적 삶의 공통적 바탕을 다루어야 한다. 도덕이론은 인간의 행위를 이러저러하게 설명해야 하는 까닭에, 어쩔 수 없이 규범적 이론이다. 이에 비하면 진화론은 다른 종류의 문제를 다른 종류의 차원에서 다룬다고 하겠다. 유전자의 의미에 관해 말할 때 자칫 '도덕적으로 말해서 내가 무엇을 해야만 할까?' 하는 의문을 놓치기 쉽다. 그렇게 되면 자기도 모르는 사이에 주제를 바꾸는 셈이 된다.

● 홉스와 도덕의 정당화

진화론을 덮어두더라도, 사람들이 때로는 남을 위해 자신을 희생할 수 있다는 사실에 비추어, 홉스의 이론은 다시금 문제가 된다. 인간이 언제나 이기적인 이유에서 남을 대하는 것은 아니기 때문이다. 어떤 가치 있는 목적을 위해 자신의 목숨을 내던지는 사람들의 사례를 든다면, 바로 군인이다. 이런 행위라면 도덕적으로 찬양받을 수 있지 않을까? 군인들의 행위를 이기적인 이유로 설명한다는 건 참으로 말이 안 된다. 홉스주의 이론가가 진화론에 기대어 도덕적 동기를 설명하기 어렵다면, 홉스주의 이론가의 견해는 인간의 모든 행위를 이기적인 동기에 비춰서만 해석할 수 있으므로, 도덕과 도덕적 동기를 왜곡한다는 비판을 비켜가기도 어려워 보인다.

　홉스주의 이론가들의 견해는 그 나름으로 이런 비판에 대응할 수 있다. 먼저, 홉스가 무엇을 생각했건 간에 홉스주의 이론가들은 인간을 언제나 이기적인 동기에서 행동하는 존재로 가정할 필요가 없다. 사람들이 순전히 이타적인 동기에서 행동하는 때도 있기 때문이다. 하지만 인간이 이타적으로 행동할 때가 있다고 하더라도, 홉스의 견해는 여전히 타당하다고 할 수 있다. 데이비드 흄이 지적했듯이, 다른 사람에 대한 인간의 자연 발생적 동정심에는 한계가 있다. 부모는 자신을 던져 자녀를 구하려 하겠지만, 다른 사람의 자녀를 위해서도 같은 짐을 지기는 쉽지 않다. 군인은 제 나라의 안전과 영광을 위해 죽음을 무릅쓰지만, 인류 전체를 위해 그리하기는 쉽지 않을 것이다. 그러므로 비교적 규모가 작은 그룹 안에서 연대감을 느끼며 살아가는 사람들 사이에서는 자연발생적인 동류의식을 바탕으로 도덕을 형성하고 존중하겠지만, 배경이 다른 개인들 사이에서는 감정 그 자체가 평화공존을 보증하지는 않을 것이다. 그리고 인간 사회가 점점 대규모화하고 세계화함에 따라, 본래 아무 인연이 없던 이방인들이 뒤섞여 살게 됨에 따라 이런 문제는 점점 더 심각해질 것이다. 이런 상황에서는 이방인들 사이의 거래를 규제할 규칙 세우기가 매우 중요한 일이 된다. 어떤 반란자나 테러주의자가 "왜 이따위 규칙에 따라야 하지? 내 종족이나 나와는 아무 상관이 없는 이방인의 이익을 왜 챙겨야 하지?" 하고 묻는다면, 그에게 어떤 대답을 해줘야 할 것이다. 어두운 출발점에서 모습을 드러낸 홉스의 이론은 불신이나 냉담함이나 그 이상의 나쁜 선입견을 품고 서로 경계하는 모든 참여자를 향해 할 말이 있어 보인다. 심리학적으로 말한다면, 누구도 협력적인 행위에 참여하려는 동기가 없다고 가정하는 것은 잘못일지 모른다. 그러나 이방인의 이익을 챙겨줄 용의가 전혀 없는 사람에게 무슨 말을 해야 할지를 알고자 한다면, 홉스의 말에 귀를 기울여야 할 것이다.

    이에 납득할 수 없는 사람 또한 있을 것이다. 홉스는 이런 사람들에게 도덕에 관한 일종의 최소공배수 같은 견해를 제시하려 할 것이다. 인간이 도덕적으로 행동하는 까닭에 관해 다음의 물음이 제기될 것이다. 다른 사람의 이익에 아무 관심이 없는 사람이 도덕적으로 행동해야 할 까닭은 무엇일까? 물론 그런 사람에게 까닭이 있다면, 틀림없이 이기적인 까닭일 것이다. 이 괴물이 받아들일 만한 까닭은 이기적이어야 할 것이기 때문이다. 하지만 우리가 도덕적이어야 할 까닭이 고작 이것이란 말인가, 아니면 이런 괴물이 생각하는 까닭조차 도덕적 사고를 향하는 큰 길을 여는 데 도움이 된다는 말인가? 도덕이 무엇이며 그것이 인간의 삶에서 어떤 역할을 해야 하는지를, 왜 하필이면 전적으로 이기적인 사람에게서 배워야 한단 말인가? 덕 있는 사람을 내세우는 아리스토텔레스의 견해와 비교해볼 때, 이 견해는 꽤 협소하고 척박해보인다. 그러나 이미 지적한 것처럼, 이렇듯 협소한 접근은 바로 홉스 자신이 발을 들여놓으려 한 이론적 계획이기도 했다. 말하자면, 도덕을 부정하는 사람조차 도덕의 정당함을 인정할 만한 공고한 토대 위에 도덕을 세우려 한 것이다.

● 무임승차자들의 문제

그러나 자연 상태의 이기주의자들을 생각할 필요가 있다는 홉스의 주장을 회의론자들이 받아들인다고 하더라도, 도덕을 따르는 것이 개인에게 이익이 된다는 사실을 홉스가 제대로 설명했는지에 관한 또 하나의 의문이 남는다. 바로 여기서, 흔히 말하는 '무임승차자free-rider'의 문제가 등장한다. 지금까지 지적했듯이 홉스는 사회적 협력이 모든 개인에게 이익이 되며(그렇지 않고서는 생각하기조차 끔찍스러운 현상이 벌어지기에), 따라서 개인은 사회계약으로 정해진 규칙을 따라야 한다는 견해였다. 그러나 인간이 첫 번째 단계(사회적 협력은 모든 개인에게 이익이 된다)에서 두 번째 단계(모든 개인은 규칙에 따라야 한다)로 옮겨 갈지가 분명하지 않다는 데서 무임승차하는 사람의 문제가 발생한다. 사회의 상태가 무임승차할 기회를 마련해주기 때문이다. 말하자면, 사회 규칙을 지키지 않고서도 사회적 협력의 혜택을 누리는 사람들이 있을 수 있다는 것이다. 홉스주의 이론가들의 견해에 따르면, 모든 사람이 규칙을 따르지 않을 때 사회 상태는 무너질 수밖에 없고, 그 결과 자연 상태로 되돌아갈 수밖에 없으므로, 사회 규칙은 힘이 있다. 하지만 이 견해에 반대하는 사람도 있을 것이다. 모든 사람이 규칙에 따르리라 장담할 수 없다는 것이다. 사회가 무너져 자연 상태로 되돌아가지 않으려면, 대부분의 사람들이 규칙을 지켜야 한다. 되도록 많은 사람들이 규칙을 따라야 한다. 그런데 이 틈새로 몇몇 사람들이 규칙을 어기고 빠져나가더라도 사회가 당장 무너지는 건 아니다. 이런 의미에서 도덕의 권위는 전체적인 것이 아니다. 바로 말하자면, 일부의 이탈은 모든 사람이 규칙을 존중하리라는 일반신념을 약하게 할 우려가 있으므로 규칙을 따라야 한다. 하지만 들키지 않고 규칙을 비켜갈 수 있다면, 홉스주의 이론가들은 규칙을 비켜가고 싶어 할 것이다.

많은 사람들이 홉스의 견해가 안고 있는 이 문제를 지적했다. 홉스의 견해는 인간심리를 제대로 설명하지 못했을 뿐 아니라 도덕을 벗어나려는 사람들에게 도덕의 권위를 이해하게 하지도 못했다는 것이다. 이런 지적이 옳은지 그른지는 지금까지 문제로 남아 있다. 합리적 선택이론rational choice theory이나 게임이론game theory은 이에 관한 논쟁을 자세히 파악하는 데 참고가 될 것이다. 이 같은 지적 연구의 성과는 홉스의 그것과 비슷한 가정 위에서 인간의 의사결정 과정을 도식화한 것으로, 특히 철학자와 경제학자들에게 큰 영향을 미쳤다. 이 이론들은 '행위자'들이 협력해야 할 직접적인 동기가 전혀 없는 상황에서 각각의 행위자가 오로지 자기 이익을 위해 이성적으로 선택할 것으로 가정한다. 게임이론가들은 이런 가정이 심리학적으로 사실에 들어맞는다고 주장하려는 건 아니지만, 이런 가정을 세우는 가운데 사회생활의 일부분을 지배하는 합리성을 더 잘 이해할 수 있을 것이라고 주장한다. 또한, 이들은 이런 가정을 바탕으로 인간의 행위를 잘 예측하거나 회고적으로 잘 설명할 수 있으리라 생각한다.[4] 이처럼 홉스의 방식에 따라 사회제도와 규칙을 설명하려는 노력은 지금까지 계속된다.

한편, 게임이론가들 역시 홉스가 부딪힌 것과 똑같은 문제에 부딪히고 있음을 주목할 필요가 있다. 말하자면, 순전히 이기적인 동기를 가진 사람들에게는 약속, 합의, 계약처럼 과거에 자신들이 취한 조치를 존중할 이유가 전혀 없다. 이 문제는 예를 들어, 잘 알려진 '죄수의 딜레마prisoner's dilemma'라는 게임에서 발생한다. 이 게임에 나오는 두 죄수는 많은 절도 행각을 벌이다가 마침내 사람까지 죽인다. 두 죄수 모두에게서 절도한 증거는 확실히 잡았지만, 살인한 증거는 잡아내지 못했다. 조사관은 두 사람에게 내기를 건다. 두 죄수는 사람을 죽인 사실을 자백할지, 말지를 고민한다. 고백하지 않더라도 절도죄는 성립되었다. 이들은 다음과 같은 딜레마에 놓였다. 네가 자백하고 동료 죄수가 자백하지 않으면, 너는 경찰 수사를 도왔다는 이유로 풀려날 것이고 동료 죄수는 거짓말했다 하여 처형될 것이다. 그 반대 역시 성립한다. 동료 죄수가 자백하고 네가 자백하지 않으면, 동료 죄수가 풀려나고 너는 처형당한다. 두 죄수 모두 자백하면 둘 다 처벌받지만, 조사에 협조한 점을 참작하여 10년형만 받을 것이다. 한편 두 죄수 모두 자백하지 않을 때는 두 사람 모두 절도죄로 각각 2년형을 받을 것이다. 따라서 이 게임은 한 죄수가 자백하고 다른 죄수가 입을 다물면 자백한 죄수에게 최선의 결과가 돌아가고, 한 죄수가 입다물고 다른 죄수가 자백하면 입을 다문 죄수에게 최악의 결과가 돌아오며, 둘 다 자백하기보다 입을 다무는 편이 두 사람 모두에게 더 나은 결과가 돌아가도록 설정돼 있다. 나는 홉스주의 이론에 나오는 이기적인 합리적 행위자라면 어찌하겠는가?

이 시나리오에서 어느 한 쪽이 어떻게 할 것인지는 다른 쪽이 어떻게 할 것인지에 달려 있다. 자백하면 풀려날 수 있지만, 10년형을 받을지도 모른다. 입을 다물고 있으면 2년형을 받을 수도 있지만, 처형될 수도 있다. 합의가 이루어지지 않은 상태에서는 자백하는 편이 최선의 선택일 수 있다. 둘 다 자백할 때 10년형을 받는다는 사실이 이상해보일지 모른다. 둘 다 입을 다무는 편이 둘 모두에게 최선의 선택이 될 듯도 하다. 그런데 둘이 모두 이기적이라고 가정할 때, 어느 한 쪽도 다른 쪽이 약속을 지키리라 믿기 어려울 것이다. 입 다물고 있다가는 죽는 수가 있다. 상대 죄수가 내가 입다물고 있으리라 생각한다면, 그것은 그에게 자백하려는 (그래서 풀려나려는) 강력한 동기를 마련해줄 것이다. 그러므로 단순히 자기 이익만 쫓다 보면, 둘 다 자백한 후 각각 10년형을 받아야 할 것이다. 한편 둘이 모두 구속력 있는 합의를 하여 자백하지 않기로 약속하고 그 약속을 지킨다면, 둘이 모두 2년형을 살게 될 것이다. 죄수의 딜레마는 이렇듯 이기적이면서 합리적인 행위자들 사이에는 약속이 이루어질 수 없다는 사실과 더불어, 협력이 불가능하기에 두 행위자 모두 손해를 보는 상황이 있을 수 있음을 잘 보여준다. 죄수의 딜레마 같은 상황을 일반화하여 그 밖의 다른 사회적 상황에 적용할 때(많은 이론가들은 적용할 수 있다고 생각한다), 언제나 이기적으로만 행동하거나 생각하는 것이 최선의 결과를 가져오는 건 아니라는 사실을 알 수 있다. 그리고 이것은 다시, 인간의 이기심과 합리성에 관한 홉스의 가정이 인간 행위에 관하여 그리고 그 연장으로서 인간 윤리에 관하여 얼마나 가르침을 줄 수 있는지에 또 하나의 의문을 제기한다.

● 페어플레이 사회계약론

앞서 홉스주의 이론가들의 개요와 그에 관한 몇 가지 주요 반론들을 살펴보았다. 이제부터는 다른 사회계약론들을 살펴보기로 하자. 어찌 보면 홉스의 이론은 더도 아닌 개인의 이기적 성향에서 도덕적 의무란 개념을 이끌어내려 시도한 탓에 가장 급진적인 사회계약론이라 할 수 있다. 앞서 살펴본 것처럼 이 이론은 인간이 적어도 서로 협력할 동기가 있다는 가정조차 하지 않았다. 또한 많은 이론가들은 이러한 시도가 쓸모없을 뿐 아니라 그릇된 추론으로 흐를 우려가 있다 하여 진작부터 포기해버렸다. 인간의 이기주의적 성향에서 도덕을 이끌어낼 수 없다고 단정한 것이다. 우리가 다른 사회이론을 발전시켜 나가려면 먼저 어떤 도덕적 의무를 가정해야만 할 것이다. 그러한 도덕적 의무는 모든 사람에 대한 구속력이 있어야 하고, 다른 사람들을 어찌 대해야 옳다고 생각하는지를 바탕으로 세워져야 한다. 그런데도 사회계약론은, 도덕은 이상적 조건이 갖춰질 때 모든 사람이 동의하는 바에 따라 세워질 것이며 우리는 여전히 그것을 세워나가는 과정에 있다고 주장한다. 먼저 최소한의 도덕적 의무만을 설정하여 그로부터 얻어지는 사회적 협력의 대가를 공정하게 돌려줄 수 있다면, 그 뒤를 이어 더 많은 의무를 부과할 상황에 이른다는 것이다.

두 번째 이론은 페어플레이 사회계약론이라 할 수 있다. 그 가운데 특히 정의에 관한 이론으로 존 롤스의 저술을 들 수 있다.[5] 이 이론은 홉스의 견해처럼 사회적 협력은 사람들에게 생명과 재산의 안전이라는 혜택을 줄 것이며, 이런 혜택을 누릴 수 있으려면 모든 사람이 나름대로 어떤 짐을 져야 한다고 주장한다. 부담이 되더라도 도덕적 규칙을 지켜야 한다는 것이다. 그렇지만 규칙을 지켜야 할 의무가 왜 성립하는지를 설명하는 대목에서, 이 이론은 홉스의 이론과 방향을 달리한다. 홉스주의 이론가들은 규칙을 지켜야 할 의무가 성립하는 까닭은 사회질서를 지키는 것이 개인에게 이익이 되기(혜택이 그에 들어가는 비용을 크게 앞지르기) 때문이라고 주장했다. 그러나 이미 살펴보았듯이 홉스주의는 규칙에 복종하는 데서 오는 이익을 모든 사람이 똑같이 누릴 수 있다는 사실을 보여주지 못했다. 홉스주의 이론에 나오는 이기적 개인은 사회적 협력의 혜택을 누리면서도, 할 수만 있다면 규칙을 준수해야 한다는 의무에서 벗어나려 한다. 그리하여 많은 이론가들은 홉스주의 견해가 특별히 도덕적인 규칙이 왜 필요한지를 제대로 설명하지 못한다고 결론지었다. 여기서 페어플레이 이론은 무엇보다 먼저, 순수하게 도덕적 가정을 세운 뒤 거기서 순수하게 도덕적 결과를 이끌어낼 필요가 있다고 말한다. 그리하여 도덕적 규칙에 복종할 의무는 공정성의 가치에 바탕을 두고 성립되어야 한다고 주장한다. 사회적 협력의 혜택을 누리는 대가로 우리가 마땅히 사회의 협력을 유지하고 그 속에서 자신의 책무를 져야만 공정하다는 것이다.

이처럼 페어플레이 이론은 원초의 공정한 조건 아래 성립된 사회적 합의의 그림을 보여준다. 예를 들어, 잘 알려진 롤스의 견해에 따르면, 사회계약의 당사자들은 자신들의 재능, 재부, 지위 등 그 사회에서 자신들이 차지했던 모든 것에 대한 자각을 송두리째 잊은 채, '무지의 장막veil of ignorance' 저편에 있는 '원래의 위치original position'로 돌아가서 그 사회의 규칙을 정한다. 이들이 자신의 사회적 지위에 대한 자각이 전혀 없음에 비추어, 비록 그들 스스로 사회의 맨 밑바닥으로 추락할지 모른다 하더라도, 전체에 혜택을 줄 수 있는 사회 규칙을 선택할 것이며, 이것은 롤스가 생각할 때 합리적인 일이다. 부유한 사람들이 자신들이 부유하다는 것을 안다면, 이들은 자신에게 가장 유리한 규칙을 선택하려 할 것이다. 그러나 이들은 자신이 어떤 위치에 놓일지 알 수 없기에, 모든 사람에게 가장 큰 혜택이 돌아갈 만한 규칙을 선택하는 것이다. 무지의 장막이란 장치는 사회 규칙을 선택하는 당사자들이 모든 사람을 위해 공정한 규칙을 선택하리라는 점을 보증하는 장치다. 이처럼 롤스가 내놓은 사회계약의 그림은 도덕을 오직 이기적인 동기에서 준수해야 할 대상으로 보는 것이 아니라 공정함에 대한 우리의 생각을 모형화해놓은 것이다.

페어플레이 이론은 일찍이 홉스의 설명에서는 찾아볼 수 없던 방식으로, 무임승차하는 현상이 어떻게 잘못되었는지를 설명해준다. 페어플레이 이론이 기본적으로 내세우는 도덕적 의무는 사회계약으로 성립된 공동체를 유지하고자 자신의 의무를 다하라는 것이다. 무임승차자는 본래 자신의 의무를 다하지 않으려는 사람이다. 페어플레이 이론은 이기주의를 도덕적 의무의 기초에서 배제하므로, 자기 이익에 어긋나는 도덕적 의무 또한 성립한다고 주장한다. 설령 무임승차자가 규칙을 무시하고 달아날 수 있다 하더라도, 공정성의 가치에 비추어 그는 도덕의 규칙에 따라야 할 의무를 져야 한다. 페어플레이 이론은 도덕을 유지하는 것이 장기적으로 전체의 이익이 된다는 주장을 가능하게 한다. 그러면서 한편으로는 자기 이익에 어긋날 때에 도덕적 규칙은 존속할 수 없다는 홉스주의 이론에도 동의한다. 그뿐 아니라, 공정성이나 상호성(네 등을 긁어줄 테니 내 등을 긁어 줘)의 가치는 비교적 논쟁의 여지없이 받아들여질 수 있음에 비추어(그리고 이러한 도덕적 사고가 존재하지 않는 인간 사회를 사실상 생각할 수 없음에 비추어), 페어플레이 이론가는 그리 많은 것들을 가정하지 않더라도, 많은 도덕적 의무를 어렵지 않게 설명할 수 있어서 이론적으로 꽤 유리한 자리에 서게 된 것이다.

그런데도 페어플레이 이론은 우리 삶에서 가장 핵심적인 기능을 하는 많은 도덕적 요소들을 설명하기에 충분하지 않은 듯하다. 물론 도덕 일부, 예컨대 우리와 협력하여 업무를 수행하는 이방인들에 대한 의무 같은 것을 설명하는 건 사실이다. 하지만 이것이 가족이나 친구처럼 더 친밀한 관계에 적용돼야 할 도덕적 요구를 잘 설명해준다고 보기는 어렵다. 또한, 이것이 사회 밖에 존재하는 사람들이나, 서로 이익을 위해 협력적 관계를 맺지 않은 사람들에 대한 의무를 잘 설명해준다고 보기도 어렵다. 첫 번째 문제를 보면, 굳이 우리가 바라는 것을 추구하려는 목적에서가 아니라 그 밖의 다른 목적으로 맺어지는 관계들 또한 많으며, 이는 공정성만으로는 우리가 이행해야 할 도덕적 요구의 본질을 포착할 수 없는 것들이다. 예컨대, 어머니를 여읜 지 얼마 안 되는 친구와 한잔하기로 약속했다고 가정하자. 약속한 날이 되었는데 바로 내일까지 급히 마쳐야 할 다른 일이 생겼다. 친구와의 약속을 지키기가 매우 어렵게 된 것이다. 여느 때라면 약속을 취소하면 될 일이다. 그러나 이번 약속만은 지켜야 한다는 생각이 든다. 그렇게 하는 것이 도덕적 행위라는 생각마저 든다. 쉽게 살자면 약속을 취소하면 되지만, 바르게 살자면 약속을 지켜야 한다는 생각이 든다. 이것이 과연 페어플레이일까? 그렇다고 해두자. 그러고 난 다음에는 이런 생각이 들 것이다. '이 친구는 옛날에 내게 좋은 일을 한 적이 있다. 앞으로도 그런 좋은 일을 해준다면 좋겠다. 이 거래에서 나도 내 몫을 다해야 할 거야. 그래야 공평하니까. 우정이란 바로 이런 게 아닐까?' 그러나 우리는 이거야말로 전혀 우정이 아니라고 생각할 것이다. 친구와의 관계를 생각하는 가운데 한 가지 빠진 게 있는데, 바로 충실loyalty이라는 개념이다. 모든 일을 제쳐놓고 친구와 만나야 하는 까닭은 그 친구가 내게 무엇을 잘해주었거나 무엇으로 내게 되갚아줄 것이기 때문이 아니라 나와 친구 사이에 존재하는 특별한 유대관계 때문이다. 좋은 친구가 되려면, 친구와 함께 한잔하러 나서야겠다고 자신에게 말해야 한다. 친구 사이는 그래야 한다. 지난날 받았거나 앞으로 받게 될 공평한 보상 때문이 아니라, 친구는 가까워야 하고, 도와야 하고, 충실해야 하기 때문이다. 우리가 도덕에 관한 페어플레이 이론을 내세워 도덕 전체를 설명하려 한다면, 도덕적 삶의 이런 측면은 이내 사라질 것이다.

공정성이 개인의 충실을 바탕으로 맺어진 관계의 도덕적 중요성을 포착하지 못한다면, 어떤 혜택도 되돌려받기를 바라지 않는 사람에게 느끼는 의무감의 중요성 역시 놓치고 말 것이다. 이 범주에 들어갈 만한 대상으로는 우리와는 호혜적 상관관계 없이 아주 빈곤하게 살아가는 먼 나라의 사람들, 어린이, 지적 장애인, 동물 등을 예로 들 수 있다. 이런 부류의 대상에 의무감을 느끼는 것은 바람직하지만, 다른 한편으로는 이 대상들을 아주 잘못 대하는, 예컨대, 이들에게 무관심한 사례 또한 적지 않다. 그렇지만 이런 의무를 페어플레이 이론으로는 설명할 수 없다. 이런 의무는 공정함을 요구하는 의무가 아니라 관대함에서 나오는 의무다. 말하자면, 어떤 식으로건 우리에게 의존하여 살아가는 그리하여 우리가 마땅히 돌봐야 할 존재들에 대한 인본주의적 의무라고 할 수 있다. 우리와 호혜적 관계조차 맺지 못할 사람들에게 이런 의무감을 느낀다는 건 매우 훌륭한 일이다. 그러므로 다시 한 번 말하자면, 페어플레이 이론은 도덕적 삶의 많은 부분들을 제쳐놓는 것이다.

● 칸트식 계약주의

지금까지 살펴본 대로 홉스주의나 페어플레이 이론 같은 계약론에 대한 비평이 타당하다면, 우리는 덜 엄격하고 더 내실 있는 도덕이론을 찾아 나서지 않을 수 없다. 위에서 살펴본 이론들은 되도록 인간 현실에 들어맞는 가정을 바탕에 두고 출발한 좋은 이론의 사례로 볼 수 있다. 홉스의 이론은 도덕과는 상관없는 자신의 이기주의 성향을 출발점에 두고 도덕의 힘을 설명하려 했다. 그 논리를 정리하자면 다음과 같다. (1) 인간은 자신의 이기적 동기를 중요시한다. (2) 도덕과 사회적 협력은 인간의 이기적 욕구를 충족하는 데 필요하다. (3) 그러므로 도덕은 중요하다. 페어플레이 이론은 무임승차 같은 문제가 나타난 까닭에, 도덕과 상관없는 것들을 출발점으로 하여 도덕을 세울 수 있다는 사고를 받아들이지 않았다. 대신에 공정성이란 개념을 출발점으로 삼았다. 공정성은 누구나 별다른 이의 없이 받아들일 도덕적 개념이므로 매력이 있었다. 그렇지만 이 이론에 제기된 가장 심각한 반론은 출발점이 너무 평범하여 우리가 생각하는 도덕을 충분히 설명할 수 없다는 것이다. 도덕이 무엇인지 일부분만을 설명해줄 뿐 전체를 설명하지 못했으며, 그리하여 인간 상호관계를 제대로 설명하는 이론을 구축하려면 더 심각한 도덕적 의문을 출발점으로 삼아야 한다는 결론에 이르렀다. 바로 여기서 계약론의 최종판이 나오는데, 이제 이를 살펴보려 한다. 이 이론은 칸트의 생각에 크게 기울어 있으면서도 존 롤스(롤스와는 약간 다른 관점에서 바라보긴 하지만), 브라이언 배리, 그리고 특히 스캔런 같은 이들이 제시한 이론과 연관돼 있다.

이 계약론의 기본 사고는 이전의 다른 이론들처럼 도덕은 어떤 특정 합의를 바탕으로 세워지는 규칙이나 원칙에 해당한다는 것이다. 또한, 그리 생소한 내용은 아니지만, 도덕이란 사회적 협력을 규제하는 일련의 규칙이다. 그러나 이 이론에 따르면, 사회협력은 서로의 이익을 도모하려는 집단적 행위가 아니다. 오히려 가장 폭넓은 의미에서 인간적 삶의 기초에 관련된 것으로, 호혜적 협력관계의 여부에 상관없이 더불어 살아가는 모든 인간을 고려의 대상에 포함한다. 나아가 이 이론은 도덕적 규칙의 바탕이 되는 사회적 합의에 관해 견해를 달리한다. 이 이론에 따르면, 도덕은 사회생활을 규제하는 원칙으로, 그 원칙의 영향을 받을 행위자가 합리적으로 받아들이는 동시에 누구든 합리적으로 거부할 수 없는 원칙을 의미한다.

이 견해는 도덕이 인간의 이익을 지나치게 희생하도록 요구해서는 안 된다는 초기 계약론의 견해를 계승했다. 도덕 원칙이 사람들에게 지나친 희생을 요구한다면 그런 원칙을 합리적으로 거부할 수 있다는 것이다. 그렇지만 이를 결론으로 내세우지는 않고 오히려 도덕이란 인간의 이익을 추구하는 데 필요한 일련의 규칙일 뿐이라고 보았다. 이 이론의 핵심에는 훨씬 더 야심적이고 훨씬 더 칸트적 요소가 담겨 있다. 계약주의 견해에 따르면, 인간에게 도덕이 필요한 진정한 이유는 서로가 서로에게 정당화할 수 있는 삶의 방식을 찾을 필요가 있기 때문이다. 서로 정당화할 수 있는 삶의 방식이 중요한 까닭은 다음과 같다. 인간은 사회적 존재이므로 어떤 방식으로건 공동생활을 하지 않을 수 없다. 공동생활에서는 구성원 하나하나의 개인 특성과 더불어 집합체의 일원이라는 정체성을 존중할 필요가 있다. 그러므로 각 구성원이 개인적 관점에서 받아들일 수 있는 원칙으로 공동생활을 규제할 필요가 있으며, 도덕은 이러한 개인들의 합의를 바탕으로 세워져야 한다. 그것은 홉스가 생각했듯이 호혜적 협력의 바탕을 마련할 필요 때문이 아니라 공동생활 방식이 구성원 하나하나에게 권위를 확립할 필요가 있기 때문이다. 그러나 계약주의는 다음과 같은 문제가 있다. 도덕적 원칙이 개인에게 요구하는 것을 어떻게 실행하게 할 것인가? 이 의문에 계약주의가 내놓는 답은 구성원들이 합리적으로 거부할 수 없는 도덕적 원칙만을 요구한다는 것이다. 그러므로 도덕적 원칙을 찾는 일은 곧 합리적으로 거부할 수 없는 집단적 삶의 기초를 찾는 데 해당한다.

이런 형태의 계약주의를 처음으로 내놓은 사람은 홉스가 아니라 칸트와 루소였다. 루소의 설명에 의하면, 사회계약은 자유의 문제를 해결하려는 조치였다. 루소의 관심은 홉스와 마찬가지로 사회 이전의 자연 상태에 있던 인간이 사회로 들어가서 사회의 법을 준수하는 생활방식의 이행이었다. 본래부터 자유로운 인간이 사회에 들어갈 때, 그는 자유를 잃는 것처럼 생각할지 모른다. 사회의 규칙을 따르기 이전에는 개인이 행위를 독립적으로 할 수 있었고, 누구에게도 무엇을 하라는 지시를 받지 않았다. 그러나 사회로 들어가면서 개인은 규칙과 의무의 그물망에 갇힌다. 사회로 들어가는 순간, 그는 자신이 독립적으로 행위하던 권리를 잃어버렸다는 느낌을 받을 것이다. 이에 대해 루소는 반드시 그렇게 되는 건 아니라고 주장했다. 루소의 견해에 따르면, 인간은 사회에 들어가는 순간 자신의 행위에 어떠한 간섭도 받지 않는다는 의미의 자유를 잃어버리는 것이 아니다. 루소는 인간이 순수한 사회계약의 조건 속에서 이전과 다름없이 독립적인 존재로 살 것으로 믿었다. 언뜻

말장난처럼 들리는 이 말에는 다음과 같은 사고가 담겨 있다. 물론 사회에 들어서면 원하는 것을 원하는 때에 할 수 없게 될 것이다. 그러므로 이런 의미에서는 자유를 잃는 셈이 된다. 루소는 이것이 특별히 중요한 형태의 자유라고는 생각하지 않았다. 반드시 확보해야 할 더 중요한 자유는 자신이 아닌 그 어떤 권위조차 인정할 필요가 없는 가운데, 자신의 행위를 스스로 결정하는 자유다. 문제는 사회에 발을 들여놓는 순간, 이런 자유마저 상실하는 것으로 보일지도 모르는 것이다. 바로 그 순간부터 우리는 스스로 선택하지 않았고 선택할 수조차 없었던 법의 권위에 복종해야만 하기 때문이다. 법의 권위가 자신의 독립적인 권위를 대신한다는 사실을 어찌 부인할까? 그렇지만 루소는 자신의 권위를 제외하면 오직 법의 권위만이 다른 사람들의 이익을 대변하면서 우리에게 명령할 유일한 권위가 될 것으로 보았다. 예를 들어, 법이 부유한 사람들의 이익만 대변한다면, 그에 복종하는 빈곤한 사람들은 자유를 잃게 될 것이다. 그러나 루소는 다른 가능성이 더 있다고 생각한다. 법이 특정 부류 사람들의 이익만을 대변하지 않고 공동의 이익을 대변한다면, 개인은 그 법에 복종하면서 자기 이익까지 지키는 셈이 된다. 루소의 또 다른 표현을 빌리자면, 법이 특정 집단의 의사가 아닌 일반 의사를 구현할 때, 누구도 다른 사람의 의사에 복종하지 않는 것이 된다. 개인은 오직 자신의 의사에 복종하는 결과가 되므로 자유를 보전할 수 있다고 보았다.

많은 회의론자들이 루소의 견해를 비판하고 나섰다. 요컨대, 현대 사회를 구성하는 많은 개인들 사이에서 공동의 이익이라는 개념을 이끌어내는 것이 이상주의로 비치기까지 한다. 사람들이 어떤 것을 공통으로 지닌다면, 그것은 최소공배수와 같은 것이다. 그런데 또 다른 사람들은 루소가 자유로운 개인과 집단적 권위의 관계에 매력적인 견해를 제시했다고 생각했다. 이들의 견해에 의하면, 개인이 자신에게 강요되는 외부의 힘이 아니라 어느 면에서 자신이 지닌 힘의 연장으로서 그 권위를 받아들일 때에 이런 권위는 정당한 것이 된다. 정당성의 개념은 다양하게 제시될 수 있을 것이다. 권위를 정당화하는 자연스러운 방식은 개인이 공적 권위를 자신과 상관없는 외부 힘으로 보는 대신, 자신이 지닌 개인적 권위의 연장으로 받아들이게 하는 것이다. 개인은 자기 이익과 가치에 비추어 사회의 권위가 바르게 작동하는 것으로 이해하고, 그것을 받아들일 수 있다는 것이다. 권위는 개인이 그것을 합리적인 것으로 받아들일 때에 비로소 정당화된다. 존 롤스는 루소의 이 같은 정당성 개념을 정치철학의 중심에 갖다 놓는다. 롤스는 루소의 이론이 국가의 행위를 정당화할 원칙을 찾아내야 한다는 과제를 우리에게 제기했다고 보았다. 이런 원칙을 찾아낼 때 우리는 국가의 행위를 자신의 공동의사가 담긴 행위로 볼 수 있다는 것이다.

    칸트는 루소의 이런 생각을 받아들여 나름의 도덕이론을 발전시켰다. 칸트의 견해에서 보면, 도덕에는 두 가지 원칙이 있다. 하나는 자신의 행위가 보편법칙이 되는 방식으로 행동해야 한다는 원칙이다. 다른 하나는 우리가 인간을 '목적 그 자체'로 대접해야 한다는 원칙이다. 두 가지 원칙 중에서 두 번째 것은 루소의 사상과 상통한다. 칸트는 루소처럼 인간이 자신의 행위에 관해 독립적이라고 생각한다. 자신의 의사를 다른 사람들에게 강요한다면, 이는 다른 사람들을 목적 그 자체로 대우하지 않는 것이다. 자신의 의사를 다른 사람에게 강요하지 않으려면, 우리는 다른 사람들이 우리의 행위를 강요가 아닌, 그들 자신의 의사이자 그들 스스로 동의할 만한 행위로 여기게 하는 방식으로만 행동해야 한다. 우리는 그들이 받아들일 수 있는 방식으로 행동해야 할 것이다. 이것은 보편법 이론의 설명과 일치한다. 보편법은 어떤 행위자에게도 강요하지 않고 모든 행위자에게 적용되는 법이다. 이렇게 되려면 보편법은 모든 사람이 동의하는 법이어야 하며, 모든 사람이 자기 의사의 연장으로서 여기는 법이어야 한다. 그러므로 칸트가 탐구하는 도덕법은 루소주의자들이 탐구하는 정치적 권위의 원칙과 상통한다. 도덕적 이론화를 위한 계약주의자들의 노력은 이런 탐구과정이다.

루소주의자건, 칸트주의자건, 아니면 계약주의자건 이들 모두에게 가장 중요한 문제는 어떤 원칙에 대한 순수한 합의가 무엇인지를 밝히는 일이다. 어떤 원칙에 합의가 필요하다는 말은, 도덕이 사람들이 하려는 것을 승인한다는 걸 의미하지는 않는다. 그러므로 사람들은 더러 자신이 바라지 않는 일을 도덕적으로 해야 할 때가 있다. 계약주의 견해에서 보면 이는 정당하다. 또한 그들이 그 원칙을 이성적으로 받아들이는 한, 그들이 독립적 행위자이자 목적 그 자체로서 누리는 지위에 합당한 일이다. 그런데 어떤 사람이 이를 받아들이지 않으면, '이성적으로 받아들인다'는 말의 의미가 매우 중요해진다. 루소는 이 대목에서 사람들이 자유롭게 되도록 그들에게 '강요'할 수 있다는 표현을 써서 악명을 사기도 했다. 말하자면, 사람들이 최선의 이익이라고 생각하지 않는데도 최선의 이익(루소 자신이 그 사람들을 보았을 때)에 따라 어떤 행위를 하도록 강제할 수 있다는 것이다. 루소의 주장을 비평한 이사야 벌린에 의하면,[6] 이것이야말로 본래의 가정에서 공산주의 식 전체주의로 직행하는 것과 다름 없었다. 정부가 입으로는 '민주주의적'이니 '인민들의 의사'를 따르느니 하면서 실상은 사람들이 진정 바라는 것을 도외시하는 것과 마찬가지란 것이다. 그리하여 계약주의 이론은 자가당착에 빠지고 만다. 한편으로는 사람들이 바라지 않는 일이더라도 그 일을 하도록 도덕적으로 요구하면서, 다른 한편으로는 벌린이 염려했듯이 사람들을 강제하여 그들의 도덕적 자발성을 방해하는 현상이 일어날 가능성을 열어놓은 것이다.

현대 계약주의를 겨냥하여 제기되는 한 가지 반론은 계약주의가 오늘날에 이르기까지 여전히 똑같은 문제를 안고 있다는 것이다. 스캔런이 제시한 것 같은 이론들은 무엇보다 이성적이란 말을 구성원들의 사회생활을 규제할 수 있는 만족할 만한 원칙과 결부하여 정의한다. 그가 생각할 때, 우리가 자신을 정당화하면서 동의를 구하고 싶어 하는 사람들은 그들 자신을 정당화하면서 우리에게 동의를 구하고 싶어 하는 바로 그 사람들이다. 이 말은 스캔런이 모든 이성적 행위자 앞에서 자신의 도덕원칙을 정당화하는 데는 별 관심이 없었고, 오직 더불어 만족할 만한 원칙을 찾고자 협력적 업무에 참여하는 사람들 앞에서 도덕원칙을 정당화하는 데만 관심이 있었음을 의미한다. '이성적'이란 말을 이런 식으로 정의한 스캔런은 (1) 어떤 특정 원칙을 채택할 때 개인이 져야 할 부담의 범위, (2) 개인이 영특한 선택을 하여 이런 부담을 기피할 기회, 그리고 (3) 문제의 원칙에 대신하여 이런 부담을 면제해주거나 다른 사람들에게 떠넘길 수 있는 다른 대안들이 성립할 가능성 같은 것을 검토하려 한다. 여기서 열거하는 사항들은 원칙을 거부하는 행위가 이성적인지를 판단할 때 한 번쯤은 고려해야 할 것들이다. 하지만 스캔런의 이론은 '이성적'이지 않은 행위자에게 도덕적 요구를 합법적으로 강제할 가능성을 여전히 열어놓는다. 여기서 이성적이지 않은 행위자란 우리의 공동생활을 규제하는 다 같이 만족할 만한 원칙을 모색하는 데 관심이 없는 사람을 뜻한다. 나아가 그가 이성적이라면 동의할 것이므로 이 원칙을 강제하는 건 정당하다고 본다. 이런 생각은 자유로워질 수 있도록 사람들을 강제한다는 루소의 생각과 통한다. 그렇지만 스캔런은 서로 만족할 만한 원칙을 찾는 일에 무관심한 사람을 향하여, '그대가 오로지 이성적이라면 이 원칙에 동의할 것'이란 말을 하지 않으려 한다. 그 결과, 도덕이 행위자를 강제하여 자신의 이성적 의사에 복종하게 해야 한다는 말을 아낄 수 있었다. 그런데도 동의나 합의에 바탕을 두어야 한다는 스캔런의 이론은 별로 정교해보이지 않는다.

● 결론

8장에서는 도덕에 관한 계약론을 살펴보았다. 이 계약론이 내세우는 도덕은 본래부터 있던 것을 찾아낸 도덕이 아니라 어떤 특정한 사회적 합의를 바탕으로 인간 스스로 애써 세워놓은 도덕이다. 인간의 손으로 세워졌지만, 이 이론의 도덕은 현실의 사회적 합의와 사회적 관행을 비판하는 규범적인 힘이 있다. 그렇긴 해도 이미 살펴보았듯이, 홉스의 견해처럼 가장 급진적인 견해는 여전히 많은 난제들을 안고 있다. 이 이론은 도덕의 현실에 관한 아무런 선행적 주장도 존재하지 않는 상태에서 자기 이익을 위해 도덕을 만들어내야 한다고 주장했다. 그렇지만 도덕을 이런 식으로 생각한다면, 그런 도덕은 도덕답지 않을 것이다. 그렇게 되면 약속을 지켜야 한다는 의무감이 없을 것이고, 도덕적 의무를 나타내는 규범적 성격 역시 모자라기 쉬울 것이며, 무임승차하고 나서 달아날 수 있다면 주저 없이 그렇게 할 것이다. 이러한 결함을 고쳐 보려고 페어플레이 이론을 살펴보았다. 이 견해는 적어도 도덕 일부는 인간의 노력으로 세워질 수 없다는 사실을 전제한다. 말하자면 공정성이나 상호성은 타당한 도덕적 개념이긴 하지만, 어떤 의미에서 이들 개념은 구축되기보다는 발견되는 것으로 가정한다. 하지만 그로부터 이 이론은 사회적 협력의 과실을 누리는 사람들이 그에 상응하는 부담을 져야만 공정하다는 논리적 토대 위에서 그 밖의 도덕적 의무를 설명하려 한다. 그러나 이 이론은 친밀한 관계에 있는 사람이나 먼 곳의 이방인에게는 도덕적 의무를 부과할 수 없기에, 고작 도덕에 관한 협소한 견해만을 제시한다는 반론에 직면했다. 그리고 우리는 이 장을 닫기 바로 앞서, 계약론을 발전시켜 나가는 과정에서 거둔 최근의 성과를 검토했다. 스캔런의 계약주의 이론은 인간의 본성에 관한 풍부한 가정과 더불어, 자신을 다른 사람들 앞에서 정당화해야 할 필요성을 제기했다. 스캔런이 보기에 인간에 관한 이런 가치는 앞선 사례와 비슷하게, 세워지는 것보다는 발견되는 것이다. 그러나 그는 우리가 이성적으로 합의할 수 있는 원칙을 탐구해가는 과정에서 도덕의 다른 요소들도 구축할 수 있다고 생각한다. 이렇게 생각하는 주된 이유는 그것으로 도덕적 규칙에 관한 형이상학적 문제를 해결할 수 있어서가 아니라 권위의 문제를, 즉 어떻게 자유로운 개인에게 도덕적 규칙을 합법적으로 강제할 수 있는지에 관한 문제를 해결할 수 있기 때문이다. 그렇지만 이 문제 역시 이미 '이성적인' 사람들, 즉 사회적 협력을 위해 서로 받아들일 만한 원칙을 찾아보려는 동기가 있는 사람들에 대해서만 해결될 수 있을 뿐이란 사실을 살펴본 바 있다.

● 토의사항

1. 자연 상태에서 살아가는 홉스주의자들이 사회계약을 맺는 까닭을 연구하면서 도덕에 관해 어떤 흥미로운 점들을 배울 수 있다고 생각하는가?

2. '죄수의 딜레마'를 생각해보라. 이런 상황은 오로지 이론상으로만 적용될 수 있을까? 아니면 이 문제를 다른 상황에도 적용하도록 일반화할 수 있다고 생각하는가? 이기주의의 효과나 그 밖의 다른 측면에 관하여 이 사례에서는 어떤 교훈을 이끌어낼 수 있을까?

3. 자기 희생의 사례를 내세워 심리학적 이기주의를 반박할 수 있을까? 아니면 진화론과 '이기적 유전자'를 내세울 때 이 이론의 설득력이 더 강화될까?

4. 페어플레이 이론은 도덕의 일부 영역을 제대로 설명할 수 있을까? 그렇다면, 이 이론을 연장하여 개인적인 관계나 전혀 관계가 없는 이방인과의 관계 같은 영역 또한 설명할 수 있을까?

5. 자신을 다른 사람들 앞에서 정당화할 수 있는 방식으로만, 그리고 다른 사람들이 이성적으로 받아들일 수 있는 방식으로만, 행동해야 할 도덕적 의무가 우리에게 지워졌다는 생각은 타당할까? '이성적으로'란 말을 가장 잘 해석하는 길은 무엇인가?

■ 주

1) 흄의 논문 "On the Original Contract," in Hume, *Essays Moral, Political and Literary* (Indianapolis, IN: Library Fund, 1985).
2) 홉스의 *Leviathan*을 읽어보면, 그가 자연 상태를 도덕이 아무런 영향을 미치지 못하는 상태로 본 것은 아니었음을 발견할 것이다. 홉스는 사회가 아닌 상태에서조차 최소한의 자연법과 자연권이 작동했으리라 생각한다. 그러나 도덕적 요구에 해당하는 요건 대부분은 분명히 사회가 등장하면서 제기되었다고 생각한다.
3) Richard Dawkins, *The Selfish Gene*, 2nd edn (Oxford: Oxford University Press, 1989), 19-20.
4) 예컨대, Milton Friedman의 고전적 논문 "The Methodology of Positive Economics," in his *Essays in Positive Economics* (Chicago: University of Chicago Press, 1953)를 참조.
5) 예컨대, 공정성이란 개념을 설명한 그의 논문 "Justice as Fairness," *Philosophical Review* 67, no. 2 (1958): 164~94를 참조. 더 자세한 설명으로는 나중에 나온 *Theory of Justice* (Oxford: Oxford University Press, 1973)를 참조.
6) Isaiah Berlin, "Two Concepts of Liberty," in his *Four Essays on liberty* (Oxford: Blackwell, 1969).

■ 더 읽을 책

홉스의 견해에 관하여는 Thomas Hobbes, *Leviathan*, Bk 1 ('Of Man') (various editions)을 참조. 홉스의 견해를 현대적 상황에서 탐구하고 옹호한, 영향력 있는 저술로는 David Gauthier, *Morals by Agreement* (Oxford: Oxford University Press, 1986)를 참조.

고전적 게임이론으로 Thomas C. Schelling, *The Strategy of Conflict* (Cambridge, MA: Harvard University Press, 1960)를 참조.

페어플레이 이론과 존 롤스의 이론으로 "Justice as Fairness," *Philosophical Review* (1958) 및 H. L. A. Hart, "Are There Any Natural Rights?," *Philosophical Review* 64 no. 2 (1955): 175~91. 이 이론은 칸트의 정치철학과도 관련이 있음. Jeffrie G. Murphy, Kant: The *Philosophy of Right* (London: Macmillan, 1970), Ch. 4를 참조.

칸트의 계약주의를 현대적 형태로 설명한 대표적 이론가는 T. M. Scanlon인바, 다음 책에서 그의 서문을 참조할 것. "Contractualism and Utilitarianism," in A. Sen and B. Williams (eds), *Utilitarianism and Beyond* (Cambridge: Cambridge University Press, 1982). 더 자세한 설명은 Scanlon의 다음 저술을 참조. *What We Owe to Each Other* (Cambridge, MA: Belknap Press of Harvard University Press, 1955).

계약주의의 초기 사상 가운데 주요한 몇 가지는 다음 책에서 찾을 수 있음. Thomas Nagel, "War and Massacre," *Philosophy & Public Affairs* 1 (1972): 123~44. 루소와 칸트의 연관성에 관하여는 Charles Taylor, "Kant's Theory of Freedom," in his *Philosophical Papers*, vol. 2: *Philosophy and the Human Sciences* (Cambridge: Cambridge University Press, 1985)를 참조.

9장

➡

도덕에 대한 비평

마지막으로 '도덕'이란 개념 자체를 거부하는 사상가들을 살펴보려 한다. 이들은 도덕이 인간 행위를 제약한다며 도덕을 공격하려는 혁명적인 견해를 드러낸다. 물론 도덕이론 대부분도 도덕이 인간 행위를 어느 정도 제약하고 있음을 인정한다. 도덕을 심각하게 받아들이는 사람은 누구나 마음대로 행동하지 않을 것이며, 무엇을 하고 싶은지가 아니라 무엇을 해야 할지를 깊이 생각해볼 것이다. 이 혁명적 사상가들은 그저 단순한 무정부주의자가 아니므로, 이들 또한 내키는 대로 행동해서는 안 된다고 말한다. 이들 나름으로는 그릇된 도덕을 타파하고 더 나은 인간의 삶을 보장하거나 더 나은 인간 사회를 가꾸고자 하는 구상이 있다. 하지만 더 나은 삶이나 더 나은 사회도 어떤 가치를 중심으로 세워져야 할 것이다. 이 장에서는 도덕에 관한 마르크스와 니체의 비평을 살펴보려고 한다. 어쨌건 두 사람은 모두 도덕을 억압적인 것으로 보았다. 비록 이들이 도덕 전반을 공격한 것처럼 보이긴 했지만, 사실은 도덕의 한 측면만을 공격한 건 아니었는지를 생각해보려 한다. 이들의 처지를 이해하고 나면, 이들의 목적이 인간의 현실에 더 적합한 도덕이론을 구축하는 데 있음을 알게 될 것이다.

● 마르크스가 본 도덕

먼저 마르크스의 견해부터 들여다보자. 그의 견해는 도덕 비평의 기본 구조를 드러낸다는 점에서 유익하다. 그 뒤를 이어 니체가 이런 비평을 어떻게 발전시켰는지 살펴본다.

도덕에 관한 마르크스주의적 비평의 출발점을 이해하려면 먼저 이 책을 읽으면서 도덕적 사고를 어떻게 해왔는지 돌이켜볼 필요가 있다. 전반에 걸쳐 말하면, 먼저 이론의 내용을 이해한 다음 특정 사례에 관한 자신의 직관에 비추어, 그 이론이 과연 타당한지를 검토했다. 예를 들면, 죄 없는 사람을 벌주는 것은 나쁜 일이고, 자신의 신장에 허락도 없이 매달려 있는 위중한 환자를 떼어내려고 연결을 끊는 것은 자신의 권리에 속하는 일이며, 누구나 머나먼 곳에서 어렵게 지내는 사람들을 돕기에 앞서 친구와 가족을 먼저 돌보아야 할 중대한 의무를 진다는 식으로 가정한다. 하지만 이런 가정이 정말 옳은지, 아닌지를 어찌 알 수 있을까? 우리의 도덕적 지식 속에 고착된 이런 일들은 깊이 생각할 때 조금 모호하다는 느낌이 들기도 할 것이다. 실상 우리는 이들을 전혀 의심하지 않고 살아왔다. 철학 교실 바깥의 실제적인 삶에서는 이에 의심을 품는 사람을 비도덕적인 사람으로 취급한다. 이런 일에 확신이 강하면 강할수록 우리는 올바른 증거라고 생각한다. 그러나 마르크스는 다음 두 가지 반응을 거쳐 남다른 관점을 내놓는다. 먼저, 우리의 확신은 실제로는 옳은 것도, 그른 것도 아니라고 (따라서 우리가 어떤 일을 매우 중요하다고 확신한다 하여 그 일이 옳다는 건 아니라고) 가정한다. 둘째, 우리가 왜 그런 확신을 가져야 하는지를 묻는다. 어떤 도덕적 확신을 바탕으로 본능에 따라 반응할 때, 그것은 누구의 이익에 도움이 될까?

마르크스는 어느 사회에서 어떤 도덕의 관념이 널리 통하거나 영향력을 미치는 까닭은 그 도덕 관념이 그 사회에서 지배계급의 이익에 도움이 되기 때문이라고 말한다. '한 사회의 지배적인 사상은 바로 지배계급의 사상이다.' 인류의 역사를 돌아보라. 문화에 따라 도덕 관념이 크게 다름을 알 수 있다. 사회를 연구하는 이론가는 여기서 의문을 제기한다. 도덕 관념의 차이는 우연한 일치일까? 아니면 기본적인 사회형태의 차이를 드러내는 것일까? 마르크스는 기본적으로 각각의 사회를 움직이는 경제체제의 형태에 따라 서로 다른 도덕 관념을 갖게 된다고 주장한다. 모든 사회는 저마다 식량, 거주시설, 보호체제 등과 같은 것들의 기본 수요를 집단적으로 충족하게 하는 방식을 찾기 마련이다. 각각의 사회는 필요한 것을 생산해내는 나름의 방식이 필요하다. 사회마다 제각기 경제체제의 기본 형태를 갖추고 있다. 이미 알고 있듯이 마르크스는 현대 산업사회가 이익을 추구하는 가진 자들과 계약으로 고용된 노동자들을 차별하는 자본주의적 경제생산을 특징으로 한다고 말했다. 이전에 존재하던 봉건적 형태의 사회조직은 태어날 때부터 토지와 재부를 소유하는 귀족과 그 밑에 '예속되어' 귀족 땅에서 일하면서 귀족의 소유물로 살아가는 노동자나 농노로 구성되어 있었다. 더 원시적인 형태의 경제조직도 있었는데, 그중 가장 기본적인 것들 가운데 하나인 유목사회에서는 사람들이 한곳에 머물며 경작으로 식량을 생산하는 대신, 식량과 피난처를 찾아 떼를 지어 다녔다. 그러나 유목사회를 벗어나 더 복잡하고 조직화한 사회로 들어서자 정착지에 머물며 식량을 생산하기에 이른다. 여기에서 필요한 재화를 만들어내는 생산수단이 나타난다. 마르크스는 서로 다른 생산수단과 서로 다른 소유 형태에서 서로 다른 형태의 경제체제가 나타난다고 주장했다.

다양한 형태의 경제체제들에 걸맞는 다양한 사회조직들이 등장하여 사회의 경제체제를 움직여나간다. 봉건사회는 지주, 노예, 농노로 구성되었으며 차등화된 신분제도가 사회의 집단적 수요를 충족하게 했다. 자본주의 사회는 생산수단을 소유하는 자본계급과 그렇지 못한 무산계급으로 나뉘었다. 어떤 형태의 사회조직에서건 그 사회적 구성을 설명하는 사상이 필요하다. 그러한 사상이 마련되어 있지 않으면 사회를 다른 형태로 바꿔야 한다는 식의 위험하고 혁명적인 생각이 고개를 쳐들 것이다. 그러므로 모든 사회는 현재의 상태를 정당화하거나 합법화하는 지배적인 사상이 요구된다. 사람들은 지금의 사회가 왜 이렇게 되었는지를 이야기하는 가운데, 그 이야기를 단순한 정당화의 구실이 아닌 진실로 받아들인다. 사회의 구성을 이야기하면서 그럴 수밖에 없다고 믿는 동안, 그 사회의 구성은 그 사회 안에서 정당화된다. 그렇지만 마르크스주의자들은 그런 이야기가 진실이 아니라고 생각한다.

그러므로 한 사회를 풍미하는 도덕 관념은 우연히 생겨난 것이 아니라, 그 사회의 경제체제와 특히 생산수단을 통제하는 사람들의 행위를 합리화할 필요에서 나온 것이다. 예컨대, 봉건사회에서는 왕이나 귀족이 비천한 사람들을 통치할 권리를 어째서 날 때부터 지니는 것인지, 어떤 신성한 존재에게서 어떻게 내려받는 것인지(그리하여 거대한 부를 쌓아놓는 것인지)에 관한 이야기를 흔히 들을 수 있다. 계약노동을 바탕으로 하는 현대 자본주의 사회는 어떤가? 상품과 서비스의 생산수단과 더불어 이를 운영할 자본을 소유한 개인들이 부를 축적하는 현상은 또 어떤가? 자본주의 사회에서 노동자들은 아무런 선택권 없이 일거리를 잡아야 하므로 그들의 자유는 허울뿐이지만, 흔히 권리니 자유니 하면서 노동자와 고용주가 자유계약을 체결하는 것처럼 이야기한다. 그런가 하면 가진 자들은 그들의 부를 공동체가 소유할 때 더 큰 선이 되련만, 재산에 관한 자신들의 권리가 본래부터 있던 것처럼 행세한다. 여기서 마르크스주의자들은 이러한 말을 곧이듣지 말라고 권고한다. 그런 환상은 사회를 움직이는 데 필요할 뿐이어서, 한 그룹의 사람들이 다른 사람들을 제쳐놓은 채 자신들이 독점한 생산양식을 효과적으로 유지하거나 운영하는 데 필요할 뿐이다. 그러므로 사회의 지배적인 사상은 지배계급의 이익에 봉사하는 그들만의 사상에 지나지 않는다.

마르크스는 도덕 관념의 밑바탕에 계급적 이해가 깔렸음을 지적하면서 도덕 관념의 가면을 벗겨내는 방법을 보여준다. 그는 사회에서 일반적으로 공인된 관념은 사실상 지배계급이 피지배계급에 전쟁을 수행하려는 무기일 뿐이며, 피지배계급이 그런 관념을 받아들이는 것은 곧 자신들의 종속적 위치를 받아들이는 것이라고 주장했다. 우리 사회에서는 개인의 권리와 자유를 높이 평가한다. 현대 자유민주주의 국가의 헌법은 인간에게 개인적 자유권과 행복추구권이 있다는 선언을 핵심 내용으로 한다. 그러나 마르크스주의자는 인간과 자유를 결부시키는 건 자본가계급이 무산대중을 통제하는 수단에 지나지 않는다고 주장한다. 인간을 자유에 결부시키는 것은, 곧 일부 사람들에게는 다른 사람들의 이익을 도외시하면서 거대한 부를 쌓을 자유를 허용하는 한편, 그 밖의 사람들에게는 고용주가 그들을 더는 필요로 하지 않을 때에 일자리를 잃고 빈곤하게 살아갈 자유를 허용한다는 뜻일 뿐이다. 마르크스주의자가 볼 때, 자본주의 사회에서 권리란 것은 전체 공동체의 필요에 우선하여 자본가의 부를 보호할 뿐이다. 인간을 권리와 자유에 결부하려고 인간의 존엄에 관한 갖가지 미사여구가 총동원된다. 그렇지만 권리의 진정한 기능은 가진 자들을 늘 가진 자로 살면서 없는 사람을 위해 너무 많이 내놓지 않아도 되게 하는 것일 뿐이다.

마르크스가 모든 도덕성은 오로지 계급적 이해를 반영할 뿐이므로 내던져야 한다고 주장하는 것으로 보이긴 하지만, 이 주장을 액면 그대로 받아들여서는 안 될 이유가 따로 있다. 마르크스는 자신의 도덕적 사고를 보급하고자 이런 주장을 적극 이용하려 했기 때문이다. 그는 도덕과 도덕 관념을 비평하는 한편, 적어도 이용use과 양도endorse를 도덕 관념으로 사용하고 그 바탕을 강화하려 한 것으로 볼 수 있다. 예컨대, 자본주의는 착취적exploitative이라거나, 자본가는 불공정unfairly하게도 노동자들의 노동에서 나온 상품의 잉여가치를 거둬 간다거나, 자본주의적 분업은 인간의 노동에 깃든 의미심장함meaningfulness을 파괴한다는 식의 표현은 그의 자본주의 진단 가운데 핵심을 이룬다. 그런데 착취란 말은 그 자체가 도덕 관념이다. 거기에는 정의의 관념이 배어 있고 약자를 이용하는 행위의 사악함에 대한 지적이 깃들어 있다. 의미심장함이란 말에도 규범성이 담겨 있다. 진실로 가치 있는 노동을 평가하는 일은 가치판단을 포함한다. 그러므로 마르크스는 도덕을 송두리째 던져버리려 한 것이 아니라 그릇된 도덕을 참된 도덕으로 바꿔 놓으려 했다고 봐야 할 것이다.

 마르크스 견해에 관한 설명을 마치고, 이제 이 장에서 주제로 다루려는 도덕 비판의 기본 구성을 개략적으로 살펴보자. 마르크스 같은 사상가들이 무엇보다 먼저 한 일은 그 사회에 일반화된 도덕적 확신이 어떤 종류의 '도덕적 현실'을 반영하는가 하는 것이다. 이들은 우리가 가장 의문을 품어야 할 것에 결코 의문을 품지 않았다고 말한다. 예컨대 자신의 가족을 돌볼 막중한 책임이 있다는 사실에 의문을 제기하지 않는 것은 실상은 어떤 목적에 이바지하도록 하려는 사회적 사실이다. 그의 견해에 따르면, 상식적 차원의 도덕은 서로 다른 사회집단 사이의 권력투쟁에서 어떤 목적에 이바지하게 하려는 하나의 사회제도일 뿐이다. 우리는 그것이 이바지하게 돼 있는 사회적 목적이 무엇인지, 그리고 그런 식의 상식적 도덕이 어느 집단에 도움이 되는지를 알아내지 않으면 안 된다는 것이다. 마지막으로 이 사상가들은 상식적 도덕이 뒷받침하는 사회적 목적이란 것이 과연 바람직한가 하는 의문을 제기한다. 이들은 우리가 상식적 도덕의 정체를 꿰뚫어본 다음 이를 집어 던질 때 보다 나은 것을 내놓겠다고 약속한다. 우리가 해방되려면 도덕을 거부해야 한다고 말한다. 하지만 여기서 이 사상가들마저 윤리를 전적으로 거부할 수 없다는 사실을 엿볼 수 있다. 이들은 상식적 도덕 아래에서의 삶보다 더 나은 삶에 관해 전망이 있는 것처럼 말한다. 이들은 '받아들여진' 도덕과 '참된' 도덕을 구별한다. 그렇지만 바로 여기서 문제를 드러내기 시작한다. 참된 도덕이 무엇인지를 어찌 알 수 있을까? 이 이론가들은 지금까지 이 책을 통해 살펴본 것처럼 먼저 이론을 구축한 다음 그것을 우리의 직관에 비춰보는 방법을 거부한다. 이들은 우리의 도덕적 직관이 사회에서 벌어진 권력투쟁의 산물이어서 부패한 사회에 물들었다고 보기 때문이다. 그렇지만 이런 방법이 아니고서 도덕을 어찌 파악할 수 있을까? 도덕에 관한 지금까지의 사고방식을 전혀 믿지 않기로 한다면, 그 밖의 무엇에 의존할 수 있을까?

이 문제는 끝에 가서 다시 살피고 우선 니체의 비평부터 살펴본다.

● 니체 추종자들의 비평

니체 역시 마르크스처럼 도덕을 정확하고 참된 가치의 집합으로 생각하는 것이 아니라, 사회집단 사이의 상호투쟁에서 비롯했으며, 어느 한 집단이 다른 집단을 통제하는 수단으로 발전해왔다고 생각한다. 그렇지만 마르크스가 도덕을 역사 속에서 형성된 사회계급 간 투쟁의 산물로 보는 데 반해, 니체는 두 가지 인간형 곧 선천적으로 강한 인간형과 선천적으로 약한 인간형 사이에서 벌어진 투쟁의 산물로 생각한다. 놀랍게도 니체는 적어도 지금 시대에는 약한 인간형이 사회에서 우위를 차지한다고 보는데 바로 이 대목에서 도덕이 등장한다. 도덕은 약한 인간형이 강한 인간형을 지배하는 수단이 되어왔다는 것이다. 그러나 그는 약자의 지배가 인간의 문화와 인간의 생존 가능성에 부정적인 영향을 미쳤다고 생각한다. 그 결과 인간 사회는 두려움이 지배하는 문화, 자기 회의적인 문화에 젖어들었고, 자신이 지닌 생존과 행복의 권리마저 회의하는 사람들로 채워지게 되었다고 생각한다. 그는 여기서 하나의 처방을 내놓는다. 도덕을 뒤엎으라, '모든 가치를 재평가'하라, 강자가 힘을 행사할 권리를 자신 있게, 자유롭게, 유쾌하게 다시 주장하라.

니체는 유명한 『도덕의 계보 Genealogy of Morals』(1878)에서 양과 독수리 우화를 빌려 자신의 분석을 예시한다. 양은 약자를, 독수리는 강자를 나타낸다. 독수리는 타고난 폭식자다. 이들은 연약한 짐승을 낚아채어 날아오른다. 그렇다고 독수리가 대단히 나쁜 짓을 하는 건 아니다. 타고난 본성을 그대로 드러낼 뿐이다. 그게 그들의 자연스러운 모습이다. 그러므로 '양들이 저 큰 맹금류에게 원한을 품을지는 몰라도 어린 양을 채어 간다고 맹금류를 나무랄 일은 전혀 아니다.' 강자는 힘을 자랑하고 행사한다. 죄가 있다면 본성에 따라 사는 죄가 있을 뿐이다.

그러나 약자는 강자의 변덕에 휘둘리며 사는 자기 신세를 행복해할 리가 없다. 단순히 자신을 지킬 수 없어서가 아니다. 니체가 볼 때 약자는 원한에 치를 떤다. 니체는 '원한ressentiment'이란 말에 불어의 '레상티망ressentiment'이라는 어휘를 쓰는데 여기에 특별한 의미를 부여한다. 레상티망은 단순히 상대방을 향한 미움만이 아니라 자신의 허약함에 대한 일종의 자기 혐오라는 뜻까지 포함한다. 강자에게 끌려다니며 이용만 당하는 약자의 신세를 혐오하는 것이다. 이렇듯 약자는 허약하고, 불안전하고, 자괴감에 차 있고, 또한 복수심에 차 있다. 하지만 강자를 어찌 물리칠 것인가? 분명 힘으로는 이길 수 없다. 니체에 의하면, 오로지 영리해지는 길밖에 없다. 약자는 강자보다 재빠르고, 강자를 잡을 덫을 놓을 줄 안다. 약자는 이야기, 이념, 도덕을 고안해낸 다음, 강자로 하여금 자신들이 지어낸 도덕을 따르게 한다. 도덕은 두 부분으로 나뉜다. 첫째, 특정 도덕적 이상으로 점잖음이나 친절함이나 겸허함처럼, 강자가 아닌 약자에게서 찾아볼 수 있는 특징들이다. 둘째, 이들은 자유의사와 책임이라는 관념을 고안해낸다. 이에 따라 개인은 약자로 행세할 의무를 져야 하며 그렇지 못할 때에는 벌을 받거나 그게 아니면 죄책감이라도 느껴야 한다. 약자는 양심과 책임을 발명하여 복수에 성공한다. "강자는 약해질 자유가 있고 맹금류는 양이 될 자유가 있다는 관념이 보편화한다. 이런 식으로 약자는 맹금류를 길들여, 맹금류로 하여금 맹금류로 살아가도록 책임지게 하는 권리를 확보한다."1)

니체가 보았을 때 도덕 관념은 기본적으로 약자가 자신을 억압하고 수탈하는 강자에 대항할 때 쓰는 무기다. 본래 도덕은 저항의 한 형태였다. 약자는 도덕에 의존하여 자신을 억누르는 강자보다 낫다고 생각하게 되었다. 시대가 지남에 따라 강자들은 이러한 도덕을 받아들여 애써 약자로 행세하고자 하기에 이르렀다. 또한, 자신들의 힘에서 우러나오는 특징을, 특히 자신들의 힘을 마음껏 행사하는 행위를 증오하거나 그러한 특징이 있다는 것에 죄책감을 느끼기에 이르렀다.

니체가 말하는 도덕은 겸허와 사랑을 강조하는 유대교와 기독교의 도덕임이 분명하다. "온유한 자는 복이 있나니 저들이 땅을 물려받으리라." 니체가 볼 때, 사실상 약자의 지배를 나타내는 이 도덕은 현대 사회의 고질병을 악화시킬 뿐이다. 그 병은 마르크스나 그 밖의 사회주의자들을 움직이게 한 부정의나 불평등에서 오는 병이 아니다. 니체의 현대 사회 진단에 따르면, 인간은 의미심장함을 잃어버릴 위험에 빠져 있었다. 인간이 직면한 가장 심각한 위협은 자신감의 급격한 상실이다. 이러한 상태는 니힐리즘nihilism(아무것도 중요할 게 없고, 아무것도 어느 것보다 낫거나 못할 게 없고, 모든 가치가 헛된 것이라는 견해)으로 발전한다고 니체는 말한다. 그가 표현한 대로 이런 현상은 신의 죽음에서 극명하게 나타난다. 그는 분명 기독교의 찬양자가 아니었지만, 신을 향한 믿음을 저버리는 데서 인간이 중심을 잃고 방황하게 되었다고 주장한다. 하지만 이건 하나의 기회이기도 해서, 이제 약자들의 지배를 물리치고 힘이 당당하게 우위를 차지할 기회가 왔다고 선언한다.

니체는 인간이 니힐리즘에 빠져 헤매는 것을 인성 밑바닥에 깔린 허약함의 징후로 생각한다. 니힐리즘은 지배적인 문화의 허약함과 영리함이 빚어낸 직접적인 결과물이다. 무엇을 해야 할지 본능으로 알고 그것을 주저 없이 실행하는 강자와 달리, 사회 정상에 올라선 약자는 자신감을 찾지 못하고 있다. 약자의 뚜렷한 특징은 자신이 하는 일을 강자들처럼 본능으로 믿지 못한다는 점이다. 약자는 행동하기에 앞서 그 행동을 해야 할 분명한 이유가 필요하다. 귀족적인 강자와 달리 약자는 자신을 정당화하려고 한다(니체는 강자들이 정당화를 대수롭지 않게 여긴다고 생각하는데, 이 같은 관찰은 귀족의 풍도를 정확하게 포착한 것이라 할 수 있다). 그래서 약자들은 철학을 발명하고 끊임없는 자기 성찰을 거쳐 계몽과 논쟁적인 문화를 열어놓았다. 하지만 니체는 이런 발명이 오히려 인간의 참된 문화를 파괴하면서 인간을 니힐리즘에 빠뜨렸다고 말한다. 철학은 그 자체가 제기한 물음에 아무런 답을 제시하지 못하고 있기 때문이다. 문제가 제기되자마자 인간은 그 문제에 답을 내놓기가 불가능하다는 걸 깨닫곤 한다. 니체가 볼 때, 정당화를 추구하는 일은 끝이 보이지 않는 과업이며 결국 아무 초점이 없는 헛수고일 뿐이다. 인간의 문화는 정당화, 지식, 철학 따위를 추구하는 과업을 심각한 것으로 보는 데 문제가 있다. 인간의 문화가 지금까지 보여준 것은 사실 인간이 제대로 아는 게 아무것도 없으며 지식, 현실, 인간, 신 그리고 그 밖의 그 무엇에 관한 인간 자신의 기본 관념 같은 것들을 전혀 입증할 수 없다는 사실뿐이다. 니체는 철학사를 훑어볼 때 이런 사실이 뚜렷이 드러난다고 주장한다. 자신의 신념과 가치를 정당화하려는 사람은 그것이 정당화할 수 없음을 이내 알 것이라고 한다. 또한, 여러분이 정당화를 중요하게 생각하는 약자에 속한다면, 자신조차 정당화하지 못하는 무력함으로 인해 혼란에 빠지고 말 것이라고 말한다.

인간이 니힐리즘에 빠진 것은 너무나 많은 것들에 의문을 제기하면서 너무나 적게 행동했기 때문이다. 잔신경을 쓰지 않는 강자와 달리, 약자는 무엇을 해야 할지 이내 알지 못하고 정당화의 뒷받침을 받으려고 한다. 이런 혼란에서 벗어나려면 가장 먼저 정당화하지 않고 사는 방법을 배워야 한다. 우리는 강자의 본능적인 자신감을 되찾아야 한다. 니체는 고대 그리스 문명시대(니체는 철학과 소크라테스라는 인물이 이 시대를 잘 예시한다고 보았다) 이래, 인간의 문화가 밟아온 끝없는 자기 회의의 과정에서 인간은 자신감을 잃었으며 세상을 살아가는 적극적인 능력 또한 잃었다는 놀라운 견해를 내놓는다. 20여 세기에 걸쳐 지속된 자성적이고 철학적인 문화는 모든 인간을 신경과민증에 시달리는 절망적이면서 용렬한 존재로 만들어놓았다. 이 평범한 존재는 무엇을 해야 하는지를 알지 못하고, 의미 있는 그 어떤 일도 실행하지 못하며, 자신의 생존권조차 의문을 품기에 이르렀다. 니체는 이런 현상을 바라보며 '모든 가치의 재평가'를 부르짖는다. 그는 기독교의 도덕과 그 뒤를 따라다니는 자기 회의적 철학 풍조를 강자의 도덕으로 바꿔놓으려 한다.

여기서 그는 초인Übermebsch이라는 인격체를 고안해낸다(영어로는 흔히 'Superman'으로 번역되는데, 할리우드에서 이 이름을 쓰기 시작하자 일부 번역가는 'Overman'이란 모호한 말을 쓰기 시작했다). 인간의 미래는 초인의 것이라고 니체는 주장한다. 인간을 억압하는 기독교의 도덕을 집어던져야만 평범함과 허약함에서 벗어나 본래의 웅대하고 비사색적이며 행동적인 자신감을 되찾을 수 있다고 했다.

니체는 현대 세계의 문제를 마르크스와는 다르게 이해하면서 아주 다른 진단과 해법을 내놓았지만, 한편으로는 마르크스처럼 문제의 핵심에 있는 도덕을 공격했다. 두 사람 모두, 오늘날의 인간은 도덕이 진실하고 권위 있다고 여기면서 그에 따르려 하지만, 도덕을 진실하거나 권위 있는 것이 아니라 사회계급들이 암암리에 벌이는 권력투쟁의 산물로 본다. 이런 권력투쟁에서 도덕을 효과적인 무기로 쓰려면 다스림을 받을 사람들에게 도덕의 진정한 성격을 드러내서는 안 된다. 그러므로 도덕은 초월적인 것으로, 인간 이상의 위대한 권위를 지닌 것으로 비쳐야 할 것이다. 권력투쟁의 산물인 도덕의 참모습을 본래 모양 그대로 드러낸다면, 도덕은 권력투쟁에서 더는 효과적인 무기로 쓸 수 없을 것이다. 권력투쟁 당사자들 모두 도덕의 숨겨진 실상을 가릴 잠재적인 능력이 작동한다고 가정해야 할 것이다.

어쨌건 니체와 마르크스는 도덕이 유해하다고 말하면서, 우리가 거기서 풀려날 것이라고 약속한다. 이들은 우리가 도덕을 직시하게 되면 그것이 나쁘다는 사실을 이내 알 것으로 믿는다. 마르크스나 니체는 자신들의 진단을 이해하고 받아들일 때, 인간의 심성은 자유를 찾을 것이고 그로부터 변화의 길로 들어서리라고 주장한다. 바른 이해와 진정한 양심을 찾게 되면, 우리(적어도 우리의 일부, 혁명적 프롤레타리아나 참된 강자)는 이 족쇄를 벗어던지고 자유롭게 살게 되리라는 것이다.

● 마르크스와 니체를 어떻게 볼 것인가

마르크스와 니체가 내놓은 이야기가 많은 깨우침을 주는 건 사실이지만, 그렇다고 이들을 송두리째 받아들일 건 아니다. 20세기에 공산주의가 무너진 사실은 마르크스의 주장이 빗나갔음을 증명한다. 그의 이론 가운데 많은 사람들이 반대한 한 가지 측면은(앞서 이 점에 관해 언급한 일이 없다) 역사가 진행함에 따라 공산주의의 실현은 불가피하고 또 결정적인 것이 된다는 주장이었다. 이 같은 역사적 유물론이 많은 비판을 받은 것은 역사의 진전에 관한 그릇된 예측 때문만이 아니라 사회의 발전과 변화를 예측한다는 생각 그 자체에 심각한 문제가 있었기 때문이다. 그뿐 아니라 마르크스가 개인의 권리를 가리켜서, 공산주의가 실현되는 순간에 사라질 부르주아지의 도덕 관념이라 몰아붙인 사실에도 커다란 문제가 있었다. 앞의 여러 장에서 살펴본 것처럼, 권리의 언어와 실행은 개인의 내재적 가치에 관한 우리의 의식을 표현한다. 개인의 가치나 권리 관념이 없고서는 더 큰 어떤 선의 실현을 위해 개인을 희생하는 것을 아무렇지 않게 여길 것이며, 목적이 수단을 정당화하는 결과를 가져올 것이다. 바로 이것이 20세기에 공산주의(혹은 프롤레타리아 독재)를 실험한 일부 국가들에서 실제로 일어난 현상이었다. 완전한 공산주의의 실현을 향해 굴러가던 거대한 기계장치 안에서 개인은 얼마든지 바꿔 끼울 수 있는 한갓 부속품에 지나지 않았다. 이러한 비판에도 마르크스의 도덕 비평은 주목할 만한 몇 가지 중요한 주장을 포함하는데, 도덕에는 몇 가지 맹점이 있다는 주장이나 자유 개념은 불의와 착취를 허용한다는 주장이 바로 그것이다. 그렇지만 마르크스의 비평은 도덕에 관한 이해를 더 세련된 것으로 끌어올리려는 하나의 조언이 될지언정, 지금의 도덕을 완전히 버리고 새로운 것을 다시 세워야 한다는 뜻으로 받아들일 일은 아니다.

니체 역시 비슷하게 평가할 수 있다. 그의 간곡한 권고에서 우리는 신경과민 성향이나 자기 회의적 성향을 털어내고 자신감, 목적의식, 놀라움, 기쁨을 받아들이는 능력을 되살려내야 한다는 교훈을 배울지언정, 일방적으로 '강자'의 가치만을 추켜올리며 사려 깊음, 친절함, 점잖음, 남을 위한 배려 같은 덕목을 저버리고 살아갈 일은 아니다. 그리하여 우리는 아리스토텔레스 냄새가 물씬 풍기는 모든 것을 제각각 적정한 비율에 따라 다루어야 한다는 결론에 이른다.

그러나 이들의 이론을 상세히 검토하고 평가한 다음에도, 우리 앞에는 니체나 마르크스, 그 밖의 다른 이론가들이 즐겨 쓴 비평방법을 살펴보아야 한다는 중요한 일 하나가 남아 있다. 이런 인물들이 내놓은 비평이 우리를 크게 깨우쳤을 것이라고 생각하지만, 그렇다고 이들의 비평이 완전하다고는 할 수 없다. 어쨌든 이들의 비평이 도덕을 더욱 발전시켜 나가는 과정에 어느 정도 발자취를 남겼다고 생각한다면, 그 가치는 높이 평가되어야 할 것이다. 이 이론들은 우리가 당연하게 여겨 온 행위를 전혀 새로운 관점에서 비판했으며, 이를 이해하고 평가하기 위한 새로운 방법을 제시했다.

● 도덕과 추정

마르크스와 니체 같은 이론가들은 (1) 우리가 옳다고 생각하는 도덕은 허상일 뿐이며, (2) 도덕은 우리를 오도하여 정말 중요한 것을 놓치게 하는 해가 되는 기능을 하며, (3) 적어도 자신들이 내놓은 상황 진단을 이해하는 사람은 그릇된 도덕에서 풀려날 것이라고 주장한다. 이 절에서 필자는 철학사 초기에 나타난 이 견해의 근원을 캐내어, 그것이 현대 비평에 어떻게 영향을 미쳤는지 살펴보려 한다. 이 근원적 견해에 따르면, 도덕은 우리가 현실에서 발견해내는 것이 아니라 자신의 욕망과 감정을 현실에 투사한 결과로 나타나는 것일 뿐이다.

먼저 도덕이란 우리가 옳다고 여기는 하나의 허상에 지나지 않는다는 생각을 살펴보자. 18세기에 데이비드 흄은 도덕의 진정한 근원이 무엇인지 이해하려고 했다. 그는 우리가 도덕적 규칙이나 사실, 특성을 현실의 일부로 생각해서는 안 된다고 했다. 우리가 구체적 상황에서 인식하는 도덕은 상황에 관한 우리의 감정을 투사하여 얻어지는 결과로 보아야 한다는 것이다. 흄은 돌로 머리를 쳐 죽이는 고의적 살인행위의 부도덕함은 그 행위 가운데 있는 게 아니라고 주장한다. 부도덕함을 찾아내려면 먼저 자신을 돌아보고 그 행위를 인지하면서 마음속에 일어나는 감정을 들여다보아야 한다는 것이다. 물론 우리는 그 행위 자체가 나쁘지 '그 행위가 우리를 어떤 식으로 느끼게 했다'는 사실이 나쁜 건 아니라고 말할 것이다. 그러나 이것은 우리가 부지중에 자신의 감정을 상황에 잘못 투사하면서, 정녕 부도덕한 그 무엇이 상황 자체에 있다고 가정하기 때문이다.

이 투사의 개념은 명백히 마르크스와 니체의 이론에 계승되었다. 우리는 우리가 처한 상황에 어떤 도덕적 요인들이 깃들어 있다고 잘못 생각하지만, 실제로는 우리가 모르는 사이에 자신의 심리적 구성에서 우러나오는 특성을 상황 속에 투입한다는 것이다. 마르크스에 의하면, 사회는 특정한 경제적 생산양식에 필요한 사회관계를 확립하고자 사회계급들이 벌이는 투쟁의 산물이므로, 우리가 투사하는 특성들은 사회가 우리에게 주입하는 것일 뿐이다. 니체에 의하면, 강자와 약자 사이의 투쟁에서 특정한 사회형태가 나타나는바, 우리는 그 사회에서 자라나 그 사회의 규칙을 익히고, 그 규칙을 따르며, 그것을 현실에 투사하면서 그것을 진실하고, 권위 있고, 초월적인 것으로 받아들인다. 그렇지만 흄의 투사에 관한 생각은 어떤 의미에서는 마르크스나 니체의 견해보다 더 급진적이란 사실을 주목할 필요가 있다. 마르크스와 니체에 따르면, 우리는 자신의 심리를 상황에 투사하는 까닭에 도덕을 잘못 이해할 뿐 아니라 사물의 참모습을 제대로 보지 못한다. 흄의 견해가 아니었더라면, 마르크스와 니체 역시 이런 생각을 떠올릴 수 없었을 것이다. 그렇지만 이들이 흄의 견해를 충실히 따른 것은 아니었다. 흄은 이들과 달리 도덕에서 자신의 투사를 빼면 아무것도 남지 않을 것이며, 그릇된 의식에 현혹되지만 않는다면 찾아낼 도덕적 진리가 아무것도 없다는 것을 알 것으로 생각한다. 그러므로 흄은 도덕이론이란 자신의 욕구와 정서 표현에 지나지 않는다고 주장하던 정의주의emotivist나 표현주의expressivist 학파를 창시한 초기 선구자들 가운데 하나였다. 표현주의에 줄기차게 지향되어온 하나의 주요 비평은 표현주의가 도덕적 주장의 가능성을 설명할 수 없다는 점이다. 바로 이 점을 고려하여 이 책에서는 흄의 견해를 다룰 때 이런 측면을 크게 주목하지 않았다. 현대의 표현주의자들은 이런 비평을 비켜가는 방식으로 이론을 발전시키고 있는데 이들에 관한 검토는 우리의 주제범위를 벗어난다.

● 도덕은 비평에서 살아남을 수 있을까

니체와 마르크스는 둘 다 도덕이 인간을 제약하여 가장 중요한 일을 할 수 없게 한다고 말했다. 이들은 개인이나 사회에 해악을 끼치는 도덕에서 인간을 해방시키려고 했다. 하지만 여기서 문제가 발생한다. 도덕을 신뢰할 수 없다면 그것을 어찌 평가할 수 있단 말인가? 도덕을 나쁜 것으로 규정한다면 우리는 무엇이 좋고 나쁜지를 가릴 어떤 방법을 찾아야 할 것이다. '좋다'거나 '나쁘다'거나 하는 의미를 담을 방법이 있어야 한다는 말이다. 이는 곧 도덕 자체를 더 나은 기준에 의존하여 평가해야 함을 뜻한다. 또한 니체와 마르크스가 그릇된 도덕을 평가하면서 그것을 대신할 참된 도덕이 존재한다고 생각했음을 뜻한다. 참된 도덕은 단순한 사회적 투쟁의 결과물이 아니다. 오히려 사회적 투쟁에서 나타난 지금의 결과를 평가하여 더 나은 사회를 실현하는 기준이 될 것이다. 마르크스에게는 그것이 곧 혁명적 도덕이었다. 공산주의가 확립되는 날, 모든 인간이 받아들일 참된 자유의 도덕이었다. 니체에게는 그것이 곧 강자의 도덕성이었다. 이들 이론에 담긴 내용은 명백히 달랐지만, 기본 구조는 같았다. 이들의 수사와 달리, 이들의 어느 이론조차 도덕을 송두리째 내던지지는 못했다. 이들은 그릇된 도덕을 더 적절한 가치의 집합으로 바꿔놓으려 했으나 성공하지 못했으며 결국 도덕을 송두리째 버리는 것은 불가능하다는 결론을 확인했을 뿐이다.

    그러나 이 점은 위에서 지적한 것처럼 이들 이론가들에게 또 하나 중요한 문제를 제기한다. 방식은 다르지만, 이들은 도덕이 '투사'의 결과일 뿐이라고 주장했다. 우리의 감정이나 사회적 투쟁은 투사된 결과에 불과하지만, 우리가 그것을 초월적인 기준인 양 잘못 알고 받아들인다는 것이다. 우리는 이쯤에서 두 사람이 실상은 어떤 '참된' 도덕의 관념에 기대고 있었음을 알게 되었다. 그렇다면 그 참된 도덕이란 것 또한 투사의 결과일까? 이 답을 찾는 대목에서 도덕을 비평하는 이론가들은 하나의 딜레마에 부딪힌다. '그렇다'고 대답하건 '아니'라고 대답하건 중대한 문제와 맞닥뜨릴 수밖에 없는 것이다. 참된 도덕이 그릇된 도덕처럼 하나의 투사에 지나지 않음을 인정한다면, 이는 곧 도덕이 어떤 감정이나 어떤 사회적 상태의 표현에 지나지 않는다고 말하는 셈이다. 그런데 이렇게 되면, 참된 도덕이란 오로지 자신의 감정과 사회적 상황에 휘둘리지 않는 사람에게나 적용되는 것인가 하는 의문이 제기된다. 도덕이 단순히 투사의 결과라면, 그 또한 가면을 벗겨내야만 어느 집단의 이익에 이바지하는지 알 수 있지 않을까? 이런 문제가 일어나기에, 마르크스와 니체가 취해야 할 견해는 오직 한 가지다. 참된 도덕은 객관적이며 단순한 투사의 결과가 아니라고 말하는 것이다. 참된 도덕은 아우성치며 싸우는 사회 집단들을 굽어보는 위치에 있다고 주장해야만 할 것이다. 그렇지만 이때 또 하나의 문제에 부딪힌다. 이렇듯 초월적인 도덕의 기준이 있을 수 있을까? 니체와 마르크스는 참된 도덕이 어떻게 사회적 산물이 아닐 수 있는지, 이해할 만한 대답을 내놓지 못했다. 하지만 도덕이 사회의 산물이라면 그것을 어찌 객관적인 것으로 볼 수 있을까?

이는 참으로 심각한 문제가 아닐 수 없다. 이 답을 찾으려면 니체나 마르크스가 내놓은 관점을 넘어서야 한다. 우리의 관심은 도덕이 어떤 의미에서 보면 사회의 산물임이 분명한데, 그것을 어떻게 객관적이거나 참된 것으로 볼 수 있는지를 밝혀내는 데 있다. 이런 비평들이 의미가 있으려면 단순한 투사가 아니라, 어떤 참된 도덕에 기대야만 한다. 그렇지만 이 문제의 형식을 들여다보면 거기에 이미 답의 형식이 들어 있음을 알 수 있다. 단순한 투사에 지나지 않는 도덕의 문제는 그것이 투사에서 나온 도덕임을 인식하는 순간, 더는 그 도덕을 심각하게 들여다볼 필요가 없어진다는 것이다. 그러므로 마르크스와 니체에게 필요한 참된 도덕의 관점은 다음 조건을 충족해야 한다.

◆ 개념들의 근원을 이해하려고 할 때 개념들의 신뢰성을 약화시키지 말아야 한다

이를 예증하기 위해, 우리가 지닌 권리 개념의 근원에 관한 마르크스의 설명이 옳다면, 그 설명이 권리에 관한 우리의 신념을 약화시키는지를 검토해보자. 권리에 관한 우리의 신념은 필요하다고 여겨지는 것에 관한 신념이다. 어떻게 행동할지 결정하려 할 때 어떤 이가 권리를 갖고 있다는 사실을 고려해야 한다는 의미에서, 우리는 그 권리에 일종의 권위를 부여한다. 권리에 이런 종류의 권위가 깃들어 있다는 사실은 권리가 단순히 부유한 사람들의 무기에 불과하다는 생각과 일치하지 않는

다. 그러므로 이처럼 '가면을 벗겨내는' 식의 설명이 옳다면, 권리에 관한 우리의 상식적 이해와 충돌할 수밖에 없으며, 나아가 상식적 이해를 약화시키고 만다. 그 밖의 많은 도덕적 사고들 또한 마찬가지다. 우리가 왜 이런 사고를 품게 되었는지에 관한 가장 좋은 설명이 결국 그러한 사고 자체를 약화시키고 마는 것이다. 따라서 참된 도덕의 관념은 그렇게 되지 않는 도덕이라야 할 것이다. 우리가 어떻게 이런 생각을 품게 되었는지에 관한 설명이, 생각 자체의 권위와 충돌하거나 그 권위를 약화시키지 말아야 한다.

어찌하면 그렇게 될 수 있을까? 우리가 품은 도덕적 사고의 사회적 근원에 관한 설명이 우리의 도덕적 사고 자체를 약화시키지 못하게 하려면 어찌해야 할까? 권리에 관한 관념에 비추어 다음 일을 생각해 보자. 예를 들어, 어떤 이가 권리 개념이 형성된 것은 자본주의 사회의 발전에 따라 개인이 자유로움과 동시에 사회의 간섭을 받지 말아야 할 존재로 대우받으면서부터라는 마르크스의 주장을 받아들인다고 가정하자. 그렇더라도 이 철학자는 권리의 막중한 가치에 비추어 권리 개념의 불투명한 근원을 문제 삼지 않을 것이므로, 권리 개념의 근원이 불투명하다 하여 권리에 관한 우리의 신념이 무너질 리가 없다고 생각할 것이다. 권리의 참된 가치는 인간의 내재적 가치를 나타내는 데 있다. 이는 단순한 하나의 수사가 아니라, 옹호될 수 있는 규범적 견해를 대변하는 말이다. 권리의 언어가 인식하고 표현하는 인간의 존엄이란 진정 존재한다(칸트에 관한 장에서 이 주장을 내세우는 방식을 참고하라). 달리 말하면 설령 우리가 지닌 관념의 인과적 근원에 관한, 곧 우리가 어떻게 그런 관념을 지니게 되었는가에 관한 마르크스의 진단이 옳다고 하더라도, 그 관념이 과연 정당화될 수 있는지의 문제, 곧 그 관념을 계속 지녀야 할 것인지의 문제가 해결되는 건 아니다. 이 문제의 답을 찾기 위해 역사적 연구나 사회학적 연구를 진행하는 대신, 지금까지 이 책을 읽으며 해온 것처럼 규범적 이론화를 시도하지 않을 수 없다. 우리는 온 힘을 다해 어떤 도덕적 견해를 믿고 따라야 할지를 생각해야 할 것이다. 우리의 자유 관념과 권리 관념은 자본주의 사회의 필요로 형성되었다는 마르크스의 줄기찬 주장 앞에서, 자신의 관념이 과연 정당화될 수 있는지 조심스럽게 살펴보아야 한다. 마르크스는 자본주의 사회에서 살아가는 우리가 그런 관념에 얽매이게 된 건 어쩔 수 없었을 것이라고 주장할 것이다. 마르크스주의자들은 또 우리를 가리켜서 자본주의 사회가 길러낸 자본주의 사회의 자식이라고 말할 것이다. 이에 비추어 우리는 비평적 설명의 대상이 된 도덕 관념이 타당한지 늘 조심스러운 의문을 품어야 할 것이다. 그렇지만 이런 비평을 받는다고 해서 우리의 도덕 관념을 아주 포기할 일은 아니다. 이 문제를 결정하고자 우리의 관념이 충분히 정당화될 수 있는지 살펴보아야 한다. 정당화가 가능하다면, 우리의 관념에 지향되던 비평은 비록 그 자체로서 중요한 사회학적, 역사적 설명이 틀림없더라도, 더 이상의 도덕적 호소력을 발휘하지 못할 것이다. 우리가 지닌 관념이 비평을 극복하면서 여전히 정당화될 수 있다면 그것을 버릴 까닭이 없다. 우리는 거기서 한 걸음 더 나아갈 수 있다.

    이에 일부 비평가는 일부 탈근대주의자나 탈구조주의자들처럼, 우리의 모든 규범적 판단이 우리가 지닌 관념의 사회적 근원에 의해, 그리고 사색하거나 판단하는 능력에 의해 오염되었다고 주장할지 모른다. 또한, 이들은 우리가 사회에서 배운 사고방식이 타당한지를 검증하는 방법은 오직 사회 안에서 찾아내야 한다고 말할 것이다. 우리의 모든 판단은 어떤 특정한 역사적 시점에 어떤 특정한 사회에서 살아가는 어떤 사람의 판단이 될 것이다. 어느 한 사회에 번진 관념(앞 문단에서 개략적으로 설명한 것과 같은)에 관하여 독립적이고 규범적으로 판단한다는 생각은 하나의 신화일 뿐이라고, 이 비평가들은 생각할 것이다. 그렇지만 설령 사회의 형태에 따라 우리의 모든 생각이 크게 좌우된다는 점을 인정하더라도, 그리고 우리가 의존하여 살아가는 관념 자체가 역사적 발전의 결과물임을 인정하더라도, 무엇이 가장 좋고, 가장 타당하며, 가장 잘 정당화될 관념인지를 생각하지 않고서는 살아갈 수 없다. 하기는 사회의 산물인 관념을 믿지 말아야 한다는 비평가들의 주장 그 자체 역시 규범적 주장이다. 그리하여 우리는 규범적 사고를 벗어날 길이 없어 보인다. 또한, 온 힘을 기울여 열심히 생각해보는 것밖에는 다른 선택의 여지가 없어 보인다. 우리는 관념의 '가면을 벗겨내는' 설명에 열심히 귀를 기울이면서, 그 설명이 관념에 관한 우리의 믿음에 어떤 영향을 미치는지 판단해야 할 것이다. 그리고 판단할 때 우리의 도덕 관념에 어떤 지속적인 힘이나 권위가 깃들어 있는지 자문해야 할 것이다. '가면을 벗겨내는' 설명이 우리가 지닌 관념의 신뢰성을 무너뜨리는지 규범적인 의문을 제기해야 할 것이다. 그러므로 우리의 도덕을 비판하는 비평가들의 반론에도, 지금까지 이 책이 설명한 도덕적 이론이 해온 것처럼, 자신의 도덕 관념에 규범적 평가를 멈춰서는 안 된다.

● 결론

9장에서는 '도덕'에 회의를 품고 이를 대안적 관점에서 평가하려는 이론적 주장을 살펴보았다. 마르크스와 니체 둘 다 우리를 도덕의 영역 '밖으로'(니체의 말대로 하자면, '선과 악을 넘어서') 이끌어내려 한다. 그러나 이들의 주장을 자세히 들여다보면, 그것이 도덕에 관한 그릇된 견해를 더 적절한 견해로 바꿔놓으려는 전통적인 노력의 일부였음을 알 수 있다. 이 비평가들은 가치나 도덕의 전반에 의문을 제기하기보다 도덕이 정작 무엇인가 하는 신선한 통찰을 제시하는 동시에, 사회에서 얻어진 관념이 그릇되었다는 점을 보여주려고 한 듯하다. 하지만 도덕 관념에 의문을 제기하려 할 때, 그들의 견해는 오히려 심각한 혼란에 빠지고 말았다. 이들은 주어진 도덕을 벗어나려 했지만, 한편으로는 도덕을 더 잘 이해할 방법이 무엇인지 제시하지 못함으로써 자신들의 이론적 통찰의 부실함을 드러냈기 때문이다. 이 비평가들은 우리의 도덕 관념이 도덕적 현실을 직접 인식한 데서 나온 것이 아니라, 사회 형태에 의해 걸러진 것임을 상기하게 해준다는 점에서 중요하게 이바지했다고 할 수 있다. 이들은 이러한 사회의 관행이 결코 중립적이지 않으며, 다만 특정 이익집단의 힘을 반영할 뿐임을 유의해야 한다고 경고했다. 그러나 이런 사회적 편향을 참고하여 자신의 도덕적 확신을 어떻게 조정할 것인가 하는 문제는 그 자체가 규범적 문제다. 규범적 사고를 완전히 떠날 때 도덕적 사고는 거의 불가능하다.

- **토의사항**

1. 마르크스와 니체는 '도덕'이 어떻게 발전해왔으며, 왜 그 권위에 의문이 제기되는지에 대해 다른 이야기를 한다. 그러나 두 이야기 중 어느 하나가 참이라면, 어느 것이 참인지 어떻게 알 수 있을까? 아니면 진화론처럼 이들과는 다른 방식들로 도덕의 발전을 설명할 수 있을까? 여러 가지 방식으로 이를 설명할 수 있다면, 이들 모든 설명의 타당성에 의문을 제기해야 할까?

2. 이미 알고 있듯이, 마르크스와 니체 둘 다 '도덕을 넘어설 때' 인간의 삶이 어떠할지를 개략적으로 설명했다. 나라면 그것이 어떠할지를 합리적으로 설명할 수 있을까?

3. 이상적인 초인이나 공산주의자를 기술하기 어렵다는 사실이, 이 장의 설명처럼, 더 나은 도덕으로 여겨지는 것에 의존하지 않고서는 도덕을 벗어날 체계적인 방법이 없다는 주장에 힘을 실어줄까?

4. 마르크스와 니체가 거부하려 한 것은 모든 '가치'가 아니라 의무, 원칙, 보편성 같은 것만을 들여다보는 협소한 '도덕관'이었다는 말이, 두 사람을 제대로 설명하는지 생각해보라. 이런 식의 협소한 '도덕'이 왜 '우리에게 나쁠 수' 있는지 설명할 수 있을까?

■ 주

1) F. Nietzsche, *On the Genealogy of Morals*, 2nd edn, ed. K. Ansell-Pearson, trans. C. Diethe (Cambridge: Cambridge University Press, 2006), Essay 1, §13, 25~6.

■ 더 읽을 책

도덕적 사고가 카를 마르크스와 프리드리히 엥겔스의 이론에 끼친 영향은 이들의 저술에 잘 나타나 있다. *The Communist Manifesto* (various editions). 그러나 이 저술에는 '각 시대를 이끈 사상은 지배계급의 사상이었다'는 선언이 포함되어 있다. 도덕적 사상이란 사회의 경제적 기반을 반영한 것에 지나지 않는다는 견해를 더 설명한 것으로는 Preface to Karl Marx, *A Contribution to the Critique of Political Economy* (various editions)를 참조.

도덕에 관한 마르크스의 태도에 나타나는 모순을 해결하려는 시도로서 Allen Wood, 'The Marxian Critique of Justice,' *Philosophy & Public Affairs* 1, no. 3 (1972): 244~82와 Steven Lukes, *Marxism and Morality* (Oxford: Clarendon Press, 1985)를 참조.

니체의 견해에 깃들어 있는 의미는 그의 다음 저술에서 이끌어낼 수 있다. *Genealogy of Morals* (various editions)와 *Twilight of the Idols*, 'Morality as Anti-Nature' 그리고 'The Four Great Errors,' trans. R. J. Hollingdale (London: Penguin Classics, 1968).

도덕에 관한 니체의 견해를 설명한 것으로는 R. Schacht, *Nietzsche* (London: Routledge & Kegan Paul, 1983)를 참조.

'그릇된 의식'이라는 개념의 역사적 발전을 설명한 것은 Michael Rosen, *On Voluntary Servitude* (Cambridge, UK: Polity Press, 1996)를 참조.

나가는 말

이 책은 도덕철학 입문서이지만, 종합 안내서는 아니다. 여기서 현대 윤리학의 모든 문제를 다루지는 않았다. 각각의 세목에 관한 설명 또한 결코 충분하지 않다. 각 장 끝에 나오는 토의사항에서는 더러 그 장의 본문에서 다루지 않은 새로운 문제들을 제시했는데, 그 이유는 단순하다. 독자의 호기심을 자극하여 주제와 관련한 책을 더 읽었으면 하는 바람에서였다. 모든 내용을 자세히 다루는 소개는 독자를 일찌감치 지치게 만든다. 특히 이런 주제를 처음 접하는 독자는 더욱 그러하다. 이미 다룬 문제라고 여겨 그냥 넘길지도 모르고, 초보자가 이해하기에는 너무 복잡하다고 느낄지 모른다. 나는 이 책에 나오는 문제들의 복잡성을 인정한다. 그래서 독자가 이들 문제의 복잡성에 부딪혀 눈을 다른 데로 돌리게 하는 대신, 오히려 그 복잡성을 이해하면서 앞으로 더 깊이 파고들어야 할 흥미로운 것이 남아 있음을 느끼게 하는 방식으로 문항을 제시하려 했다.

일부 도덕철학 입문서들은 먼저 이론에 관한 장에서 출발하여 그 이론이 어떻게 적용되는지를 살펴보는 순서로 진행한다. 하지만 나는 도덕철학에 관한 독자의 관심이 직업적인 동기에서 나온 것이건, 학문적인 동기에서 나온 것이건, 우리가 흔히 놓이는 상황 속에서 이 문제들을 철학적인 방식으로 살펴볼 필요성은 늘 제기될 수 있음을 강조하려고 했다. 이 책의 1장에서 바로 이 점을 보여주고자 했다. 이렇듯 어떤 특정 학파의 이론에 치우치지 않고 문제에 관한 의문을 없애려면 먼저 그 문제를 철학자들이 어떻게 생각했는지를 살펴볼 필요가 있음을 알았을 것이다. 그렇지만 이들 의문에 철학사상이나 이론을 단편적으로 적용하는 건 좋은 방법이 아니다. 요컨대, 특정 상황에서 우리가 어떤 생각을 심각하게 받아들인다면, 그와 유사한 상황에서조차 유사한 방식으로 생각해야 하지 않을까? 그렇다면 유사한 상황이 어떤 것인지를 구체적으로 명시할 필요가 있으며, 우리는 거기서부터 도덕이론을 구축하는 셈이다. 어떤 행위가 옳거나 그른지, 무엇이 현상을 좋거나 나쁘게 만드는지, 왜 개인에 따라 덕이 있거나 사악한 사람이 되는지 등에 일반화할 이론을 만드는 과정에 들어서는 것이다.

여기서 우리는 2부의 관심사로 눈을 돌리게 된다. 우리는 도덕이론의 세 가지 출발점으로 공리주의, 칸트주의 그리고 아리스토텔레스의 사상을 살펴보았다. 이들을 선택한 건 단순히 세 가지 사상이 서방세계, 특히 미국과 영국의 도덕철학에서 논의의 초점이 되어왔기 때문이다. 이들 중 어느 하나가 옳다는 식의 가정은 전혀 하지 않았다. 다만 각 이론을 차례로 검토하여 도덕을 부분적으로 이해하고자 했을 뿐이다. 그러므로 각 이론을 출발점으로 삼아 따로따로 검토한 것과 다름없다. 물론 이들 이론은 어느 것을 출발점으로 삼더라도, 검토할 만한 가치가 충분하며 그렇지 않았다면 굳이 포함시키지 않았을 것이다. 이들 이론을 완전이론의 목록에 넣을 만한 후보로서 본 것이 아니라, 각각을 출발점으로 삼으려 했다.

    2부의 세 가지 이론을 부분적으로 설명하려던 생각을 3부에 그대로 적용했는데, 여기서는 도덕적 사고의 근원에 관한 논의 가운데 매우 특이한 사상을 살펴보았다. 이들은 종교사상(주로 일신교를 다루었는데, 그 까닭은 일신교만이 관심을 둘 만한 종교사상이어서가 아니라, 설명하기가 편리하다는 이유에서였다), 계약사상 그리고 마르크스와 니체의 급진적인 해방사상이다. 3부에서 다룬 각 이론을 2부로 옮겨다가 출발점으로 삼을 수는 없을까 하는 의문은 흥미롭다. 신명론적 윤리문제는 2부에 나오는 이론과 지향성이 다르다. 그런가 하면 계약주의 이론 가운데 어떤 것은 공공연하게 칸트주의적이다. 물론 거기에는 어떻게 이들을 칸트주의자로 볼 수 있는가 하는 격렬한 논쟁이 벌어지기도 한다. 한편, 마르크스와 니체는 의무론적 도덕을 더욱 더 아리스토텔레스적인 도덕으로 바꾸려 한 것으로 해석되기도 한다. 또한, 마르크스는 흥미롭게도 일종의 결과주의자로 해석되기도 한다. 이에 관한 토의가 매우 흥미롭긴 하지만, 이 문제를 여기서 마무리 지을 수는 없다. 그렇지만 마르크스와 니체를 고대 그리스의 아리스토텔레스에 비유하는 건 다소 적절하지 않다고 할 수 있다. 두 사람의 견해는 차라리 칸트주의와 계몽사상에 대한 낭만적 반응에 가까운 것으로, 근대 과학으로 채색된 세계에서 인간의 본성이 설 자리가 어디인지를 둘러싸고 끊임없이 벌어져온 논쟁과 관련이 있다.

    이제 세 가지 출발점을 살펴보자. 이들 이론에는 각각의 힘이 있다. 도덕적 사고에 관한 이들 이론은 요컨대 인간의 공통적인 도덕의식에 기초를 두지 않았더라면, 그처럼 오래갈 수 없었을 것이다. 그렇지만 각 이론에는 문제 또한 있다. 그러한 문제 일부는 그 이론이 이론으로서 기본 사명을 어떻게 수행하는가와 관련이 있다. 예를 들어, 덕 윤리학은 실제로 도덕적 의문에 대한 답을 우리에게 줄 수 있는가 하는 것이다. 또 다른 문제는 그 이론이 언제나 한결같은 논리를 따르는가 하는 것이다. 예컨대 규칙공리주의는 공리주의의 기본 동기와 논리적으로 일치할까? 하나의 이론을 다른 형태의 이론에 비추어 생각할 때도 문제가 발생한다. 예컨대 도덕은 의무론적 견해에 비추어 우리가 되도록 많은 선을 행하는 것을 방해할 수도 있다. 그런데 우리 스스로 도덕은 결과주의론적 형식을 취해야 한다고 생각한다면, 이 점이 문제가 될 것이다. 그뿐 아니라 도덕이론 중 어떤 견해를 따르건, 직관과 관련한 또 다른 형태의 문제가 발생하기도 한다. 예컨대 덕 윤리학이 일부에서 해석하듯이 그렇게 이기주의적인 이론이라면, 이 이론이 과연 우리의 삶을 인도할 만한 이론인가 하는 의문이 당연히 들 것이다.

우리는 다른 사람들의 이익을 고려해야 한다는 것을 알고 있다. 그와 더불어 반드시 자신에게 돌아올 혜택이 있어야만 다른 이들을 도와주는 건 아니라는 것도 알고 있다. 이런 생각을 고쳐야 한다는 이론은 어디에도 없다. 두 번째 부류의 문제는 일반적으로 이론이 우리에게 주는 것보다 더 많은 것을 우리가 이론에서 얻으려 하는 데서 발생한다. 예컨대 공리주의는 오로지 결과만을 중시하면서 행위자에게 아무런 제약을 주지 않기 때문에 흔히 부도덕한 행위들을 못 본 체하는 수가 많다. 칸트의 의무론은 피와 살이 있는 인간의 고통을 못 본 체해서 문제다. 그런가 하면 아리스토텔레스 사상은 앞서 본 바와 같이 다른 이들의 이익을 자체의 행복론적 기초와 결합해야 한다는 문제가 있다.

어떻게 보면 각 이론은 일방적이란 느낌이 든다. 각각의 이론은 도덕의 어떤 중요한 측면만을 문제로 삼으면서 그것만이 도덕의 전체인 것처럼 주장한다. 각 이론이 아직 설명하지 못한 도덕의 어떤 측면을 우리가 새롭게 통찰한다면, 이 이론들은 우리의 통찰을 수용하여 이론 자체를 수정하거나 아니면 그와 반대로 우리가 통찰한 내용을 수정해야만 할 것이다. 그것도 아니라면, 우리의 새로운 통찰이 전혀 타당하지 않음을 주장할 것이다. 이런 사정은 모든 이론에 해당한다. 덕 윤리학이 나온 동기는 앞서 설명했듯이 적어도 부분적으로는 추상적 이론으로서가 아니라 도덕적 삶의 구체적인 국면을 제대로 설명하자는 데 있었다. 그런데 이런 덕 윤리학마저 일단 아리스토텔레스 이론의 틀에 들어가면 똑같은 문제에 부딪힐 것이다. 이 점을 생각하면 한 가지 의문이 떠오른다. 이들 이론들이 도덕을 부분적으로만 파악한 나머지 어떤 도덕적 통찰을 놓치거나 그러한 통찰을 왜곡한다면, 도대체 부분적으로 파악한다는 그 대상은 무엇일까? 어떤 이론이 설명하려는 도덕에 관하여 새로운 통찰이 나타나 그 이론의 불충분함을 지적할 때, 새로운 통찰이란 도대체 무엇에 관한 통찰일까?

이런 의문에 답하려면, 우리는 확증할 수 있는 어떤 부분을 파악해야 하며 그것에 비추어 도덕이론을 평가해야 한다. 이미 우리에게는 어떤 도덕이론이나 도덕이론의 어떤 측면을 동원하여 적어도 도덕적 의문의 일부를 충분히 해결할 수 있는 일종의 도덕의식 혹은 도덕적 지향이 있지 않은가? 일상의 도덕적 활동을 제외하면 과연 어디에서 도덕의식을 함양할 수 있을까? 이런 식으로 생각하다 보면, 결국 우리는 도덕이론의 연구에서 얻는 것보다 일상의 도덕적 실천에서 깨우치는 것이 더 현명한 답이 될 수 있다는 결론에 이른다. 이론과 관계없이 우리 생각 속에 떠오르는 통찰을 이론적으로 설명할 수 있다고 믿는다. 그런데 이런 믿음은 곧 우리의 도덕적 통찰능력이 우리의 도덕적 사고를 이론화하는 능력보다 더 나을 수 있음을 의미한다. 그러므로 우리의 도덕적 직관은, 많은 도덕철학의 저술들이 예증하듯이, 이들 이론을 평가하는 하나의 디딤돌이 될 수 있다. 쉬운 얘기는 아니지만, 도덕이론 연구는 우리가 실천적 수준에서 이미 보유한 도덕적 지식을 명시하는 기능을 한다고 할 수 있다. 이 사실은 이론은 과연 우리의 실천적 도덕지식에 어떤 보탬이 되는가 하는 의문을 다시 불러일으킨다.

그러나 비록 '실천중심'의 견해가 매력적이긴 하지만, 그것만으로 모든 게 끝나는 건 아니다. 먼저 서문에서 논의한 것 같은 도덕적 상식의 다양함과 2장의 동물실험에서 제기된 문제를 더 고려해야 할 여지가 남아 있다. 새로운 기술의 등장에 따라 우리의 도덕적 지식을 연장하여 '모든 사람이 아는' 범위에 포함되지 않은 문제들을 생각해야 한다는 것이다. 또한, 직관이나 통찰은 그 본질에 비추어 우리가 어떤 행위를 왜 하는지를 설명하는 데 포함시켜야 한다. 이제껏 우리 의식 속에 잠재하면서 이론화되지 않은 통찰들은 여전히 타당성이 있다. 이들은 아직 드러나지 않은 잠재력이다. 이들은 자신의 행위를 명백하게 설명하는 무엇인가에 포함될 때 비로소 제자리를 찾을 것이다. 이에 덧붙여 생각할 문제가 있는데, 바로 우리 모두에게 있으면서 우리가 도덕이론을 평가할 때마다 고개를 쳐드는 실천적 도덕의식은 그 자체가 지난날 사상가들이 이룩해놓은 도덕적 이론화의 결과물이라는 사실이다. 예컨대 자신의 직관이 대체로 결과주의 이론보다 의무론적 이론을 지지하는 경향을 띠는 까닭은 우리의 문화가 여러 세기를 거쳐 오면서 권위주의적인 종교의 영향을 받아 의무론적 도덕관에 젖어 있기 때문이다. 그러므로 장기적으로 생각할 때 이론을 바꾸면 우리의 직관 역시 바뀐다는 것을 잊어서는 안 된다. 비록 우리의 도덕적 통찰이 이론을 앞지를 수도 있지만, 이론을 자신의 통찰에 해로운 것으로 볼 것이 아니라 오히려 통찰을 보강하고 구현하는 역할을 한다고 보아야 할 것이다.

기나긴 문화사를 통해 발전한 도덕적 이론화의 성과가 우리의 도덕적 통찰 능력에 막대한 영향을 끼쳤다는 사실은 더 많은 생각을 하게 만든다. 우리의 직관에서 나오는 통찰의 결과가 도덕적 현실에 직접 반영되는 것이 아니라면, 직관은 도덕이론을 평가하는 데 별 쓸모가 없단 말일까? 우리는 이 문제의 일부를 9장에서 검토했고 자신의 직관에 관한 이해가 결국 우리의 직관을 향한 믿음을 약화시키는지를 살펴봤다. 그때 얻은 답은 물론 그럴 수도 있지만, 믿음에 대한 규범적 타당성을 확인하려면 자신의 직관에 관한 이해가 여전히 필요하다는 점이었다. 9장에서 우리는 규범적인 사고를 떠날 수 없다는 결론을 내렸다. 사상가로서건 행위자로서건 우리는 규범적 사고가 필요하다. 또한, 규범적 사고는 점에서 여전히 의문의 여지가 있지만, 적어도 또 다른 점에서는 타당성이 있다. 역사와 문화가 우리의 판단능력에 막대한 영향을 미쳐왔음을 생각할 때, 어떤 믿음이나 주장 그리고 통찰이 정당화될 수 있는지를 판단하는 모든 기준을 간단히 무시할 수는 없다. 누구든지 적어도 어떤 범위 안에서는 자신이 지닌 모든 도덕적 믿음을 의문에 부칠 수는 없다. 그것은 단순히 심리적으로 불가능할 뿐만 아니라 비이성적인 일이기도 할 것이다. 그것은 개인의 생애에 비춰볼 때 비이성적인 일이며, 인류적 차원에서 장구한 세월에 걸쳐 많은 사상가들이 이끌어온 도덕이론 연구의 역사에 비추어, 의문을 지닌 개인이 과연 비이성적인지를 더 객관적으로 판단할 수 있다. 그러므로 도덕에 관한 자신의 이해는 이처럼 도덕적 이론화의 확장된 시야 속에서 교정되어야 할 것이다. 이것은 도덕적 이론화의 과정이, 도덕에 관한 개인의 직관적 이해에 바탕을 둔 통찰이 필요하면서 또한 그런 통찰에 영향을 받아 이론을 수정해가는 것과 같다고 할 수 있다.

우리가 자신의 직관적 통찰이나 우리가 구축하는 이론을 신뢰할 수 없다면, 도덕에 관한 우리의 이해가 충분한지를 어떻게 알 수 있을까? 그 답은 이렇다. 자신이 제기한 의문에 답을 찾을 수 없다면, 그만큼 우리의 도덕 이해는 불충분하다는 것이다. 이렇게 골치 아픈 의문이 제기되지 않았다면, 자신의 신념에 의문을 제기할 까닭이 없었을 것이다. 바로 이러한 의문, 우리 삶 속에서 느끼는 불편함과 불확실함의 진정한 근원에 관한 의문이 이론적 성찰의 필요성을 제기한다. 그리하여 아무런 의문조차 제기할 필요 없이 우리의 도덕적 삶을 완전하게 이해할 수 있는 단계는 여전히 요원하다고 할 수 있다. 도덕적 이론화를 위한 문화적 기획이 만족할 만한 관점에 이를 수 있으려면 자기 비판의 시련을 거쳐 한참 더 먼 길을 가야 할 것이다. 이 모든 사실을 고려할 때, 이 책에서 얻을 수 있는 교훈은 우리가 아무리 도덕을 잘 이해하더라도 거기에는 여전히 숱한 모순이 잠재한다는 사실이다. 또한, 이런 모순을 개선하거나 없애려는 연구는 아직도 초기 단계에 머물러 있다는 것이다.

용어설명

경험명제 Empirical Statement
경험적 사실에 비추어 참인지 거짓인지를 가릴 수 있는 언급이나 선언, 주장을 말한다. 경험적 사실은 직접 보거나 실험을 통해 얻어지는 사실이다. 경험명제와 달리 정의는 참인지 거짓인지가 경험이 아닌 개념으로 정해진다. 어떤 지식이 참된 확신으로 정당화되면, 그것은 우리의 지식을 바탕으로 하는 개념을 통해 참이 될 수 있다. 말하자면, 구체적인 현상을 바탕으로 해서가 아니라 우리가 '지식'이라 부르는 것을 통해 참인지를 가릴 수 있다. 이와 달리 물을 H_2O라고 하는 것은 이 세상의 현상을 바탕으로 하는 경험적 사실이다. 논리실증주의자 같은 일부 철학자는 도덕적 주장은 경험적인 주장이 아니기에 참일 수 없다고 생각했다. 경험명제는 흔히 '가치중립적'인 것으로 알려졌으며 가치 판단과 대조된다.

관대한 해석/관대하게 해석 Charitable Interpretation
우리가 어떤 설명을 하건 늘 냉혹하고 무자비하게 평하면서 나쁘게 들으려는 사람을 보았을 것이다. 어떤 일이든 관대하게 사고하는 사람은 남이 하는 말을 의미 있는 말로 이해하려고 노력한다.

규범윤리 Normative Ethics
'규범'은 '해야 한다'나 '하지 않으면 안 된다'로 표현되는 일들을 말한다. 예컨대, 흔히 "그 열차를 타려면 지금 나가야 해", "그 전시회를 보려면 갤러리가 닫기 전에 가야 해" 또는 "친구들에게 거짓말하면 안 돼" 같은 말을 한다. 규범은 단순히(또는 중립적으로) 일이 어떻게 되어 있음을 말하는 것이 아니라, 마땅히 해야 할 일(또는 믿어야 할, 느껴야 할 일 등)을 말한다. 단순히 기술하는 것이 아니라 처방을 내리는 것이다. 예컨대 '애완동물을 기르는 사람은 자신의 동물을 사랑해야 한다'는 규범적 주장이지만, '애완동물을 기르는 사람은 대체로 자신의 동물을 사랑한다'는 단순한 기술적 주장이다.

기대효용 Expected Utility

결정이론에서는 하나의 결정에 '기대효용'을 설정한다. 경제학자들이 발전시켜온 개념으로, 하나의 결정은 그것이 실현될 확률에 비추어 일정 수준의 결과를 기대할 수 있다는 것이다. 기대효용은 결과의 효용과 그것이 실제로 일어날 확률의 함수다. 간단한 예로, 다섯 필의 말이 달리는 경마에서, 나의 말이 우승하면 50달러의 상금을 받기로 한다. 각 말의 우승확률이 같다면 내가 50달러를 받을 확률은 20퍼센트이기에 기대효용은 50달러의 20퍼센트다. 다른 대안의 기대효용을 산출해낼 수 있다면, 내기를 할지 말지를 결정할 때 도움이 될 것이다.

모형 Model

실재하는 어떤 것을 보여주는 수단으로 그것의 특징을 분명하게 이해하도록 돕는다. 일찍이 철학자 비트겐슈타인은 어느 변호사가 법원에서 장난감 자동차로 자동차 사고를 설명했다는 얘기를 인용한 적이 있다. 장난감 자동차는 사고현장의 소리나 냄새를 나타내지는 못하지만, 접근 각도, 충돌 시각, 모퉁이를 보기가 불가능했다는 사실을 이해시키는 데 크게 도움이 되었다.

반례 Counter-examples

어떤 이론, 원칙, 규칙, 정의 등이 옳다고 주장할 때 그 주장이 옳은지를 시험하려면, 그 이론이나 원리가 참일 경우 그에 따라 무엇이 참이 되는지를 살펴보아야 한다. 반례는 이론이나 원칙과 일치하지 않는 예를 말한다. 그러므로 반례는 이론이나 원칙을 수정하고 더욱 정교하게 다듬어야 한다는 사실을 말해준다. 어떤 사람이 '거짓말하는 건 나쁜 일'이라고 할 때, 우리는 거짓을 말해야만 도덕적으로 옳은 일이 되는 사례를 반례로 내세울 수 있다. (타당한) 반례가 존재한다면, 그러한 반례를 제기할 수 없을 때까지 그 원리를 수정하거나 다듬어야 한다.

반직관적 Counter-intuitive

직관적, 반직관적 Intuitive and counter-intuitive 참조

부차적 Contingent

필수불가결의 반대말이다. 예를 들어, 장거리 육상선수가 되려면 달리는 능력은 필수불가결하다. 하지만 장거리 육상선수가 푸른색 셔츠를 입은 것은 부차적이거나 우연한 일이다.

비평/비판 Critique

이론이나 실천에 관한 철저한 검토를 바탕으로 제시되는 견해를 말한다. 때로는 이런 이론이나 실천이 이루려 했던 것을 이룰 수 없는 이유를 설명하거나, 본래 목표가 잘못 설정되어 있음을 지적한다. 비평은 또한 어떤 것의 의미를 문맥에 비추어 평가하는 방법이 될 수 있다.

샤덴프로이데 Shadenfreude

독일어에서 '역경Schaden'과 '기쁨Freude'의 합성어인 샤덴프로이데는 다른 사람의 역경을 즐기는 것을 뜻한다.

'오직 ~이어야만' If and only if

개념분석에서 특정한 개념의 범위를 정할 때에 사용하는 표현이다. 이를테면 '지식'이 무엇인지를 말하려 할 때에 지식과 지식이 아닌 것을 구별해야 한다. 어떤 행위를 가리켜 게임이라고 부르려면 게임이라 부를 만한 조건을 설정해야만 한다. 이런 조건들은 필요조건('하나의 심적 상태는 그것이 참일 경우에만 지식의 한 형태다')이거나 충분조건('어떤 심적 상태라도 그것이 정당화된 참된 믿음일 경우, 지식의 한 형태다')이 될 것이다. 그러므로 X가 오직 조건 A, B, C를 충족해야만 X는 Y라고 말한다면, 우리는 X가 Y일 수 있는 필요충분조건을 제시하는 셈이고, 이때 우리는 Y의 개념을 더 잘 파악하게 된다.

직관적, 반직관적 Intuitive and counter-intuitive

직관적이란 것은 즉각적으로 명백하고 이미 받아들여 아는 것을 말한다. 따라서 반직관적이란 것은 우리가 즉각적으로 명백하다고 느끼는 것에 어긋나는 것을 말한다. 대개 '직관적'인 것은 더 이상의 증거나 정당화가 필요하지 않다. 인간은 도덕적이건 아니건 간에 많은 것들에 직관적인 믿음이 있다. 대체로 철학자는 사람들이 맹목적으로 명백하다고 여기는 것에 의문 제기를 일삼는 사람들이다. 그러나 오늘날 많은 철학자들은 의미심장한 반직관적 뜻을 너무 많이 품은 이론들에 특히 주의해야 한다고 생각한다.

색인

가언명령 hypothetical imperative 187~191
게임이론 game theory 287
결과주의(또는 결과주의론) consequentialism
　　71, 91~93, 96, 130~134, 150~153,
　　335~338
경험명제 empirical statement 341
경험장치 experience machine 48
계약주의 contractualism 92, 295~297,
　　300~303, 306, 335
고급 쾌락 higher pleasure 46~49, 60, 167
고드윈, 윌리엄 Godwin, William(1756~1836)
　　143, 145
공리주의 utilitarianism 28, 43, 84, 118,
　　120, 129~167, 173, 182, 191, 192,
　　197~199, 203~208, 210, 215, 232,
　　242, 268, 334, 336
과학이론 scientific theory 24
관대한 해석 charitable interpretation 341
규범성 normativity 312
규범윤리 normative ethics 25, 341
규칙 공리주의 rule utilitarianism 148~150,
　　156, 157
금기 taboos 90, 96, 131, 143, 151, 153
급진주의 radicalism 101~105, 108, 111, 114,
　　116~121

기대효용 expected utility 196, 342
낙관론자 optimist 100
낙태 abortion 13, 18, 63, 64, 72, 76, 79~82,
　　85, 93~96, 98, 105~110, 121, 126,
　　206
내재적 가치 intrinsic value 72~74, 78~83,
　　87, 131, 320, 327
　　(생명의 신성함 sanctity of life 참조)
내재적 선 intrinsic goods 231
노예제 slavery 153, 165, 167, 173, 192
니체, 프리드리히 Nietzsche, Friedrich 28,
　　243, 244, 248, 250, 266, 269, 307,
　　308, 314~326, 330~332, 335
니체 추종자 Nietzschean 314
니힐리즘(허무주의) nihilism 242, 244, 245,
　　248, 249, 259, 316~318
다미앵 처벌 Damiens execution 136, 137
던바, 윌리엄 Dunbar, William(1463~1530) 33
도덕성 morality 13, 16, 20~28, 312, 324
도덕성 비판 critique of morality 28
도덕이론 moral theory 13, 16, 19, 24~28,
　　79, 121, 135, 197, 198, 203,
　　204~209, 226, 232~235, 245, 259,
　　271, 277, 283, 295, 299, 307, 308,
　　323~340

도덕적 요구 moral requirements 259, 293, 302, 305
도덕적 진보 moral improvement 21
도덕철학 moral philosophy 13~16, 18, 28, 106, 122, 126, 133, 199, 201, 203, 206, 218, 225, 226, 237, 242, 258, 333, 334, 338
도킨스, 리차드 Dawkins, Richard(1941~) 280
레상티망 ressentiment 315
로크, 존 Locke, John(1632~1704) 273
롤스, 존 Rawls, John(1921~2002) 150, 151, 290~292, 295, 299, 306
루소, 장 자크 Rousseau, Jean-Jacques (1712~1778) 297~302, 306
루소주의 Rousseauism 300
루스, 마이클 Ruse, Michael(1940~) 244, 245
루크레티우스 Lucretius(BC 94?~BC 55?) 34~39, 60, 61
리바이어던 Leviathan 276
마르크스, 칼 Marx, Karl(1818~1883) 307~316, 319~332, 335
매킨타이어, 앨러스데어 MacIntyre, Alasdair 230~232
맥도웰, 존 McDowell, John(1942~) 229, 232
맬서스, 토머스 Malthus, Thomas(1766-1834) 100, 101
메타윤리 meta-ethics 25
목적론적 처벌 telishment 150
무지의 장막 veil of ignorance 291, 292
밀, 존 스튜어트 Mill, John Stuart(1806~1873) 43, 46~49, 59~61, 161, 162, 166, 167, 190
반직관적 결론 counter-intuitive conclusion 158, 163
벤담, 제러미 Bentham, Jeremy(1748~1832) 43, 152, 161, 162
보편법칙 universal law 186, 190~197, 200, 207, 299
부정적 의무 negative responsibility 126
비관론자 pessimist 100
비존재의 상태 state of non-existence 37
사회계약론 social contract 272, 273, 289, 290
상대주의 relativism 20, 21, 23
생명의 권리 right to life 72, 78~81, 83~85, 89, 93, 94, 107~110, 113
생명의 신성함 sanctity of life 65, 74~77, 80~82, 85~88, 90, 96
샤덴프로이데 shadenfreude(타인의 불행에 갖는 쾌감) 50, 343
세계적 빈곤 global poverty 98, 100, 110, 121, 122, 126, 134, 144
스마트, J. J. C. Smart, J. J. C. 130, 132, 154~157
스캔런, T. M. Scanlon, T. M. 295, 301~303
시시포스 Sisyphus 40~44, 47, 51, 61
신 God 24, 40~42, 51, 55, 58, 86, 87, 92, 130, 241~269, 317, 318
신명론 divine command theory 254~259, 268, 335

실존주의 existentialism 213
심리학적 이기주의 psychological egoism 277~282, 304
싱어, 피터 Singer, Peter(1946~) 84~86, 118~122
아리스토텔레스 Aristotle(BC 384~BC 322) 28, 49~53, 56~60, 87, 203, 207~219, 221, 223~237, 242, 321, 334~337
안락사 euthanasia 18, 64, 76, 79, 82~85, 93, 94, 134
앤스콤, G. E. M. Anscomb, G. E. M. 259
에우튀프론 Euthyphro 166, 253, 254, 257~260, 268, 269
에피쿠로스 Epikouros(BC 342?~BC 271) 34~39, 61
엘리엇, T. S. Eliot, T. S.(1888~1965) 245
엘리트주의 elitism 52, 53, 213
역사실적 가능성 counterfactual possibilities 39
역사적 유물론 historical materialism 320
오시만디아스 Ozymandias 56, 57, 62
유신론자 theist 42, 241, 249~253, 257~261, 265~269
유전자 genes 280~283, 304
육식 meat eating 14, 15, 64, 73, 77~86, 94
응보주의 retributivism 136, 137
의무론 deontology 71, 90~93, 96, 134, 135, 138, 141, 150~153, 156, 164, 165, 184, 185, 192, 198, 199, 203, 249, 258, 259, 335~339

이기주의 egoism 226, 227, 275~282, 286, 290, 292, 295, 304, 336
2차 윤리 second-order ethics 25
인본주의 humanitarianism 121, 242, 243, 247, 249, 258~263, 266~269
자연 상태 state of nature 273~278, 286, 304
자연권 natural rights 152, 305
자연주의 naturalism 130, 132, 147, 158~160, 163, 165
정서 emotions 34, 78, 188, 207, 209, 219, 220, 235, 323
정언명령 categorical imperative 171, 187~190, 201
정의주의 emotivism 323
종 차별 speciesism 96
죄수의 딜레마 prisoners' dilemma 289, 304
중용설 doctrine of the mean 219~223, 236, 237
집행적 덕 executive virtue 224
초인 superman 319, 331
카뮈, 알베르 Camus, Albert(1913~1960) 40, 246
칸트, 임마누엘 Kant, Immanuel(1724~1804) 28, 48, 91, 92, 153, 169~210, 215, 232, 242, 268, 295~300, 306, 327, 334~336
칸트주의 Kantianism 183, 184, 189, 191, 196, 203, 204~208, 215, 232, 242, 268, 300, 334, 335

코스가드, 크리스틴 Korsgaard, Christine 185
쾌락주의 hedonism 42~51, 59~62, 162
크레이그, 윌리엄 레인 Craig, William Lane 244, 245
톰슨, 주디스 자비스 Thomson, Judith Jarvis 106~111, 115~118, 121, 123, 126
페어플레이 이론 fair play theory 291~295, 303~306
포지, 토머스 Pogge, Thomas(1953~) 98
표현주의 expressionism 323, 324
푸코, 미셸 Foucault, Michel(1926~1984) 54, 136
합리성 rationality 146, 147, 185~190, 195, 196, 211, 218~220, 236, 287, 289
항상성 homeostasis 279
행위 공리주의 act utilitarianism 148~150, 156, 157
허스트하우스, 로절린드 Hursthouse, Rosalind 225
헉슬리, 올더스 Huxley, Aldous(1894~1963) 46, 161
홉스, 토머스 Hobbes, Thomas(1588~1679) 272~280, 283~292, 295, 297, 304~306
회의론자 skeptic 87, 88, 253, 286, 298
흄, 데이비드 Hume, David(1711~1776) 196, 276, 284, 305, 322~324